〈거창가〉제대로 읽기

숭실대학교 한국문학과예술연구소 학술총서 55

〈거창가〉 제대로 읽기

조규익 지음

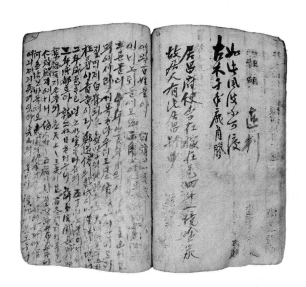

學古房

외롭지 않았던
'숭실 근속 30년'을
되돌아보며...

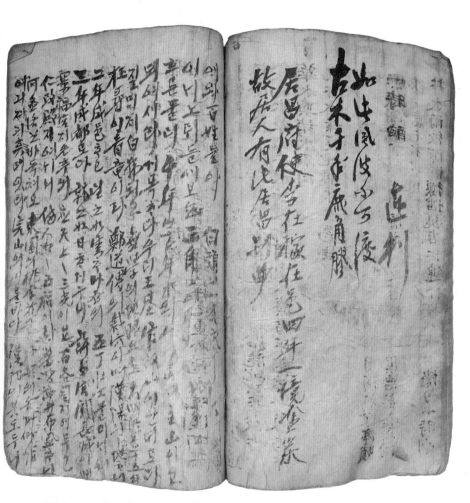

▲ 거창별곡(조규익 소장)

退狀 尹致光

據此狀深宜玩味其辭婉之袞其儀洽至王、水同
言寬□事令人有感慨處但於狀□□□□
以此爲行

居昌府弊狀 抄

巡相閤下伏以危物不平則鳴□□聽之者不哀
則其鳴也處也昨年本邑史逋一万六千石凶四千代分
給全米一石式徵民是白遣又至今年所謂放債錢二千四
百兩即史逋此也兩報償以民斂謂之草募償之倍役便民
替徵則夫王稅何亦所重乎廛也前年未结□太□□
此乃忍人之不忍也彼涉之石斂也史逋澄徵於國信乎
高至于含哭之□□見歟於廷民願□□伍違之今□至
曉結未買逅藥束郷貪中四爲利□□三鳶收贖□□
至萬產亡身之憬是疚□徵民之逋史不受一款寃庶之

▲ 거창읍 고지도
(거창박물관 제공)

▲ 거창의 여름(거창군청 제공)

▼ 거창의 가을(거창군청

침류정(枕流亭)

심소정(心蘇亭)

▲ 용암정(龍巖亭)

관수루(觀水樓)

▲ 거창향교 명륜당(明倫堂)

▲ 용천정사(龍泉精舍)

▼ 용원서원(龍源書院)　　　　　　　▼ 다천서원(茶川書院)

|사(仁民祠)   ▲ 인민사 사당

모(李承模) 선생 위패   ▲ 인민사의 백원재(百源齋)

▼ 「인민사기(仁民祠記)」

▲ 도산서원 비(가조면 일부리)

▲ 〈거창가〉에 등장하는 태백산 각화사

▲ 침류정의 옛 모습

▲ 영천의 현재모습

▲ 아림로(아림은 거창의 옛 이름)

▲ 거창군청

머리말

고서의 매력에 빠져 지내던 시절 고서 전문가 이현조 선생의 따뜻한 도움으로 〈거창가〉를 만났고, 지금부터 만 17년 전인 2000년 10월 23일 〈거창가〉에 관한 첫 저서를 냈다. 탐서의 현장에서 얻은 '사람과 책'이 보물이었다. 〈거창가〉와 「거창부폐장 초」·「취옹정기」·「사곡서」, 호박 넝쿨에 참외·수박까지 딸려 온 형국이었다.

이미 〈거창가〉를 두고 몇 분의 좋은 논문들이 있었다. 그러나 그 때까지 〈거창가〉는 '불완전한 텍스트'였다. 그 불완전성은 세 건의 산문들에 압축된 콘텍스트가 해결해 주었다. 〈거창가〉의 마지막 퍼즐은 스스로 풀렸다. 그 시기 거창에서 자행된 탐학의 주체가 부사 이재가李在稼로 밝혀지자 상당수의 문제들이 싱겁게 해결된 것이다.

작년에, 『한국민족문화대백과사전』의 '거창가'를 새로 써달라는 부탁을 받았다. '민백'이 나온 지 25년, 필자의 저서 『거창가』가 나온 지 16년만의 일이다. 모든 것들이 전광석화처럼 바뀌는 우리 사회에도 '만만디'는 있는 법인가. 그래도 그나마 다행이다.

이전 책의 '봉건시대 민중의 저항과 고발문학 거창가'란 제목을, 이번엔 '〈거창가〉 제대로 읽기'로 바꿨다. 〈거창가〉의 텍스트와 콘텍스트를 '제대로' 보아야 그 본질이 파악될 수 있다고 판단했기 때문이다. 〈거창가〉에 노래된 갑질들의 내용을 평이하게 설명했고, 이전 책에서 범한 한문 번역과 주석의 오류들을 수정했다. 그 책에 산문들이 너무 복잡·산만하게 배치되어 일반 독자들은 알아보지 못한 흠도 있었다. 그래서 원문과 역주들을 참고하기 편하도록 제2부에 몰아놓았고, 제1부에서는 〈거창가〉를 설명하되 그 산문들을 참고자료로 끌어왔다. 「거창부폐장 초」를 가사로 풀어 만든 것이 〈거창가〉이고 문제적 인간들을 풍자한 희문戲文이 「취옹정기」와 「사곡서」이니, 〈거창가〉의 내용을 설명하려면 이들 산문들을 끌어와야 했다. 현지답사를 통해 거창이 〈거창가〉에 못지않게 중요한 텍스트임도 확인했다. 아직도 그곳엔 그 시절의 아픔이 살아 있었다. 그걸 이 책에 담게 되어 무척 '곰지다.' 그러나 완성을 눈앞에 두고 있던 '〈거창가〉의 작자 및 「거창부폐장 초」·「취옹정기」·「사곡서」 등의 필자 추정 문제'는 부득이 다음 책으로 미룬다. 다소 복잡한 이유 때문이다.

9년 전 별세하신 김태순 선생님은 생전에 〈거창가〉를 '거창의 최고 자랑거리'라 말씀하시곤 하셨다. 그런 혜안이 없는 요즘을 아쉬워하며, 그 분의 명복을 다시 빌어드린다. 늘 고서를 통해 가르침을 주시는 인산 박순호 선생님, 거창박물관의 구본용 관장님, 거창향토사연구소의 김영석 선생님, 정쌍은 선생님, 이산 선생님, 거창군청 이남열 공보담당관님 등께 깊이 감사드린다. 어려운 시절을 함께 해온 학고방의 하운근 사장님과, 책을 멋지게 만들어주신 조연순 팀장께도 감사드린다. 이 책에 '숭실 근속 30년' 자축의 뜻을 담았다. 건강 속에서 즐겁게 살아온 세월이다. 앞으로도 그러리라 믿고 있다.

정유년 가을에
백규

차례

제1부

〈거창가〉·「거창부폐장 초」·
「취옹정기」·「사곡서」란 무엇인가?

1. 〈거창가〉에 대한 오해의 전말

한국문학사상 최고의 현실 비판적 저항가사 〈거창가〉는 역사와 문학이 함께 녹아든 리얼리즘 문학의 최고봉이다. 최근 『한국민족문화대백과사전』(한국학중앙연구원)을 보완하는 과정에서 해당 편찬위원회의 청탁으로 필자는 〈거창가〉에 대한 설명을 새로 쓰게 되었는데, 그 글 첫머리에서 '19세기 중반 경남 거창의 수령 이재가李在稼와 아전들이 자행하던 탐학을 고발한 저항적 현실비판 가사'라는 말로 이 작품을 정의한 바 있다.(* 6~7쪽의 도표 참조)

〈거창가〉에 대한 학계의 인식은 오해나 오류로부터 출발된 것이 사실이다. 김준영 교수는 「정읍군민란시여항청요」(『국어국문학』 29, 1965)에서 '여항청요'를 소개했으나, 그것이 원래 〈거창가〉였음을 미처 알지 못했고, 김일근 교수는 「가사歌詞『거창가居昌歌』」(『국어국문학』 39·40 합병호, 1968)에서 이 노래를 '규방가사'로 단정함으로써 작품 해석의 첫 단추부터 잘못 끼우고 말았다. 더욱이 김일근 교수의 자료소개 내용은 첫 단계 『한국민족문화대백과사전』의 표제어 '거창가'의 설명으로 원용된 이후 최근까지 이 노래의 본질을 오도해온 셈이다. 앞에 제시한 두 가지 오류들 가운데 편의상 후자를 먼저 살펴보기로 한다.

1979년 편찬을 시작하여 1991년 총 27권으로 완간된 『한국민족문화대백과사전』은 우리 민족의 문화유산과 역사적 사실들을 체계적으로 정리·집대성한 최초의 백과사전으로서, 한국학의 보편지식을 대변한다. 그러나 한동안 이 사전에는 앞에서 필자가 제시한 〈거창가〉의 정의와 동떨어진 내용의 설명이 실려 있었다. 이 사전 편찬 이후 〈거창가〉에 대한 새로운 자료들과 논의들이 속출했음에도 불구하고, 최근까지 그런 것들이 전혀 고려되지 한 점은 학계의 연구가 사전이나 교재 등으로 적시에 반영되지 못하는 우리의 문제적 현실을 뚜렷하게 보여주는 대표적 사례이기도 하다.

당시 해당 사전 표제어 '거창가'의 설명을 몇 가지로 정리하면, '① 경남 거창군 가조면 변씨가卞氏家의 문중에서 필사된 이 자료의 작자는 조선 말기 거창부 내의 어느 양반집 부녀자일 것이라는 점, ② 이 가사가 서부 경남 지방을 무대로 유행되었으며, 〈한양가〉라는 이칭이 붙은 것은 가사 전반부가 역대의 사적과 한양을 중심으로 한 근교의 승경을 노래했기 때문이라는 점, ③ 작품의 후반부에서는 전반부와 대조적으로 조선 말기 거창부 임장任掌들의 학정을 폭로하고 도탄에 빠진 민생을 개탄하는 내용을 주제로 노래하고 있다는 점, ④ 현실의 부조리가 구체적이고 사실적으로 묘사되어 있어 규방가사 내용의 일반적인 한계를 벗어났으며 현실비판의식이 분명하게 나타나 있다는 점' 등으로 요약된다. 이처럼 비교적 사실에 근접한 ②~④의 내용에도 불구하고, ①에 얽매여 이 작품의 성격을 '규방가사'로 못 박은 채 최근까지 내려오게 된 것이다.

필자는 작년 초(2016. 2. 27) 거창군 가조면 사병리 변씨 고가에서 만난 변장환 선생으로부터 이상의 '김일근 교수 식 〈거창가〉 해석'이 나오게 된 전말을 확인하게 되었다. 변장환 선생의 고모가 함양 출신인 김일근 교수의 집안으로 출가할 때 〈거창가〉를 한 벌 베껴 혼수에 넣어 간 것이 오해와 오류의 단초였던 것이다. 변 선생의 고모는 '원래 규방가사 아닌 〈거창가〉'를 베껴 갔으나, 그것을 입수한 김 교수에 의해 '규방가사 〈거창가〉'로 잘못 소개되었다는 것이다. 시집 오는 새댁이 베껴왔으니 '당연히 규방가사일 것'이라는 단정이 해석의 전제로 작용했고, 작품 속 거창의 비극적 장면들 가운데 등장하는 몇 사람의 여인들을 그 전제에 억지로 결부시킨 결과가 '김 교수 식 해석'이었으며, 그 해석이 『한국민족문화대백과사전』에 등재되면서 최근까지 틀림없는 사실로 인식되어 온 것이다.

두 번째 오류는 김일근 교수의 글보다 3년 먼저 발표된 김준영 교수의 자료소개로부터 비롯되었다. 〈거창가〉 아닌 〈정읍군민란시여항청요〉로 소개되었기 때문에 몇몇 학자들의 지적이 나오기까지는 그것이 〈거창가〉와 혼동될 이유도, 〈거창가〉에 관한 학계나 대중의 인식에 혼란을 줄 까닭도 없었다. 김준영 교수가 소개한 〈정읍군민란시여항청요〉는 〈거창가〉에서 '거창'을 '정읍'으로 바꾼 노래인데, 애당초 제목이 없었기 때문에 그렇게 지칭되었을 뿐이었다. 그런데, 『한국민족문화대백과사전』에 수록된 표제어 '가사'의 설명 가운데 〈거창가〉와 〈정읍군민란시여항청요〉가 '서민가사'의 범주로 함께 묶이는 일이 벌어진 것이다. 〈거창가〉와 〈정읍군민란시여항청요〉가 사실상 같은 작품임에도 별개의 작품들인 것처럼 나열됨으로써 그 사전을 참조하는 사람들에게 혼동을 초래한 것은 분명한 오류이고, 그 오류를 지금까지 바로잡지 않는 것은 더욱 심각한 문제라 할 수 있다. 더구나 "이 가사의 배경 중 사건 발생지가 정읍(현 정주읍)으로 되어 있으나, 가사 중 '정읍'이라 적힌 곳은 모두 전에 '거창'으로 기록된 것을 후에 '정읍'으로 덮어 쓰여졌다"는 김 교수의 지적을 감안해도, 원래 〈거창가〉에서 지명만 바꾼 것이 〈정읍군민란시여항청요〉임은 분명하기 때문이다.

이상과 같이 김준영 교수가 〈정읍군민란시여항청요〉로, 김일근 교수가 '규방가사'로 각각 학계에 소개했고, 그것들이 『한국민족문화대백과사전』에까지 '별개의 것들로' 수록되면서 〈거창가〉는 무려 50여 년 간 올바른 조명을 받아오지 못한 것이다.

참고 도표: 『한국민족문화대백과사전』(한국학중앙연구원)

▌ 거창가

【간략정보】
· 한자 居昌歌
· 분야 문학/고전시가
· 유형 작품
· 시대 근대/개항기
· 성격 가사
· 창작연도/발표연도 미상
· 작가 미상
· 관련인물(전승자) 이재가(李在稼)
· 집필자 조규익

【정의】
19세기 중반 거창의 수령 이재가(李在稼)와 아전들의 탐학을 고발한 저항적 현실비판 가사.

【구성 및 형식】
〈거창가〉는 〈한양가〉(조선조 문물·역사의 찬연함과 왕조 창업의 정당성 및 영속성)와 원 〈거창가〉(거창의 비참한 현실) 두 부분으로 구성되어 있다. 최근 발굴된 조규익본(〈거창별곡〉)과, 그 내용 중의 사실들을 입증하는 관련 문서들(「거창부폐장 초(居昌府弊狀 抄)」·「취옹정기(取翁政記)」·「사곡서(四哭序)」)이 전혀 성격이 다른 책의 한 부분으로 조심스럽게 필사·합철되어 있음이 밝혀졌는데, 〈한양가〉 부분을 제외한 조규익본은 '299~310구(서사: 도탄에 빠진 거창의 모습)' '311~754구(본사: 규탄 대상으로서의 이재가에 대한 묘사와 서사에서 포괄적으로 밝힌 내용들의 구체화)', '755~776구(결사: 자신들의 구제를 임금에게 호소)'로 구성되어 있다.

【내용】
이른 시기에 발굴되어 '정읍군 민란시 여항청요'로 명명된 김준영본의 "이제가 어느제며/저제가 어인젠고"를 학계에서는 최근까지 '이 때가 어느 때며/저 때가 어느 땐고'로 풀었다. 그러나 조규익본이 발굴·소개되면서 '이제가'는 거창부사 재임 시절 탐학을 자행한 핵심 인물 이재가의 와전 혹은 풍자적 어희(語戲)였음과, 그로 인해 김준영본은 원래 〈거창가〉의 '거창'을 '정읍'으로 바꾼 이본임이 함께 밝혀지기도 했다.
현재 남아 전해지는 〈거창가〉의 필사본들은 대부분 임술민란 이후 고종 대~1930년대에 이루어진 것들이다. 〈거창가〉 내용 가운데 핵심 인물인 수령 이재가의 재임이 1839~1841년임에도 그로부터 20여 년이나 지나서야 필사본들이 이루어지기 시작했다는 점과, 〈한양가〉와 '원 〈거창가〉'가 결합되어 있는 점 등은 '원 〈거창가〉'가 불온 문서로 상당 기간 단속되어 오다가 임술민란을 계기로 지방관들의 학정에 대항하기 위한 대민(對民) 창의(倡義)의 수단으로 사용되는 과정에서 〈한양가〉와 결합되었고, 임술민란 이후 약간 느슨해진 분위기를 틈타 각 지방에서 활발하게 전사(轉寫)되었음을 의미한다.
작품 뒷부분에 나오는 '거창의 비참한 현실'은 「거창부폐장 초」의 내용을 가사체로 바꾼 데 불과하다. 「거창부폐장 초」는 서두와 본체로 나뉘며, 서두에 제시된 폐단들을 조목조목 나열하여 설명한 본체는 6폐(六弊)[환폐(還弊)·결환지폐(結還之弊)·군정지폐(軍政之弊)·방채지폐(放債之

弊) · 창역조지폐(倉役租之弊) · 차일지폐(遮日之弊)], 3통(三痛)[남장지통(濫杖之痛) · 부녀원사지통(婦女冤死之痛) · 명분지문란(名分之紊亂)], 2원(二冤)[우정지폐(牛政之弊) · 면임원징지원(面任冤徵之冤)], 기타[향소쟁임의 변(鄕所爭任之變) · 염문(廉問) · 학궁지폐(學宮之弊)] 등이고, 〈거창가〉는 이 내용들을 순서에 맞게 정확한 가사체로 바꾸어 놓은 데 불과하다.

조선조 문물의 찬연함과 왕조 창업의 정당성 및 영속성을 찬양한 〈한양가〉를 앞쪽에 배치한 것은 거창의 비참함을 대비적으로 강조함으로써 〈거창가〉 창작 및 수용의 주체들이 현실에서 만나는 수령과 아전들의 착취와 학정을 비판하고 바로잡으려 했을 뿐, 임금을 정점으로 하던 중세적 통치 질서에 대한 반역의 의사가 없었음을 천명하려 했기 때문이다. 작품 구조상 서사에 그쳤어야 할 앞부분이 지나치게 장황하여 전체적으로 불균형을 이룬 것도 뒷부분 즉 '거창의 현실에 대한 고발'이 몰고 올 현실적 파장을 작자들 스스로 우려한 결과라 할 수 있다.

〈거창가〉는 기층 민중들이 중세적 지배질서의 해체가 이루어지던 조선조 말기에 지방관의 학정을 비판하며 저항 정신을 구체적으로 드러낸 가사 작품이다. 내용상 규탄의 표적은 개인으로서의 거창 수령 이재가와 탐학을 일삼는 아전들이었는데, 이재가가 이임하고 나서도 삼정(三政)의 문란은 여전하거나 오히려 더욱 심해지는 형편이었다. 시간이 지나면서 수령이나 아전들도 바뀌긴 했겠으나 이재가를 규탄하는 노래가 여전히 힘을 발휘한 것은 이재가가 개인으로서가 아니라 탐관오리의 전형으로 치환되었을 가능성이 있기 때문이다. 새로운 체제 혁명이 아닌 정상적 통치 질서의 확립에 대한 기층 민중들의 요구를 감안할 때, 임금에게 호소하고 기대는 것이 유일한 해결책이었다. 당장 살아갈 길이 막막해진 민중들의 입장에서는 우선 탐관오리를 제거하는 일이 급했기 때문이다.

【의의와 평가】

민중 저항의 극치였던 동학 농민반란의 단계에 이르러서도 근본적인 체제 부정은 생각할 수 없었다. 동학 농민반란보다 30여 년 이상이나 앞서 일어난 임술민란 역시 그 목적은 탐관오리의 축출이나 잘못된 제도의 개선에 국한되어 있었다. 〈거창가〉와 함께 발견된 「거창부폐장 초」·「취옹정기」·「사곡서」 등이 임술민란 훨씬 전인 이재가 재임 당시 혹은 이임 직후 만들어진 것들로 본다면, 이것들을 근거로 하여 만들어진 〈거창가〉는 향후 임술민란을 중심으로 하는 민중의 봉기에 불쏘시개 역할을 함으로써 한국문학사상 저항 가사의 대표작으로 자리 잡게 된 것이다.

【참고문헌】

『봉건시대 민중의 저항과 고발문학 거창가』(조규익, 월인, 2000)

「조선 후기가사에 나타난 서민의 의향」(류탁일, 『연민 이가원박사6질송수기념논총』, 범학도서, 1977)

「가사 거창가(일명 한양가)」(김일근, 『국어국문학』 39·40 합병호, 국어국문학회, 1968)

「정읍군 민란시 여항청요」(김준영, 『국어국문학』 29, 국어국문학회, 1965)

2. 왜 '거창가'이고, '이재가'인가?

거창과 상관없거나 현격하게 다른 내용의 '한양가'가 전반부에, 거창의 비참한 현실을 노래한 부분이 후반부에 각각 담겨, 전 · 후반이 합쳐진 전체를 '거창가'로 지칭해왔다. 따라서 구조적으로나 내용적으로 전 · 후반부가 유기적인 관계로 연결된다고 볼 수는 없다. 물론 후반부에서 거론한 거창의 비참한 현실을 역으로 강조하기 위해 전반부에서 태평성대를 거론했다면, 전반부가 아주 불필요하다고 볼 수는 없을 것이다. '원 〈거창가〉'와, 〈한양가〉가 덧붙은 '현 〈거창가〉'로 나누어 볼 필요가 있다고 보는 것도 그 때문이다. 다시 말하여 처음에는 '원 〈거창가〉'가 지어져 떠돌다가 그것이 나중에 별도로 존재하던 〈한양가〉와 결합되어 '현 〈거창가〉'로 완성되었다는 것이다. 당시에 떠돌아다니던 〈한양가〉는 왕조의 정통성을 강조하고 역대에 이룩해온 문물을 찬양하는, 긍정적이고 상향적인 내용 및 분위기의 노래다. 조세저항이나 수령 · 아전들의 탐학에 항거하던 민란 혹은 민요民擾의 현장에서 '원 〈거창가〉'류의 저항적 노래에 〈한양가〉 같은 체제 찬양적인 노래를 덧붙이는 작업이 필요했을 것이다. 즉 상승과 하강의 대조를 통해 거창부의 처참한 실상을 극적으로 부각시키는 수법을 사용한 것이 '현 〈거창가〉'라는 것이다. 물론 내용의 질과 양에서 앞부분의 〈한양가〉와 뒷부분의 '원 〈거창가〉'가 균형을 이루었다고 볼 수는 없다. 이처럼 구조적인 불균형성과 메시지 전달의 비효율성을 감수하면서까지 〈한양가〉를 '원 〈거창가〉'의 앞에 배치한 것은 무슨 이유였을까. 그것은 봉건 지배체제의 정점인 왕을 의식한, 일종의 '자기검열의식'으로부터 나온 결과였다. 뒷부분 '원 〈거창가〉'에 드러낸 지방관의 부정부패에 대한 규탄이나 그로 인해 촉발되는 백성들의 소요騷擾가 적어도 왕을 정점으로 하는 중세적 통치체제에 대한 저항이나 반역은 아님을 강조할 필요가 있었던 것이다. 다시 말하면 자신들이 일으킨 민란의 주목적은 다만 탐학과 횡포를 일삼는 지방의 수령이나 아전들을 응징하는 데 있었을 뿐 왕통체제에 대한 도전은 결코 아님을 분명히 하고 싶었을 것이다. 즉 앞부분의 찬양은 임금에게, 뒷부분의 비판은 지방수령에게 각각 돌림으로써, 태평성대의 주역인 임금이 태평성대를 좀먹는 지방수령의 탐학을 징치해야 한다는 당위적 요청을 강하게 제기하려는 목적으로 이런 이원 구조를 썼다고 보는 것이 옳다. 따라서 앞쪽의 〈한양가〉는 수사적·장식적 의미만 지니는 부분이고, 실질적인 부분은 뒤쪽의 '원 〈거창가〉'라 할 수 있다. 〈거창가〉를 논하는 경우 대부분 뒤쪽의 '원 〈거창가〉'만을 대상으로 삼는 것은 그런 점에서 불가피하고 타당하다.

① 어찌타 우리 井邑 邑運이 不幸하야
一境이 塗炭하고 萬民이 俱蕩이라
堯舜의 聖德으로 四凶이 있었으며
齊威王의 明鑑으로 阿太傅가 있단말가
日月이 밝다한들 覆盆의 難照하고
陽春이 布德한들 陰崖에 미칠소냐
이제가 어느제며 저제가 어인젠고
井邑이 廢邑되고 재갸가 亡家로다
諸吏난 칼이 되고 太守난 원수로다
冊房이 炊房되고 진사가 다사하다

② 엇지타 우리 居昌 邑運이 불행ᄒ야
一境이 塗炭ᄒ고 萬民이 俱渴리라
堯舜의 聖德으로 四凶 인셔시며
齊威王의 明鑑으로 阿大夫가 ᄂ단말가
日月이 발가시되 伏盆의 難照하고

▲ 광여도(廣輿圖) 거창부지도(거창박물관)

春陽의 布德인들 陰崖의 밋칠손냐
李在稼 어인진고 져지가 어인진고
居昌이 弊昌되고 在家가 亡家로다
諸吏가 奸吏되고 太守가 怨讐로다
冊房이 取房ᄒ고 進士가 多士하다

①은 김준영 교수가 소개한 〈정읍군민란시여항청요〉의 첫 부분, ②는
조규익본(*필자는 원래 논문과 저서 등에서 이현조본으로 학계에 소개
했으나, 그 텍스트를 현재는 이현조 선생으로부터 양도 받아 필자가 소
장하고 있으므로 이렇게 개칭하기로 한다. 조규익본은 〈거창별곡〉, 김
현구 본은 〈아림별곡〉, 기타 이본들은 대부분 〈거창가〉로 명명되어 있
다. 따라서 본서에서 거론되는 텍스트의 제목은 특별한 경우를 제외하
고는 〈거창가〉로 통일한다.)의 첫 부분이다.

양자는 글자 수준의 차이만 약간 보일 뿐 전체적으로 정확히 부합한
다. 후자가 전자의 바탕이 된 원본임은 김준영 교수가 밝힌 대로 '거창'
이란 글자들에 '정읍'을 덧씌웠다는 사실과 함께 '이재가李在稼'라는 수령
의 실명實名으로도 입증된다. 후자의 '이제가'는 전자에서 '이제+가' 즉
때를 나타내는 명사와 조사가 결합된 형태인데, 〈거창가〉를 정읍민란의
창의가倡義歌로 개조하는 과정에서 그것이 인명임을 알지 못했거나, 알면
서도 개조의 흔적을 남기지 않기 위해 그렇게 바꾸었을 가능성이 있다.
어쨌든 이재가는 4년간(헌종 3년, 1837~헌종 7년, 1841) 거창부사를 지
내면서 탐학을 저지르던 인물이었으니, 그 때의 일을 고발한 〈거창가〉
가 20여년 뒤 임술민란과 거창민란(1862년 2월 진주에서 시작, 전국으로
확산된 농민반란이 임술민란이다. 같은 해 3월에 일어난 거창민란도 임
술민란의 한 부분이나, '거창' 지역을 강조하는 의미에서 '임술민란'과 '거
창민란'을 병기한다.)의 창의가로 쓰였고, 또 그로부터 30여년 뒤 동학농

민반란의 시발인 정읍민란의 창의가로도 활용된 것은 자연스런 일이었다고 보아야 한다. 이처럼 〈거창가〉의 내용을 말할 때는 〈한양가〉 부분을 제외한 '원 〈거창가〉'만을 대상으로 하되, 그것을 그냥 〈거창가〉로 부르는 게 타당하다고 보는 것이다.

조규익본 〈거창가〉가 발굴·소개되면서 그간 모호하던 작품의 세부 사항들이 일거에 명확해졌다. 〈정읍군민란시여항청요〉가 사실은 〈거창가〉였고, "이제가 어느제며"의 표기나 '자기가'로 해석한 "재갸" 역시 사실은 실재인물 '이재가李在稼 혹은 재가在稼'의 와전이나 오기誤記들이었음이 밝혀짐으로써 〈거창가〉는 창작시기로 추정되는 1839년~1841년부터 20여년 후의 임술민란이나 거창민란, 그로부터 30여년 후의 동학농민반란에 이르기까지 민중 창의에 활용된 비판·저항·고발문학의 모범적 사례로 정위定位되는 것이다. 따라서 〈거창가〉가 지어진 근본 원인은 '수령 이재가의 탐학'에 있었고, 수령 등 지방관들의 탐학은 왕조 말기의 구조적 부패상에 그 원인이 있었다. 그러나 당대 민중의 입장에서 왕을 정점으로 하는 통치체제 자체의 부정은 생각할 수 없었다. 사실 그런 인식은 민중혁명의 단초로서 단순히 왕을 교체하는 반정이나 반역의 차원을 넘어서는 문제였다. 무엇보다 혁명을 위해 민중의 힘을 결집시킬 지도력조차 없었던 것은 당시의 가장 큰 문제적 상황이기도 했다. 따라서 기껏 탐학의 원흉으로 생각하고 있던 수령이나 징치하는 것만이 이들이 바라는 현실적 조치였을 뿐이다. 삼정三政의 문란이 통치체제 차원의 큰 문제이면서도 일개 수령의 책임으로 돌린 〈거창가〉 작자의 현실인식 또한 그런 현실적 한계에서 나온 결과였다.

그렇다면 이재가는 누구인가. 『교남지嶠南誌』, 『거창군 읍지』 등에 따르면, 그는 헌종 3년(1837년) 거창의 수령으로 부임하여 헌종 7년(1841년) 청주목사로 이배移配된 인물이다. 무엇보다 정조 7년(1783년) 2월 1

일에 출생하여 고종 2년(1865년) 8월 6일에 몰했고, 벼슬은 청백리의 후예로서 광능참봉에 봉해졌다가 안주목사를 지냈으며, 80세 되던 임술년(1862년)에는 조관으로서 통정대부 돈녕부 도정에 봉해졌다는『용인이씨대동보』의 기록은 특기할만하다. 탐학의 대명사로 엄청난 물의를 일으켰으면서도 나라 전체가 민란의 소용돌이로 휩쓸려 들어간 임술년에 통정대부 돈녕부 도정으로까지 봉해진 사실을 본다면, 수령의 탐학이나 실정失政은 지방관 개인의 도덕성이나 자질문제가 아니라 탐풍貪風에 매몰된 왕조 전체의 구조적 문제였음을 확인하게 되기 때문이다. 일제 강점기에 인근의 함양군 주사로 왔다가 남해군수로 옮겨간 그의 증손 이보상李輔相(1882~1948)이 〈거창가〉를 보고 증조의 비행에 대하여 망지소조罔知所措했다는 사실을 김일근 교수도 이미 「거창가 해제」에서 밝힌 바 있다. 『용인이씨대동보』의 이재가 관련 기록에 '거창수령 재임' 기록이 누락되어 있는 이유도 증손의 입장에서 가문의 치욕이라 할 수 있는 그 기록을 남겨두었을 리 없었으리라는 점에 있다. 그렇다고 해도, 탐학과 실정의 가장 분명한 증거들인 이재가의 실명이 〈거창가〉에 분명히 언급되고 있는 이상 가문 주도의 기록으로 그 사실을 덮을 수는 없는 일이다. 예컨대, 조규익본에는 앞의 인용문 외에 다음과 같은 부분도 나온다.

在稼아들 京試볼졔	學宮弊端 지여닉여
鄕校學宮 各書院의	色掌庫子 쟈바드려
儒巾둘식 道袍둘식	次例次例 바다닉되
업다ᄒ고 發明ᄒ면	贖錢四兩 물너닉되
儒巾道袍 바다다가	官奴使令 닉여쥬어
場中의 接定홀졔	奴션비 꾸며닉니
孔夫子 씨신儒巾	鄒孟子 입던 道袍
엇지타 우리고을	奴令輩가 씨단말가

앞에서 인용한 부분은 이재가와 아전들의 횡포를 포괄적으로 지적한 내용이고, 이 부분은 이재가의 아들이 과거시험에 응시하던 당시 그들이 끼친 민폐를 지적한 내용이다. 그러니 〈거창가〉는 시종일관 이재가와 휘하 아전들이 벌이던 탐학의 실상을 고발하고 비판한 작품일 수밖에 없다. 당시 상황으로 보아 이재가가 아니더라도 대다수 지방관들이 탐학을 자행했기 때문에 어

느 곳에서도 이런 작품이 산출되었을 개연성은 높지만, 이재가의 캐릭터와 함께 그들이 저지른 비행들은 왕조말기 지방관들의 전형적 행태를 보여주었고, 그 피해자들인 거창 백성들은 그것들을 정확하고 예리하게 적시하여 고발한 비판문학의 전형을 보여주었던 것이다.

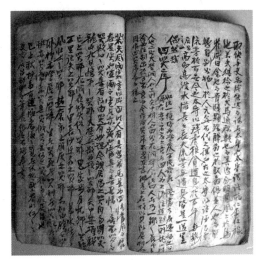

▲ 「사곡서」

3. 〈거창가〉 내용의 사실성에 대한 근거

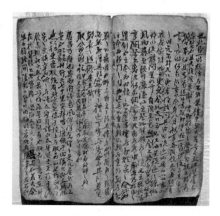

▲ 「취옹정기」

조규익본 〈거창가〉와 함께 실려 있는 「거창부폐장 초居昌府弊狀抄」, 「취옹정기取翁政記」, 「사곡서四哭序」 등은 〈거창가〉의 내용적 사실성을 입증하는 결정적 자료들이다. 「거창부폐장 초」(이하 「폐장」으로 약칭)는 당시 거창의 수령 (즉 이재가)과 아전들이 자행하던 민폐의 실상을 적어 순상巡相에게 올린 소장訴狀으로서, 「폐장」은 산문이고 〈거창가〉는 「폐장」의 요점을 뼈대로 암송하기 편하게 만든 운문의 가사다.

이렇게 산문과 운문의 차이는 있지만, 양자의 내용만큼은 동일하다. 「취옹정기取翁政記」는 구양수歐陽脩(1007~1072)의 「취옹정기醉翁亭記」를 패러디한 글로서 「폐장」 및 〈거창가〉의 내용이나 그 진실성을 또 다른 차원에서 반복·강조한 글이다. 「취옹정기」에 대한 작자의 설명(中原亦有醉翁亭記 我東方有取翁政 取之政 雖文字不同 熟讀詳味 乃知其意也: 중원에는 취옹정기醉翁亭記가 있고 우리나라에는 취옹정取翁政이 있으니, 착취의 정사가 비록 문자는 다르나 숙독하며 음미하면 그 뜻을 알 수 있다)을 보아도 수령과 아전들이 자행하던 착취의 현실을 풍자하려는 의도가 들어 있음은 분명하다. 구양수는 송나라 인종仁宗 천성天聖 8년(1030) 진사시에 합격하여 서경추관西京推官이 되었고, 경력慶曆 3년(1043) 태상승太常丞으로서 범중엄范仲淹을 변호하다가 붕당으로 몰려 안휘성安徽省의 저주滁州

로 밀려난 적이 있었는데, 그 때 그곳 낭야郎琊의 유곡幽谷에 '성심醒心 · 취옹醉翁'의 두 정자를 세웠다. 「취옹정기醉翁亭記」는 정자의 유래와 그 땅의 풍경, 태수인 구양수 자신이 이 정자에서 유락하는 심경 등을 술회한 글이다. 작자는 구양수와 그의 선정, 저주 백성들의 행복한 삶과 자연풍광 등을 묘사한 「취옹정기醉翁亭記」의 표현이나 어구들을 교묘하게 역전逆轉시켜 이재가와 당대 거창에 관련된 그것들을 성공적으로 풍자했다.

「사곡서」 또한 풍자적 산문으로, 「취옹정기」의 속편 격이다. 「사곡서」의 첫 문장(當本官遞歸之日 猶有戀戀不忘之意者四人 爲之涕泣送別: 본관이 바뀌어가는 날을 당하여 오히려 잊지 못하는 자 4인이 있으니, 이를 위해 눈물 흘려 송별을 하는구나)을 통해 이재가를 겨냥했던 앞 글들과 달리 풍자와 비판의 초점이 이재가 재임 중 그에게 빌붙어 거창의 백성들을 괴롭히고 이익을 추구하던 일부 인사들에게로 옮겨왔음을 알 수 있다. 그들이 바로 용산촌龍山村 · 대초동大楚洞 · 시중촌矢中村 · 화동촌花洞村 등 네 고을을 대표하던 장로들이었다. 이재가가 이임하던 날 이들이 눈물로 이별하는 광경을 보고 「사곡서」를 지었으되, 차마 그 향로鄕老들의 이름을 직서할 수 없기에 마을 이름으로 대신하여 그들의 작태를 드러내고자 한 것이었다. 필자가 거창 현지에서 확보한 김현구본에는 '용산촌의 정화언鄭華彦/대초동의 김청지金淸之/화동촌의 강열지姜烈之/시항촌의 박숙호朴肅虎' 등으로 거명되어 있다. 물론 모두 가명假名들이긴 하나, 앞으로 추적하기에 따라 그들의 신원은 어렵지 않게 알아낼 수도 있을 것이다. 어쨌든 탐학의 주체 이재가에게 붙어 이익을 취한 향로들이 최소한 칭송의 대상은 될 수 없을 것이니, 이 글 또한 「취옹정기」와 함께 풍자를 주목적으로 한 역설적 희문戱文임에 틀림없다. 따라서 사실을 고발한 「폐장」을 암송하기 쉽게 장르만 바꿔놓은 것이 〈거창가〉이고, 〈거창가〉의 취지를 다른 차원에서 반복 · 강조할 목적으로 지은 글이 「취옹정기」와 「사곡서」인 것이다.

4. 붕괴된 수취체제와 민중의 신음

▲ 여지도(輿地圖) 거창부(거창박물관)

1) 〈거창가〉의 비극적 콘텍스트

백성들의 삶을 도탄에 빠뜨린 권력층의 탐학은 거창 일원에만 국한된 일은 아니었다. 위로는 왕으로부터 지방의 말단 아전들에 이르기까지 직·간접적인 참여로 공고하게 이루어진 수탈의 구조가 조선왕조의 말기적 증상으로 이미 고착되어 있었다. 당시 유일한 산업은 농업이었고 생산자인 농민들은 국가의 모든 기능을 떠받치던 기층 민중이었다. 사실 농업생산의 기반인 토지와 노동력의 기반인 농민이 국가의 중추적인 계층이었음에도, 그들은 입만 열면 '삼대지치三代之治'의 이상국가를 내세우던 지배계층의 무자비한 착취대상일 뿐이었다. 토지의 품등을 여섯으로 나누던 전품육등법田品六等法과 매년 풍흉豊凶의 정도를 아홉으로 나누던 연분구등법年分九等法에 준해 전세를 부과하던 수취收取 행정으로서의 전정田政, 군적軍籍 상 번상병番上兵에게 소정의 보포保布를 지급하던 병무행정으로서의 군정軍政, 춘궁기를 견뎌내기 힘든 농민들에게 식량과 씨앗을 빌려주었다가 추수 뒤에 돌려받던 환정還政 등 조선왕조의 기축基軸 행정이 극도로 문란해지면서 백성들은 도탄에 빠지게 된 것이다. 그 실상을 낱낱이 드러내어 고발한 것이 〈거창가〉이고, 〈거창가〉의 사실성은 피해자인 거창 주민들의 항의성 호소문인 「폐장」에 의해 뒷받침된다.

거창 지역에 소요가 일어나자 중앙정부에서는 경상도 관찰사를 순상巡相으로 파견하여 진상을 조사하고 백성들을 위무慰撫토록 했다. 그러나 그도 여느 관리들처럼 백성들의 말을 듣기보다는 가해자인 수령과 아전들의 말만 듣고 중앙에 올리는 보고문을 쓰는 게 고작이었던 모양이다. 탐학의 죄를 저지른 수령이나 아전들로부터 해명성 보고나 받고, 소요를 일으켰다는 이유로 죄 없는 주민들만 억울한 처분을 받음으로써 결국 백성들의 분노는 폭발하게 되었다. 그 부당함에 대한 항의와 개선의 요구가 구체화된 것이 「폐장」이다. 그리고 그 내용을 많은 사람들과 공유하고 널리 퍼뜨림으로써 대중 선동의 수단으로 활용하고자 한 것이 〈거창가〉였다.

2) 「폐장」의 서두와 현실인식

「폐장」의 핵심내용은 '6폐六弊(여섯 가지 폐단)/3통三痛(세 가지 고통)/2원二冤(두 가지 억울함)/1변一變(한 가지 변고)/1불감언一不敢言(한 가지 감히 말할 수 없는 것)/1추입대폐一追入大弊(한 가지 추가된 큰 폐단)' 등이다. 그리고 이런 핵심내용들을 거론하기 위한 전제가 「폐장」의 서두 부분이다. 따라서 「폐장」의 서두는 당시 거창 읍민들의 현실인식이나, 〈거창가〉 제작의 기본정신을 포괄적으로 보여줄 뿐 아니라 사태를 호도·미봉하려는 지배계층의 문제적 인식을 적시하고 있다는 점에서 매우 중요한 의미를 지닌다. 다음의 내용이 그것이다.

"순상국 합하, 엎드려 생각하건대 무릇 물건이란 불평이 있으면 우는 법입니다. 그러나 울음이 비록 슬프다 해도 이를 듣는 자가 슬퍼하지 않으면

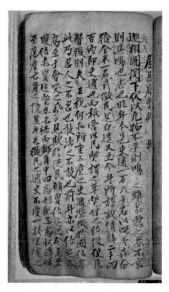
▲ 「거창부폐장 초」

그 울음은 헛된 것입니다. 작년 본 읍의 아전이 16,000석을 포탈하고 4전씩을 전미全米 1석마다 분급하여 백성들에게 징수했고, 금년에 이르러 이른바 방채전放債錢 2,400냥도 곧 아전들이 포탈한 것입니다. 그런데 영營에 보고하기를 '이것이 민폐이니 혁파한다'하면서도 이를 결역結役(법정 세금 이외에 지방관아의 비용 마련을 위한다는 명목으로 전결에 부과하던 부가세: 역자 주)에 붙이고 백성들로 하여금 대신 내게 하였습니다. 무릇 왕세王稅가 얼마나 소중한 것입니까? 그럼에도 하잘 것 없는 아전들이 떼 먹은 것을 나라의 전결에서 함부로 거두어들이는 것은 사람을 잔인하게 대하는 중에도 차마 하지 못할 짓이요, 감히 할 수 없는 일을 감히 본받는 것입니다. …… 백성에게 함부로 징수한 포리逋吏(포탈한 아전: 역자 주)는 곤장한 대 맞지 않고 억울함을 씻으려는 장민狀民(호소문을 올린 백성: 역자 주)들은 모두 형배에 처해졌으니, 백성을 가엾이 여기고 폐단을 없애려는 의의가 실로 이래서는 안 됩니다. 그런데 이런 일로 영문營門에 호소문을 올리면 매양 조사보고의 글을 받았다 하시는데, 그 보고의 문자는 모두 아전들이 조종한 것인즉 이것이 진실로 '부처를 서양西洋에 묻는' 격이어서 아전들 습성의 실정을 꿰뚫기 어려우며 민폐는 없어질 때가 없습니다. …… 순상국 합하, 대저 '사대부에 간쟁諫爭하는 신하가 있으면 그 집을 잃지 않고 아비에게 간쟁하는 자식이 있으면 몸이 불의에 빠지지 않으며 관가에 간쟁하는 백성이 있으면 정치가 폐막弊瘼에 이르지 않는다'는 것은 그 뜻이 한 가지입니다. 앞서 호소문에 대해서는 이미 앞에 말씀드린 엄한 판결을 받들었사옵니다. 그러나 그 때의 문제는 환정의 폐단과 관청의 돈놀이 두 건 뿐이었지만, 이번의 호소문에는 허다한 폐막을 일일이 들었사오니, 엎드려 생각건대 너저분하게 많고 더럽다 싫어하지 마시고 유의하시어 받아들여 주소서. 대개 큰 효자가 부모를 모시는 도는 작은 매는 받고 큰 매는 피하는 것입니다. 본 읍의 민정은 큰 매에 비할 수 없습니다. 제갈공명이 촉나라에 재상으로 있으면서 벌 이십 이상은 모두 친히 감독했으니 그것은 나라를 근심하고 백성을 사랑하여 무고한 백성이 혹 지나친 매질을 당할까 걱정해서였습니다. 지금 합하께서 영외嶺外를 안절按節하심은 제갈량이 촉나라에서 재상 노릇한 것과 같습니다. 영남의 백성이 합하를 우러러 보는 것 또한 촉나라 백성이 무후武侯를 바라본 것과 같습니다. 지금 저희들은 부월斧鉞의 형을 받아도 족하지 못합니다. 어찌 감히 위를 속여 스스로 난민亂民의 구덩이에 빠지겠습니까?'

수령과 아전들의 옳지 않은 처사에 대한 억울함을 안찰按察 나온 관찰사에게 호소하는 문장으로서는 유례가 없을 정도로 치밀하고 절절하다. 문장들 전체에 자신들이 왜 억울하며, 그 억울함을 왜 참을 수 없는지를 설명하고 설득하려는 의지가 넘쳐난다. '무엇이 억울한가?'와 '그 억울함을 왜 참을 수 없는가? 사이에 약간의 차이는 있을 수 있지만, 양자 모두 부당한 처사의 구체적인 내용들을 전제로 하는 점은 마찬가지다. 따라서 이 글은 부당한 내용들이 전개될 것임을 예고하는 성격을 지니고 있으니, 「폐장」의 서문 격이라 할 수 있을 것이다.

이 글에서 강조하려는 대표적 억울함은 '죄를 지은 자들은 무사하고, 피해를 입은 자들은 오히려 벌을 받은 점'에 있다. 매년 아전들이 떼먹는 엄청난 양의 곡식과 놀이 돈을 지방관아의 비용 마련을 목적으로 전결에 부과하던 부가세에 붙여 백성으로 하여금 부담케 하는 것이 대표적인 부당 처사였다. 아전들의 포탈 사실이 상부의 감찰에 걸려도 상부에는 '이런 민폐를 혁파하겠다'는 보고만 하고 그런 행태가 지속되는 것은 더 심각한 문제였다.

통치체제와 공직사회의 기강해이는 조선조의 말기적 징후였고, 그런 징후가 극명하게 노출되는 공간이 바로 기층민중의 삶의 현장인 농촌이었다. 지금으로 말하면 국세라 할 수 있는 당시의 왕세王稅를 현장의 말단 공무원인 아전들이 자신들의 사익 추구를 위한 수단으로 악용함에도 불구하고 이들은 곤장 한 대 맞지 않는 반면, 억울함을 씻기 위해 감영에 호소문을 올린 장민狀民들은 모두 형배에 처해지는 것이 당시의 상황이었다.

더욱 기가 막히는 일은 백성들로부터 호소문을 접한 감영은 '현장 조사의 보고를 받았다'는 답변만 앵무새처럼 되풀이하는데, 알고 보니 그 '조사보고'란 것들 모두가 아전들의 농간으로 만들어진 문건들이었다는 사실이다. 그래서 이 글을 쓴 사람은 '문불서양問佛西洋' 즉 부처를 서양에 묻는 격이라는 희언戲言으로 그런 비리를 통렬히 비판하고 있는 것이다. 그런 '문불서양'식의 어처구니없는 대책으로는 수취체제의 최 일선에서 전국적인 문제를 야기하는 아전들의 농단을 자세히 파악할 수 없다는 것이 이 글을 쓴 사람이 강조하는 사태의 핵심이었다.

그래도 실낱같은 희망을 버리지 않고 권력자인 순상의 감정에 호소하고자 하는 것이 이들의 성정이자 판단이었다. 고전 속의 '큰 매는 피하여 도망한다大杖則逃走'는 글귀를 인용하여 거창의 민정은 '큰 매에 비할 수 없다'고 했다. 말하자면 백성으로서는 도망할 수도 없는 '막다른 상황'이라는 것이다. 그래서 순상이 제갈량처럼 이곳의 실상을 세세히 파악하여 자신들의 궁한 형세를 보살펴달라고 한 것이다. '만약 지금 이 민장民狀에서 고발하는 목불인견目不忍見의 비리들이 결코 거짓으로 지어낸 것들'이라면, 이는 '웃사람을 속여 스스로 백성을 어지럽히는 구덩이에 빠지는 일'이니 부월斧鉞의 형을 받아도 할 말이 없노라고 스스로 강한 다짐을 두고 있는 것이다. 이런 다짐을 전제로 자세한 폐단들을 고발하려고 한 것이 그들의 의도였다.

그렇다면, 이 부분은 〈거창가〉에서 어떻게 표현되고 있을까. 앞에 인용한 「폐장」 앞부분의 내용은 〈거창가〉(교합본의 현대어역본/본서 제2부 제2장 참조) 첫 부분에 다음과 같이 재현된다.

"어와 세상 사신님 네 우리 거창 폐단弊端 들어 보소
재가가 내려온 후 온갖 폐단 지어내니
구중천리 멀고멀어 이런 민정民情 모르시고
징청각 높은 집에 관풍찰속觀風察俗 우리 순상巡相
읍보邑報만 준신遵信하니 문불서양問佛西洋 아닐런가
이노포吏奴逋 만여석萬餘石을 백성이 무슨 죄가
너돈식四錢式 분급分給하고 전석全石으로 물려내니
수천석數千石 포흠아전逋欠衙前 매 한 개 아니 치고
두승곡斗升穀 물리잖고 백성만 물려내니
대전통편大典通篇 조목 중條目中에 이런 법이 있단 말가
이천사백 방채전放債錢이 이도 또한 이포吏逋여든
결복結卜에 붙여내어 민간民間에 징출徵出하니
왕세王稅가 소중커든 요마幺麽한 아전포흠衙前逋欠
왕세王稅에 붙였다가 임의任意로 작간作奸할까"

아전들의 세금 포탈 문제, 포탈로 인한 부족분을 백성들에게 나누어 징수한 문제 등과 읍의 보고문만 믿어 문제를 해결하지 못하는 순상 등 전체 내용이나 표현에서 「폐장」과 〈거창가〉의 해당부분은 정확히 부합한다. 말하자면 〈거창가〉는 「폐장」을 가사 식으로 풀어쓴 데 지나지 않음을 확인하게 되는 것이다. 〈거창가〉는 가사, 「폐장」은 산문(한문)인데, 글쓰기의 다름이나 구술의 용도 및 미학의 차이만 감지될 뿐 전달하고자 하는 내용은 동일하여 한 사람의 손에서 나온 것으로 보인다. 사실에 근거한 보고문으로서의 「폐장」과, 「폐장」을 근거로 상황인식을 공유하고자 한 선동적 〈거창가〉가 '동일한 내용의 두 양식'으로 공존하게 된 이유가 바로 이 점에 있는 것이다.

3) 환곡의 폐단과 이도(吏道)의 추락

이제 본론으로 들어가 보자. 앞에서 '6폐六弊(여섯 가지 폐단)/3통三痛 (세 가지 고통)/2원二冤(두 가지 억울함)/1변一變(한 가지 변고)/1불감언一 不敢言(한 가지 감히 말할 수 없는 것)/1추입대폐一追入大弊(한 가지 추가된 큰 폐단)' 등을 말했다. 6폐는 '환폐還弊/결환結還/군정軍政/방채放債/창역조 倉役租/차일遮日' 등이다. 환폐에 대한 「폐장」의 기록 일부를 번역하여 옮 기면 다음과 같다.

"작년 아전들이 포탈한 16,000석을 4전씩으로 전미全米 1석마다 분급하여 백성들에게 징수한 것은 유정惟正(정당하고 바른 액수의 부세: 역자 주)의 의리가 아닙니다. 그 우국憂國의 도는 곳간 채우는 일이 주된 것이니, 포탈 을 범한 아전은 5백석 이상부터 법에 의해 형을 정하고 5백석 이하도 율律을 살펴 그 가장家庄을 탕척蕩滌한 뒤에 징발하여 쓴다면 민정을 위무할 수 있 고, 아전의 습속을 징계할 수 있을 것입니다. 본 읍은 5백석 뿐 아니라 2천석 을 포탈한 아전이라도 매 한 대 맞지 않고 죄를 적용한 것이 합당치 않아 물어내게 해야 함에도 그대로 두고 백성에게 물리니 그 나머지 포탈하지 않은 아전들도 '이럴 줄 알았으면 우리들은 5백석을 포탈하지 않은 것이 후 회 된다'고 말할 정도입니다. …… 지난해 12월 17일밤 어떤 도둑이 창고를 범했는데, 본 읍 성주가 그날 밤 창고를 순찰하다가 곳간을 열어 살피니 횃불이 막 꺼진 곳이 있고, 빈 섬, 키, 분석分石(정곡을 도둑질할 목적으로 환곡 한 섬을 두 섬으로 늘이기 위해 섞던 겨와 쭉정이: 역자 주) 등이 있거 늘, 창고 관리인을 잡아들여 칼을 씌우고 엄히 가두었다가 겨우 한 밤을 지나 곧바로 풀어주었습니다. 대저 저녁에 가두고 아침에 석방한 뜻이 어디 에 있는지 알 수 없습니다. 이처럼 아전의 간사함과 환곡의 폐해가 본 읍보다 더 한 곳이 없습니다."

인용문은 6폐 중 가장 먼저 제시한 '환곡의 폐단'이자, 이미 「폐장」의 첫머리에 표본으로 제시한 사례이기도 하다. 5백석 포탈까지는 벌을 받지 않고, 심지어 2천석 포탈까지도 무죄방면을 당하던 것이 당시의 실정이었으니, 거의 모든 아전들이 포탈행위에 참여하고 있었음을 보여주는 내용이다. 이와 함께 아전들로 암시되는 도둑들에 의해 한밤중 관아의 창고에서 분석이 이루어지던 현장이 실감나게 설명되어 있고, 그와 관련하여 창고 관리인을 잡아 가두었으나 다음날 아침에 석방했다는 또 하나의 사례도 소개되어 있다. 위와 아래가 어울려 자행하던 작간作奸의 현실을 이보다 더 생생하게 보여주는 글이 어디에 있을까.

이런 사례는 당시 전국적으로 자행되던 악폐였다. 예컨대, 순조8년(1808) 암행어사 이면승李勉昇이 전라좌도 암행감찰 결과를 아뢰면서 "환곡에 이르러서는 거의 말로 표현할 수 없을 정도이옵니다. 농부가 일년 내내 부지런히 농사를 짓지만 가을이 되어 추수할 때에 이르면 모든 수확량을 관아에 바쳐야 해서, 장차 골짜기에 구르거나 죽을 지경에 이르게 되고 마오니, 그 불쌍하고 가련함이 이보다 더한 경우는 없을 것이옵니다."라고 한탄한 『일성록』의 기록을 보아도 이 시기에 이미 이런 폐단은 전국적으로 공통적인 현상이었음을 알 수 있다.

그 다음은 결환의 폐단이다. 토지를 기준으로 환곡을 부과하는 방식이 결환인데, 거창 주변의 지역들(삼가·안의·지례·합천)은 결당 12~13냥을 부과했으나 거창만은 15~16냥으로 가징했다는 것이다. 환곡에 높은 기준으로 가징한 처사 뿐 아니라 엉뚱한 모래사장에까지 징수한 일이 거창의 읍민들로서는 더욱 억울한 처사였다. 더

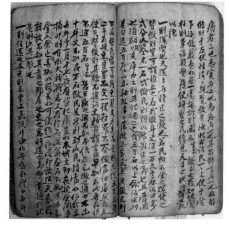

▲ 「거창부폐장 초」

구나 가뭄이나 홍수 등 재난을 당할 경우 회감會減(나라에 낼 것과 손해 본 것을 함께 헤아려 결을 감해주는 것)이 조정의 처분임에도 거창의 읍민들은 그런 회감의 혜택도 보지 못한다고 했다. 회감의 액수만큼 수령이나 아전들이 착복하고, 읍민들은 원래 책정된 액수의 결환을 모두 납부해야 했기 때문이다. 이런 「폐장」의 내용이 〈거창가〉에는 다음과 같이 반영되어 있다.

> "본 읍 지형 둘러보니 삼가 합천 안의 지례
> 사읍 중四邑中 처하여서 매년결복每年結卜 상정詳定할 제
> 타읍은 열한두 냥兩 민간民間에 출질出秩하되
> 본 읍은 십육칠 냥十六七兩 연년年年이 가징加徵하며
> 타읍도 목상납木上納에 호조혜청戶曹惠廳 밧자하니
> 다 같은 왕민王民으로 왕세王稅를 같이하며
> 어찌타 우리 골은 두세 냥씩 가징한다
> 더군다나 원통할 사 백사장의 결복結卜이라
> 근래에 낙강성천落江成川 구산邱山같이 쌓였는데
> 절통切痛타 이 내 백성 재災한 짐 못 먹어라
> 재결災結에 회감會減함은 묘당처분 있건마는
> 묘당회감廟堂會減 저 재결을 중간투식中間偸食 뉘 하느냐"

선혜청과 호조에 바치던 공부貢賦를 무명이나 광목으로 납부하면서 다른 고을에 비해 거창의 읍민들에게는 2~3냥씩 가징한다는 불만이 생략부분에 나와 있다. 토지세와 대동미 등 각종 세금을 징수하는 과정에서 거창읍의 아전들이 자행하던 가렴주구苛斂誅求의 실상을 이보다 더 실감나게 묘사할 수는 없을 것이다.

4) 군정의 폐단과 인간성의 파괴

그 다음은 군정의 폐단이
다. 이 부분에서는 백성들
의 가산을 탕진케 하는 악생
포樂生布 · 인리보포人吏保布 ·
노령보포奴令保布 · 백골징포
白骨徵布 · 황구첨정黃口簽丁 등
허다한 가포價布들 때문에
백성들이 말할 수 없는 고
통을 겪고 있다고 항변했
다. 그 부분의 내용은 다음
과 같다.

▲ 경상도 지도(거창박물관)

"무릇 군오軍伍란 들어오면 시위侍衛하고 나가면 방어하는 것이니 나라에 없
어서는 안 될 것이로되 이를 다스리는 것은 넘치게 할 수 없습니다. 3, 4년
래 악생 한 가포를 한 고을의 살림이 넉넉한 백성에게 엮어 부과하되 큰
집은 반드시 일이백금으로 면하고 작은 집은 칠팔십 냥으로 면하게 하니
이 한 가포 때문에 몇 사람이나 가산을 탕진했는지 알 수 없습니다. 그 나머
지 수군입네 육군입네 하여 인리보포 · 노령보포 등 허다한 잡포雜布는 한
두 가지가 아니며 빈 집이 나오면 번갈아 김씨金氏로 전씨全氏를 삼고 유씨
柳氏로 권씨權氏를 삼는 폐단을 빚기도 합니다. 봉파捧疤(체포할 사람이나
조세 부담자의 얼굴 모양과 그 특징을 적는 서류: 역자 주)를 희롱조로 만들
되, 곱추나 마마흔 지닌 사람의 경우 그 신체적 특징까지 기록하고, 어린아
이가 새로 태어나면 큰 아기, 작은 아기 등으로 군적軍籍에 올리기도 합니
다. …… 백골지포白骨之布와 같은 것은 더욱 말할 수도 없이 한심합니다.…
대저 20년 전에 몸이 죽고 20년 후에 포를 징수하는 것은 사람을 잔인하게
하는 것 가운데 차마 할 수 없는 것이고 감히 할 수 없는 일을 감히 본받는

것입니다. 달이 서쪽으로 지고 삼성參星이 동쪽에 떠올라 빗겨있는 어두운 밤에 백골이 서로 조곡弔哭하며 하늘이 흐리고 비가 내리면 원혼들이 서로 따르니 곧 본읍 아전들의 혹독함은 다만 세상의 살아있는 사람들에게만 끼치는 것이 아니고 문득 장차 지하의 고골枯骨들에게도 미치는 일입니다. 대저 군정의 환롱幻弄이 이 읍보다 더한 곳이 없습니다."

이 내용은 〈거창가〉에 다음과 같이 등장한다.

"가포價布중 악생포樂生布는 제일로 된 가포라
삼사년 내려오며 탐학貪虐이 자심滋甚하다
악생포 한 당번當番을 일향一鄕이 편침編侵하며
많으면 일이백 냥 적으면 칠팔십 냥
모야무지暮夜無知 남모르게 책방冊房으로 들어가니
이 가포 한 당번에 몇몇 집이 탕산蕩産한고
그 남은 허다가포許多價布 수륙군병水陸軍兵 던져두고
선무포 제번포며 인리포人吏布 노령포奴令布라
각색各色다른 저 가포로 백가지로 침책侵責하며
김담사리金淡沙里 박담사리朴淡沙里 큰 애기 작은애기
어서가고 바삐 가자 형작청刑作廳에 잡혔도다
전촌前村에 짖는 개는 관차官差보고 꼬리치며
뒷집의 우는 아가 이교吏校왔다 우지마라
일신양역 원통중의 황구충정黃口充丁 가련하다
생민가포生民價布 던져두고 백골징포 무슨 일고
황산고총荒山古塚 노방강시路傍僵屍 너의 신세 불쌍하다
너 죽은 지 몇 해 관대 가포 돈 어인 말고
죽은 송장 다시 파서 백골포양白骨曝陽 처량하다
가포탈價布頉 네 원정冤情을 호령하여 쫓아내니
월락삼경月落三更 깊은 밤과 천음우습天陰雨濕 슬픈 밤의
원통타 우는 소리 동헌대공東軒大空 함께 운다
청상과택靑孀寡宅 우는 소리 그대 신세 처량하다

전생연분前生緣分 이생 언약言約 날 바리고 어데 간고
엄동설한嚴冬雪寒 차온 밤에 독수공방獨守空房 더욱 섧다
남산南山의 지슨 밭을 어느 장부 갈아주며
동원東園에 익은 술을 뉘 데리고 권할 소냐
어린 자식 아비 불러 어미 간장 녹여낸다
엽엽히 우는 자식 배고프다 설은 사정事情
가장 생각 설은 중에 죽은 가장 가포 났네
흉악할 사 주인 놈이 과부 손목 끌어내어
가포 돈 던져두고 차사전례差使前例 먼저 찾아
필필疋疋이 짜는 베를 탈취하여 간단 말가"

조선 시대 장악원의 양인 출신 악생樂生
에게 소속되어 그 가족들을 재정적으로
돕던 비번자非番者가 악생보樂生保다. 보인
들이 지급하던 악생포는 원래 매달 포목
2필이었으나, 후기에 들어서면서 이것 역
시 아전들의 착취수단으로 전락되었다.
〈거창가〉의 이 부분에는 가산을 탕진하
기에 이른 악생포의 문란상이 구체적으로
기록되어 있다. 그와 함께 인리보포人吏保
布(정규 병역에 참여하는 군대의 경비로
쓰기 위해 인리보가 바치던 베나 무명),

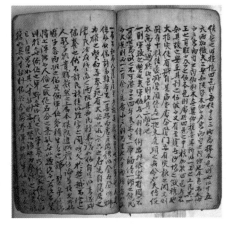

▲「거창부폐장 초」

노령보포奴令保布(지방 관아의 관노와 사령들에게 급여를 주기 위해 보인
들이 바치던 베나 무명) 등 허다한 보포들이 백성들의 삶을 피폐하게
만들기도 했다.

그와 아울러, 군포를 뜯어내기 위해 빈 집이 나오면 번갈아 김씨를
전씨로, 유씨를 권씨로 삼는 등 가명假名과 허록虛錄으로 서류를 조작하기

일쑤였다. 군보軍保를 첨정簽丁하는 과정에 한 마을에 척추장애인이 와서 살거나 얼굴에 마마흉을 지닌 사람이 있으면 먼저 파기疤記 즉 16세~60세의 군역 의무자 명단인 군안軍案에서 각자의 얼굴 등 신체적 특징까지 기록하게 되는 것이다. 이들로부터 군전軍錢과 부전賦錢을 거두어 포흠逋欠하고, 그 액수가 커지면 다시 민간에서 늑징勒徵하기 일쑤였다. 무엇보다 심했던 것은 백골징포白骨徵布였는데, 세리稅吏들이 이미 죽은 사람들을 군적에서 빼지 않고 살아 있는 것으로 간주하여 군포를 늑징해가는 일이 바로 그런 처사였다.

아전들이 자신들의 잇속을 챙기기 위해 갖가지 명목을 만들어 무리하게 군포를 늑징했고, 그 과정에서 윤리와 민생의 기반이 송두리째 무너졌으며, 그 결과 국방이 허물어짐으로써 궁극적으로 조선조의 붕괴를 초래하게 된 것이다.

5) 방채 및 창역조의 폐단과 몰염치

다음은 방채放債 즉 돈놀이의 폐단이다. 원래 관가의 돈놀이는 관에서 쓰는 비용을 조달하기 위해 남는 돈이나 곡식에 적정한 이자를 붙여 빌려주는 제도를 운영했다. 그러나 이것이 아전들의 취리取利 수단으로 악용되면서 또 다른 탐학의 고통을 백성들에게 안겨 주었다. 이와 함께 어처구니없는 폐단으로 거론하고 있는 것이 창역조倉役租다. 즉 녹봉 없는 창색倉色에게 준다는 명분으로 결당 10말씩 420여 석을 백성들로부터 늑징하여 수령과 아전들이 착복하는 폐단이 바로 그것이었다. 창색의 경우 곡식을 관장하는 직분으로 암암리에 취하는 이익이 막대함에도 창역조라는 명칭으로 더 많은 곡식을 백성으로부터 받아내는 현실을 지적한 것이다. 「폐장」의 설명은 다음과 같다.

"대저 아전에는 각 색色이 있는데, 창색은 아전 가운데 도타운 임무입니다. 비록 원래 정해진 녹봉은 없으나 스스로 낮은 관리의 직분이나마 있어 보잘 것 없는 승색升色이면서도 그 이익을 떨구는 것이 적지 않습니다. 호랑이를 풀어 개를 잡게 하는 형국이니 비록 개를 살리고자 하나 이것이 가능하겠습니까? 쥐를 곡식에 두면 비록 곡식을 온전케 하고자 하나 형세가 반드시 뺀합니다. 아전이 곡식을 관장함에 이르면 이익이 그 속에 있거늘 작년에 포탈한 것을 도로 거두어들이고 결환하면서 받지 않은 예가 없었으니, 그럼에도 창색이 이득 없다 이르고 결당 열 말씩을 덤으로 받은즉 본 읍의 결수를 말하면 3,600여결이므로 매 결에 10말조로 계산하여 합하면 420여석이 됩니다. 해마다 민호民戶에 백징白徵(조세를 면제할 땅이나 납세의무가 없는 사람에게 세금을 물리거나, 아무 관계도 없는 사람에게 빚을 물리던 일로 생징生徵과 같은 말: 역자 주)하는 일이 본 읍 외에는 전무하며 8도를 통틀어도 아직 있지 아니한 폐단입니다."

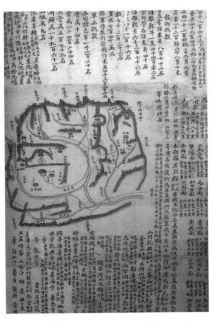

▲ 해동지도(海東地圖) 거창도(居昌圖)
(거창박물관)

이 내용을 〈거창가〉에서는 다음과 같이 표현하고 있다.

"창역조倉役租 열 말 나락 고금古今에 없는 폐단
작년이포昨年吏逋 수쇄하여 결환結還으로 분급分給하니
불수계방不受計方 맡겼으니 창색이식倉色利食 없다하여
매 결每結에 열 말 나락 법法밖에 가렴加斂하니
본 읍 원결本邑元結 헤아리니 삼천육백 여결餘結이오

열 말 나락 헤아리니 이천삼백 여석餘石이라
결환분급結還分給 하는 고을 조선팔도 많건마는
창역조倉役租 열 말 나락 우리 거창 뿐이로세"

결환으로 포탈하는 아전들에 비해 뚜렷한 명분이 없었던 무보수無報酬
창색들의 입장을 내세워 고안한 것이 바로 '창역조 10말 나락'이었다.
매 결당 10말을 창색들의 수고비로 백성들에게 징수한다는 것인데, 대표
적인 늑징의 사례였다. 「폐장」과 〈거창가〉에서는 '창역조 10말 나락'이
다른 고을에 유례없다 하였으나, 사실은 당시 '창색倉色 포흠逋欠'의 예들
이 『조선왕조실록』에도 적잖게 나오는 점으로 미루어 조선 팔도 전역에
이미 일반화되어 있던 비리였을 것이다.

6) 차일(遮日) 및 대접 음식 마련의 폐단과 백성의 고통

원래 차일은 광목이나 삼베로 만들어 혼인, 회갑잔치, 장례식 등 많은
사람들이 모이는 자리에서 햇볕을 가리기 위해 쓰던, 천막의 일종이었
다. 전통적으로 관아에서 공적인 손님을 맞이할 때에도 많이 사용되었
는데, 한 번 만들어 놓으면 해질 때까지 계속 쓸 수 있는 반영구적 물품
이었다. 거창읍에서 차일은 감사 등 상급자가 순시 나왔을 때 주로 사용
되었는데, 차일과 함께 대접할 음식을 두고 백성들의 고혈을 짜내던 폐
단이 대단했던 것으로 보인다. 그렇다면 차일이나 음식과 관련하여 거
창에서는 무슨 일이 있었는지 「폐장」과 〈거창가〉의 해당 부분들을 살펴
보기로 하자.

"또 하나는 차일의 폐단입니다. 대저 대소빈大小賓의 행차 때 펼치는 유장帷
帳과 포진鋪陳 등의 도구는 원래 읍용邑用이 있어 군기軍器와 공고工庫에 두
었다가 들어 씁니다. 3~4년 전부터 순사또가 부에 도착하는 날 반드시 민간

의 차일을 거두는데 각 동에서 두 냥 씩을 속전贖錢으로 거두 온 즉 본 읍 330여 동 안에서 30 동은 차일을 수납하고 300여 동에서는 속전을 징출하니, 합하면 오륙 백 냥으로 마침내 해당 색임色任의 맛보기가 됩 니다. 무릇 정치에는 한 결 같이 옛 제도를 준수 하고 새로운 폐단을 짓 지 말아야 하는데, 대저

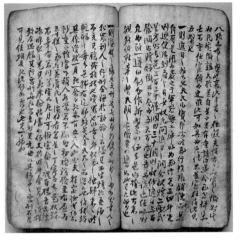

▲「거창부폐장 초」

동의 억울한 징수로서 차일만한 것이 없은즉 이것이 그 여섯 번째 폐단입니 다."

"춘추순春秋巡 감사監司들에 거행이 자락自樂하다
민간차일民間遮日 받아들여 관가사면官家四面 둘러치니
칙사행차勅使行次 아니어든 백포장白布帳이 무슨 일고
본 읍 삼백삼십 동洞에 삼십동은 차일遮日 받고
삼백 동은 속贖을 받아 합한 돈이 오륙백 냥五六百兩
책방冊房이 분급分給받아 공방아전工房衙前 살찌거다
대차담大茶啖 소차담小茶啖에 나라회감會減 있건마는
대소차담 드린 후에 별찬別饌으로 내아內衙진지
이러한 예의방禮義方에 남녀유별 자별自別커든
사돈팔촌查頓八寸 부당不當한데 내아 진지 무슨 일고
오백 리 봉화현奉化縣에 각화사覺化寺 어디 메요
산갓김치沈菜 구해다가 잔치 상에 별찬하니
나물반찬 한 가지를 오백 리에 구탄 말가
우리 거창 중대읍重大邑에 칼자감상 없다 하여

전주감영全州監營 치치 달아 감상칼자 세인賣引하니
안의 수安義倅 민치서閔致舒 기롱譏弄하여 이른 말이
내아內衙진지 하지 말고 내아수청內衙守廳하여 보소
너의 집 친기제물親忌祭物 오백리에 구할소냐'

인용한 「폐장」 부분과 부합하는 내용의 가사는 '춘추순春秋巡 감사監司
들에~공방아전工房衙前 살지거다'이고, 나머지 '대차담大茶啖 소차담小茶啖
의~오백리五百里에 구할소냐'는 「폐장」에 나타나 있지 않지만 관련되는
내용이라 할 수 있다. 사실은 원래 「폐장」에 포함되어 있었을 것이나,
기록자의 판단이나 오류로 인해 누락되었을 가능성이 크다. 「폐장」의
원이름 '거창부폐장 초居昌府弊狀 抄'도 이처럼 내용을 부분부분 생략했음
을 암시한다. 감사가 올 때 마다 극히 일부는 차일을 수납하여 쓰고 대부
분의 지역에서는 속전을 받아 수령과 아전들이 착복하던 현실을 고발했
다. 10%만 실제 소용에 충당하고 90%는 자신들의 사복을 채우는 데 쓰
고 있는 비리와 부정을 실제 숫자로 생생하게 보여준 것이 이 부분의
내용이다.

이런 차일의 비리보다 더 기막힌 일이 그 뒤에 이어진다. 지방 관아에
내려 온 관찰사 등 상관을 대접하기 위해 차려 내던 성찬盛饌이 '대차담·
소차담'인데, 그 비용은 중앙으로 올려 보내던 세곡稅穀에서 공제하는 것
이 정해진 법도였다. 그러나 그들은 그에 만족하지 않고 특별 음식을
차려 내아內衙에서 대접하는 것이 실상이었던 것 같다. 그러다 보니 밥상
에 올리던 진기한 음식의 수를 정성의 척도로 삼는 것이 관행이었다.
500리나 떨어진 봉화현의 각화사에까지 달려가 산갓김치를 구해 오고,
요리 전문의 하인이 없다 하여 전주 감영에까지 가서 요리사를 돈 주고
빌려 오기도 한다는 것이다.

그러다 보니 '내아의 음식 대접에 그치지 말고 차라리 내아에서 수청

을 들게 함이 어떠냐는 안의 수령 민치서의 기롱 조 비아냥까지 듣게 되었다는 것이다. 말하자면 자신의 부모 제사 제물을 500리 떨어진 곳에 가서 구할 수는 없을 텐데, 손님 대접하기 위해 그런 일을 마다 않는 부조리와 비리가 가사를 통해 비판되고 있음을 알 수 있다.

7) 세 가지 고통과 인간 존엄성의 말살

눈에 거슬리는 읍민들에게 지나친 장형杖刑을 가하여 죽게 하거나, 남편의 일로 부녀를 처참히 죽게 만들기도 하고, 아전들이 양반을 능욕하거나 죽게 함으로써 사회적 명분을 혼란시킬 뿐 아니라 궁극적으로 인간의 존엄성까지 말살하는 일들이 수시로 자행되고 있었다. 세 가지의 사례들을 통하여 그런 현실을 고발하고자 하는 것이 이 부분의 내용이다. 우선 남장濫杖의 고통을 언급한 「폐장」의 기록을 들기로 한다.

"또 하나는 남장濫杖의 고통입니다. 대저 형구刑具란 관노官奴와 사령司令이 부리는 것입니다. 관노 사령의 마음 씀인즉 사람의 범죄를 바라고 사람에게 행형行刑함을 이롭게 여기거늘 동냥動鈴에 차지 아니함을 미워하고 그 잔술이 배에 차지 아니함을 탈잡아 혹 추고推拷하기도 하고 죄를 받게 하기도 합니다. 지지난 해에 의슬지혐蟻虱之嫌으로 두고두고 사완지독蛇蜿之毒을 베풀어 본 읍 한유택韓有宅·정치광鄭致光·김부대金夫大 등은 모두 무고하게 장살杖殺되었고, 그 나머지는 매를 맞은 지 한 달 만에 죽기도 하고, 스무날 만에 죽은 사람 또한 5, 6인입니다. 대저 왕실의 백성을 구제하는 일이 얼마나 소중합니까? 그런데 비록 당장 사람을 죽인 자라도 만약 그가 불복하면 검사하고 다시 검사하는 등 사관査官의 심리尋理하는 거동이 있는 것은 대개 백성을 깊이 걱정하기 때문입니다. 그러므로 이와 같이 정녕丁寧함이 있어야 하거늘 본 읍은 죄 없는 사람 때려죽이기를 이처럼 풀 베듯 하니 공산편월空山片月에 가련하다, 수명이 다한 혼백과 백양청사白楊靑莎에 처량하게 피를 토하는 저 귀신이여! 그 죽음은 정해진 명이 아니니 정이 마땅히 어떠합니까? 또 작년 회곡지역會哭之役에 이우석李禹錫을 끌어다가 악형을 가한 것이 이르지 아니한 곳이 없은즉 그 노모는 독자獨子에게 가해지는 악형을 차마 볼 수 없어 목을 매어 먼저 죽었으니, 이 얼마나 원통합니까?"

　죄 없는 사람들에게 혐의를 뒤집어 씌워 행패를 부리거나 죽이는 것은 당시 조선 팔도의 농민들이 당하던 고통이었고, 거창읍민들도 예외가 아니었다. 그 빌미가 바로 동령動鈴 혹은 동량動糧으로서, 구걸求乞이나 조곤釣鯤과 같은 말이었다. 정약용은 『목민심서』에서 "(고을의 수령이) 신영新迎하는 처음에는 아전의 문안드리는 인편이 잇달아 끊이지 않는데, 필경 그들이 왕래하는 잡비는 모두 백성의 힘에서 나오고야 만다. 수령이 취임한 뒤 문예門隸 즉 사령使令은 문안드리는 것을 빙자하는 말로 삼아 마을에서 징색徵索하는데 혹은 이것을 동령이나 조곤이라 했다"[『역주 목민심서 1』, 창작과비평사, 1978, 19쪽.]는 것이다. 그런 동령이나 조곤을 비롯한 징색의 결과가 만족스럽지 못할 때 핑계를 잡아 남장의 형벌을 가한다는 것이다.

　보잘 것 없는 혐의를 뒤집어 씌워 독사와 같이 사악한 형벌을 가하여 결국 사람들을 죽게 했는데, 한유택 · 정치광 · 김부대 등은 그 실제 인물들이었다. 사람 때려죽이기를 '풀 베듯'하는 거창의 지옥 같은 현실에서 가련한 것은 백성들이었다. 심지어 회곡지역會哭之役을 주도한 이우석李禹錫과, 그가 악행 당하는 모습을 차마 볼 수 없어 먼저 목숨을 끊은 그의 모친을 피해 사례로 등장시켜 극한상황의 고통을 당하던 당시 거창 사람들의 참상을 고발했다. 이 부분의 가사 내용은 다음과 같다.

　　"작년 회곡 향회 판에 통문수창通文首唱 사실查實하여
　　이우석李禹錫 잡아들여 죽일 거조擧措 시작하니
　　그 어머니 거동擧動보소 청상과택靑孀寡宅 키운 자식
　　악형惡刑함을 보기 싫어 결항치사結項致死 먼저 하니

고금사적古今事蹟 내어 본들 이런 변變이 또 있을까
폐단없이 치민治民하면 회곡향회會哭鄕會 거조擧措할까
개과천선改過遷善 아니하고 무죄백성無罪百姓 죽게 하나"

　가사의 작자는 회곡과 향회의 통문수창이었던 이우석의 고문 사실과
그 어머니의 자결 사건에 초점을 맞추었다. 회곡은 관청의 부당한 처분
이 있을 때 백성들이 관아에 몰려가 울면서 문제 해결을 하소연하던,
일종의 집단시위였다. 회곡에 정당한 사유가 있다 해도 엄하게 다스리
고자 한 것이 조선 조정의 방침이었다. 『속대전』의 형전刑典 추단推斷에
"유생이 고을의 수령에 발악하거나 성묘聖廟 또는 관문 밖에서 회곡會哭하
는 경우에는 장 100과 유형 3,000리에 처한다."는 조항이 있을 정도로
말기의 조선조는 집단행동을 두려워했다. 회곡을 통해 백성들이 단합하
고, 그렇게 단합된 백성들이 민란을 주도하기 때문이었다.
　통문수창 이우석은 홀어머니의 똑똑하고 귀한 아들이었다. 어머니는
자신의 아들이 회곡을 주도했다는 이유로 악형을 받는 모습을 눈 뜨고
볼 수 없어, 먼저 목을 매 자결한 것이다. 백성들을 괴롭히는 관가의
폐단이 없다면 회곡이나 향회는 필요 없었다. 회곡이나 향회를 보면서
도 수령이나 아전들이 잘못을 깨닫지 못하여, 결국 죄 없는 백성을 죽게
하였음을 만천하에 고발하고 있는 것이다.

　그 다음은 부녀가 억울하게 죽은 사건이다. 양반 부녀에게 폭행을 가하
여 스스로 목숨을 끊게 한 비극이었다. 「폐장」은 다음과 같이 설명한다.

　"또 하나는 부녀가 억울하게 죽은 고통입니다. 지난 정유년 겨울 적화면赤火
面의 면임面任이 공납을 수쇄收刷할 즈음에 사인士人 김광일金光日의 처를 부
접扶接하여 그 머리채를 끌고 손을 잡았는데, 그 남편은 마침 출타 중이었습

▲ 거창읍지도(거창박물관)

니다. 그 나머지 주민들은 곧 반상의 명분과 남녀의 등별等別을 알지 못하고 평소 관령官令과 임장任掌의 위권을 두려워하여 둘러서서 벌벌 떨며 한마디도 금단禁斷하지 못했으니, 아아, 부녀라면 이때에 사리事理가 마땅히 어떠해야 합니까? 만 번 죽을 즈음에 마음을 맺고 몸을 촌철寸鐵의 나머지에 돌려 칼로 손을 잘라 그 자리에서 곧 죽었습니다. 이에 백일이 빛을 잃고 청산은 찢어지려 하였습니다. 백년의 인연과 삼생三生의 약속이 뜬구름과 같이 되었고, 유수流水같은 일검하一劍下에 천추의 한은 하늘처럼 길고 바다처럼 넓었습니다. 곧고 의로운 혼백이여, 슬프도다! 드러내 줄 사람이 없으니 지극한 원통함을 슬프게도 누가 있어 씻어줄 것인가? 그 남편은 누차 영문에 호소하였으며 면보面報 · 유장儒杖의 거사까지 벌였으나 그 임장任掌을 한갓 형배刑配의 율로 징계토록 하였은즉 반상班常을 등분等分하고 남녀를 구분하고 정렬貞烈을 포장褒獎하며 난민亂民을 죄 주는 법은 과연 어디에 있습니까? 금년 4월 본 읍에 내린 우박이 이 일에 연유되지 않았음을 어찌 알겠습니까?"

거창읍 적화면 김광일의 처 원사冤死 사건을 통해 당시 공납 수쇄 과정에서 임장任掌들이 저지르던 횡포를 고발한 내용이다. 임장배에게 머리채와 손을 잡힌 양반의 부녀로서 할 수 있는 일은 죽음 밖에 없었다는 극한상황을 제시하고, 그에 관한 울분을 토로했다. 남편은 이 사건을 관청에 호소하고 면보와 유장의 거사까지 벌였으나, 그들은 한 점의 처벌도 받지 않았다고 했다. 그래서 그 해 4월 이 지역에 내린 우박도 이 사건으로 인해 하늘이 노한 결과가 아니겠느냐는 것이다. 당시(헌종 5년 5월 18일) 기상이변이 일어나 우박이 내렸는데, 큰 것은 표주박만하고 작은 것은 주먹만 하여 민가가 표몰하고 사람과 가축이 다수 죽었다 한다. 그 사건을 여기에 끌어온 것을 보면 당시 그들이 호소할 데 없는 궁박한 처지에 몰려 있었음을 잘 알 수 있다. 이 내용을 반영한 가사의 부분은 다음과 같다.

"정유년 시월 달에 적화면赤火面에 변變이 났네
우거양반寓居兩班 김일광金日光이 선무포가 당한 말가
김일광이 나간 후 해면임장該面任掌 수포收布할 제
양반내정兩班內庭 돌입하여 청춘과부 끌어내니
반상명분班常名分 중중重한 중에 남녀유별 지엄至嚴커든
광언패설 하감何敢으로 두발부예頭髮扶曳 하단 말가
장하다 저 부인네 이런 욕辱 당한 후에
아니 죽고 쓸 데 없어 손목 끊고 즉사하니
백일白日이 무광無光하고 청산靑山이 욕열欲裂이라
백년해로百年偕老 삼생언약三生言約 뜬구름이 되었어라
만리전정萬里前程 이내목숨 일검 하一劍下에 죽단 말가
흉악凶惡하다 임장任掌놈아 너도 또한 인류人類어든
여모정렬女慕貞烈 굳은 마음 네라 감히 능모陵侮할까
만경창파萬頃蒼波 물을 지어 나의 분憤함 설치雪恥코자
남산녹죽南山綠竹 수數를 둔들 네 죄목罪目에 더할 소냐
열녀정문烈女旌門 고사하고 대사代死도 못시키니
두견성杜鵑聲 세우 중細雨中에 영혼인들 아니 울까
금년사월 본읍 우박 그 설원雪冤이 아닐런가"

「폐장」의 '김광일'을 가사에서는 '김일광'으로 바꿨다. 「폐장」에서는 막연히 '공납수쇄'라 했으나, 가사에서는 '선무포' 문제였음을 밝혔다. 지방의 향군鄕軍 중에서 선발되어 군병의 지휘를 맡은 선무군관選武軍官의 보포保布가 선무포다. 따라서 양반은 선무포를 납부해야 할 의무가 없었다. 그럼에도 불구하고 김일광에게 선무포를 늑징하고자 한 것이 당시 그곳의 임장이었다. 김일광이 '우거양반' 즉 남의 집에 붙어살던 몰락양반이었기 때문일 것이다. 명색만 양반일 뿐 권력도 재산도 없던 몰락양반에게 '돈과 권력을 지닌' 아전이 겁낼 일은 없었다. 그래서 명분을 무시하고 그에게 선무포를 징수하게 된 것이었다. 신분질서가 붕괴되어 가고 있는 당대의 현실을 적나라하게 보여주는 내용이다. 그런데 이것이 「폐장」에는 막연하게 처리되어 있다.

뒤의 내용은 「폐장」과 가사 두 문건이 정확히 일치한다. 임장에게 머리채와 손목을 잡힌 김일광의 부인이 극도의 수치심으로 손목을 그어 자살한 사건, 그에 대한 필자의 분노, 초여름에 우박이 내린 기상이변의 의미 등 양자는 정확히 일치한다. 「폐장」을 바탕으로 가사가 만들어졌을 가능성은 여기서도 짐작해볼 수 있다.

마지막은 명분의 문란이다. 적화면 양반 부녀 원사사건의 처리가 흐지부지 된 이후로 부쩍 임장들의 횡포가 잦아졌으며, 그로 인한 명분의 파괴는 극에 달했던 것 같다. 다음의 글이 바로 그것이다.

"또 하나는 명분의 문란입니다. 적화赤火 부녀의 원사를 설욕하지 못한 이후로부터 한 결 같이 각 면 임장들의 무리는 더욱 거리낌이 없어져서 스스로 관령을 받든 자라 이르고 비록 양반의 처를 죽이더라도 벌은 형배에 지나지 않으며, 독환督還을 합네 수세收稅를 합네 하며 양반집 안뜰에 돌입하여 돌아다니는 것을 심상히 합니다. 양반의 의관을 적탈赤奪하고 공납의 수쇄를 적몰하고 주인 있는 가장家庄을 빼앗아 사사로이 방매하되 100금이 본가本

價인즉 7, 8냥으로 방매하고, 4, 50냥이 그 가격이면 3, 4냥으로 척매斥賣하여 그 광폭함이 끝이 없습니다. 위로는 금제하는 사람이 없고 아래로는 막아 지키는 방도가 없어 드디어 예의지방禮儀之方으로 하여금 도리어 멸륜蔑倫의 지역이 되게 하였으니, 아! 영남 70여주에 왕화王化가 미

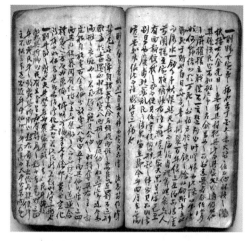

▲「거창부폐장 초」

치지 않는 곳이 없건만, 어찌 본 읍은 덕화에 젖지 못하여 아전의 습속이 이와 같고 민정은 저와 같습니까?"

바로 앞에서 거론한 양반 부녀 원사 사건은 신분제도가 극도로 문란해진 조선조 말기의 상황을 보여주는 사례로 지적한 바 있다. 이 경우의 '명분'은 유교 이념의 계서적階序的 관념으로부터 나온 '떳떳함'이다. 양반은 양반으로서 지켜야 할 도리와 의무 혹은 인정받아야 할 권리가 있고, 상인常人은 상인으로서 지켜야 할 도리와 의무가 있다고 보았다.

물론 양반과 상인 사이의 차별적 신분구조로부터 발생하는 문제적 현실이 심각했지만, 양반으로부터 의관을 탈취한다든가, 가장전지家庄田地의 가격을 강탈하다시피 후려치는 폭력을 자행하는 등 임장 무리의 일탈 행위는 유교적 명분으로서의 예의나 신분질서에 대한 파괴로 볼 수 있는 현상들이었다. 아전들의 이런 행태가 다른 지역과 달리 거창에서 유독 심하다고 한탄하고 있는데, 이것이 세 번째 고통이었다. 그러나 다른 부분들과 달리 이 부분에 해당하는 내용이 가사에서는 누락되어 있다.

8) 사유재산권의 침탈과 수취체제의 난맥에서 오는 두 가지 억울함

백성들의 모든 것 비록 엄연한 사유물이라 해도, 고을의 수령이나 아전들의 손아귀에 들어가 있던 것이 당시의 현실이었다. 사실 빼앗아가는 입장에서 내세울 만한 명분이 있다 해도 억울한 일인데, 당시엔 그런 명분조차 없었다. 민에 대한 관의 절대적 우위가 뒷받침하는 '약육강식'의 논리만이 통하던 시절. 일방적 억울함은 백성들의 몫이었다. 그에 대한 항변이나 고발은 「폐장」의 다음 부분에서 읽을 수 있다.

> "또 하나는 우정牛政의 폐단입니다. 대저 우금牛禁이란 농가를 위하여 먼저 베풀어야 할 정사의 근본입니다. 백성의 소가 혹 죽거나 다리가 부러진즉 백성이 입지立旨하여 관에 고하면 도살을 허가한다는 제사題辭가 있었거늘, 본 읍은 3, 4년 내에 혹 백성의 소가 폐사하거나 다리가 부러지면 지고 와서 관예官隷에게 내어주라고 제題하여 소 주인으로 하여금 입본立本하지 못하게 합니다. 요즈음의 소 값은 근래 드물게 아주 높아 큰 소인즉 모냥某兩, 송아지를 면한 것도 모금某金이 됩니다. 예로부터 큰 칼 팔아 소를 사고 작은 칼 팔아 송아지를 사는 선정善政이 있습니다. 이로써 견주건대 누가 어질고 누가 어리석습니까? 구변苟變은 위나라의 대부로서 백성의 달걀을 먹고도 오히려 그 책임을 졌는데, 본 읍의 관리들은 백성들의 온전한 소를 빼앗으니 이로써 견주건대 누가 가볍고 누가 무겁습니까? 대저 농가에서 실패하는 일로 소 잃는 것 만한 일이 없으니 이것이 그 한 억울함입니다."

전통사회에서 소는 미작米作 농사에 절대적으로 필요한 도구였던 만큼 쌀과 함께 농촌문화를 대표한다. 따라서 그 당시는 물론이고 20세기까지도 농우農牛를 보호하기 위하여 법으로 소 잡는 것을 금해왔을 만큼 농우를 보호하는 것이 농민과 농업을 보호하기 위한 정부의 최우선 정책이기도 했다.

간혹 절각折脚 농우나 폐사斃死 농우가 생길 경우 신고한 뒤 소 주인이

처분할 수 있는 것이 정부의 시책이었음에도 거창에서는 소의 사체를 관청에 바치게 함으로써 백성들의 재산권에 대한 심대한 폐단을 빚어내고 있었다.

'큰 칼 팔아 소를 사고 작은 칼 팔아 송아지 산다'는 말은 한나라의 순리循吏(법을 잘 지키며 열심히 근무하는 관리) 공수龔遂의 사례에서 따온 말이다. 즉 한나라 산양山陽의 남평양南平陽 사람인 공수는 선제宣帝 때 흉년과 기근으로 도적이 들끓는 발해渤海의 태수가 되어 흉년의 구제에 힘쓰는 한 편 농사와 양잠을 권장하고, 백성들이 각자 갖고 있던 무기를 팔아 소를 사게 하는 등 선정을 베푼 인물이었다.

그리고 전국시대에 위衛나라 사람 구변苟變의 예도 끌어왔다. 당시 자사子思가 위나라에 있을 때 500승乘을 거느릴 수 있는 재주가 있다하여 구변을 천거했으나, 위나라 임금은 구변이 일찍이 한 백성에게 계란 두 알을 취해 먹었다고 말하며 쓰지 않았다. 이에 자사가 '임금께서는 계란 두 알로 간성干城의 장수를 버리게 되시는 것'이라고 간諫하자 위나라 임금은 마침내 이를 따랐다는 것이다. 공수와 구변의 선정을 거창읍 관리들의 악정과 대비시켜 우정의 폐단을 신랄하게 비판하고 있는 것이 이 부분이다. 이 내용에 해당하는 거창가의 한 부분은 다음과 같다.

"백성의 절각농우折脚農牛 어찌타 앗아다가
노령배奴令輩 내어주어 소 임자로 잃게 하니
옛 태수太守 공사함을 자세히 드려보소
큰 칼 팔아 큰 소 사고 작은 칼로 송치 사서
농가의 극한 보배 공연히 잃단 말가
백성으로 원통하니 이런 치정治政 어떠할꼬"

「폐장」에서 설명된 '농우 늑탈 사건'을 간략히 가사화 한 것이 이 부분이다. 백성의 극한 보배인 농우의 다리가 부러졌으면, 소유자인 백성에게 처분권을 부여해야 마땅하다고 본 것이 정부의 관점이었지만, 거창읍에서는 노령배가 탈취하여 나눠먹는 것이 관례로 되어 있었던 모양이다. 그런 폐단을 부각시키기 위해 가사에서는 공수의 사례만 들었다. 우정牛政을 둘러싸고 거창의 노령배와 한나라 공수가 보여준 '악정: 선정'의 대비를 통해 당시 그들이 당하던 억울함를 실감나게 보여주려 한 것이다.

다음으로 수세收稅 과정에서 자행되던 면임面任들의 횡포가 당시 백성들이 당하던 억울함의 하나였다. 면임이란 지방의 각 면에서 호적 등의 공공사무를 맡아 보던 직책으로, 임장任掌의 하나였다. 조선 후기에는 각종 공납을 맡아보던 이들의 행패가 심했는데, 당시 거창읍에서는 그 정도가 더욱 심했던 것 같다. 「폐장」에는 그들의 행태가 다음과 같이 고발되고 있다.

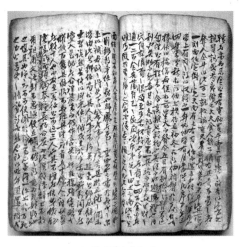

▲ 「거창부폐장 초」

"또 하나는 면임面任 원징寃懲의 억울함입니다. 대저 면에는 상유사上有司의 직임이 있는데, 환상還上입네 결역結役입네 군포軍布입네 하는 것들은 모두 상유사가 수쇄하는 것들입니다.

매년 납부하는 것들에는 모두 월당月當이 있는데, 백성들 능력의 차등에 따릅니다. 3, 4년 전부터 가을철 소납所納은 정초에 매기고 겨울철 소납은 여름 동안에 미리 감독합니다. 그런데 거두어들이는 일이 지연될 경우 관부의 독촉이 으레 성화같고 영을 발한 지 닷새 만에 별검別檢의 독촉이 있으며 만약 열흘이나 보름을 넘기면 잡아오라는 명령이 있게 됩니다. 닭을 삶에 개를 잡네 하며 잘 대접하여 장차 체계遞稧와 월리月利를 피하려 하되 선물先物로써 독毒을 면하며, 그 밖에 각각의 책응責應은 그 한두 가지가 아닙니다. 그러나 저들에게 생재지혈生財之穴이 없거늘 스스로 낭비하는 한스러움이 있습니다. 연말에 이르러 수쇄할 때 많은 자는 삼사백금을 빚지고 적은 자도 일이백금을 포탈하게 되니 먼저 자기의 가장家庄을 탕진하고 다음으로 형제의 전답을 말아먹고 이로써도 채우지 못하면 증증외외지가曾曾外外之家에 징수하고 다음으로 사돈의 팔촌까지 침노하니 이 해 저 해 한 면임面任의 폐해는 몇 사람이나 탕산시켰는지 알 수 없으며, 이미 폐풍을 이루어 능히 금할 수 없은즉 이것이 그 두 번째 억울함입니다.”

이 글에 따르면 환상·결역·군포 등의 수쇄를 전담하던 면임이 백성들에게 부리는 횡포가 이 시기에 이르러 자심滋甚해졌음을 알 수 있다. 납부 기일을 어길 경우 별검의 독촉을 받음은 물론 체포되어 가기도 했다. 비싼 이자로 꾸어주고 상환 날에 본전과 변리를 함께 받아들이는 체계와, 매달 받아가는 이자가 무엇보다 무서웠다. 그걸 피하기 위해 닭과 개를 잡아 그들을 대접해도 그 때 뿐, 빚은 자꾸만 늘어가서 파산하는 자들이 부지기수였다.

‘선물先物로 독을 면한다’는 것은 정기적으로 갚아야 할 원금과 이자를 추수 이후에 갚기로 약속함으로써 면임들로부터의 핍박을 일시 모면하던 일을 말한다. 그러나 추수 이후에도 갚아야 할 원리금과 이자를 갚을 만한 여력이 없기 때문에 대부분 자기 자신은 물론 일가친척들까지 탕산하는 경우가 많았던 것이다. 즉 당사자의 파산은 물론 형제·조부·친가·외가·사돈의 팔촌까지 탕산시켰으니, 면임의 폐단이 엄청나다는 것이었다. 이 내용이 가사에는 다음과 같이 반영되어 있다.

"불쌍타 각 면임장各面任掌 폐의파립弊衣破笠 주저하며
허다 공납許多公納 수쇄 중收刷中에 춘하추동 월당月當있어
백성의 힘을 폐어 차례차례 시키더니
삼사년 내려오며 각양공납各樣公納 미리 받아
하등夏等에 받칠 공납公納 정초正初에 출질出秩하고
동등冬等에 받칠 공납 칠월七月에 독촉하여
중간요리中間要利 임의하고 상납한정上納限定 여전如前하다
민간수쇄民間收刷 천연遷延한데 관가독촉 성화星火같다
체계遞禊돈 장변리場邊利를 전전轉轉이 취해다가
급한 관욕官辱 면한 후에 이 달 가고 저 달 가매
육방하인 토색討索함은 염라국閻羅國의 귀졸鬼卒같다
추상秋霜같은 저 호통과 철석鐵石같은 저 주먹을
이리 치고 저리 치니 삼혼칠정三魂七情 나라난다
쓰는 것이 재물이요 드는 것이 돈이로세
기년납월其年臘月 수쇄 판에 이삼백 냥 포흠 지니
가장전지家庄田地 다 판 후에 일가친척 탕진蕩盡한다"

백성들에게 횡포를 저지르는 각 면의 임장배들을 가사에서는 불쌍하다고 했다. 물론 이 때의 '불쌍하다'는 말이 액면 그대로 이해할 수 있는 표현은 아니다. 오히려 '고을의 억지스런 일들을 도맡아 백성들에게 갖가지 횡포들을 부리니 인간 같지 않아서 딱하고 답답하다'는 뜻으로 받아들여야 할 것이다. 그 횡포를 자세히 나열한 것이 이 부분의 내용이다.

수쇄하는 과정에서 중간의 이익을 취하고 상납까지 받아내는 임장배들의 횡포와, 민간의 수쇄가 늦어짐에 따라 성화같이 밀려드는 관가의 독촉 때문에 각종 빚을 얻어 이리저리 막아보아도, 빚 독촉으로부터 놓여나는 것은 잠시였다. '육방하인의 토색질은 염라국의 귀졸같다'는 표현이야말로 관가의 토색에 한시도 편할 날이 없던 당시 민중들의 고달픈 삶을 잘 보여준다. 결국 2, 3백 냥의 빚을 져서 가장전지를 모두 팔아버

리고, 심지어 일가친척까지도 탕진하게 된다는 것이다.

이상 「폐장」에서 언급한 두 가지 억울함 즉 우정牛政이나 면임面任 원징
冤徵의 폐단은 〈거창가〉에도 정확히 반영되어 있다. 그리고 나머지 세
가지 중 '한 가지 변고一變'와 '한 가지 감히 말할 수 없는 것一不敢言'은
현존 〈거창가〉의 내용 가운데서 발견할 수 없으나, '한 가지 추가된 큰
폐단一追入大弊'은 〈거창가〉에 충실히 반영되어 있다. 한 가지 변고란 '향
소鄕所 쟁임爭任의 변 즉 향소의 자리다툼을 말하고, 한 가지 감히 말할
수 없는 것은 염문廉問 즉 염사廉使가 조사·심문하는 과정에서 수령이나
아전들과 밀착하여 배임背任하는 행위를 말한다. 전자는 향승鄕丞 곧 향청
鄕廳의 요직인 좌수座首와 별감別監으로서 수령을 보좌하는 직임이었는데,
이들이 향소직鄕所職 곧 면面·이里의 일들을 맡아보던 풍헌風憲 혹은 약정
約正을 천거했다. 조선 후기에는 향청의 천거를 둘러싸고 뇌물 등 각종
비리가 횡행하여 큰 민폐가 되기도 했다.

〈거창가〉를 지은 자와 「폐장」을 쓴 자가 동일인이든 별도의 인물들이
든, 「폐장」의 내용이 〈거창가〉에 반영되지 않았다는 것은 착오일 수도
있고, 다른 문제들에 비해 농민들의 생존문제와 거리가 있거나 수령과
아전들을 공격하는 명분으로 앞의 내용들에 비해 그리 큰 효용성을 갖고
있지 않았기 때문으로 보인다.

9) 관의 횡포를 제어할 향청 및 염사(廉使)의 기능 상실과 부조리

임진왜란 이후에 향청으로 개칭된 조선 초기의 유향소留鄕所는 향촌의
자치 기구였다. 횡포를 자행하는 지방의 향리들을 규찰하고 향풍鄕風을
바르게 함으로써 향촌사회의 질서를 자율적으로 바로잡는 데 그 목적을
두고 있었다. 사림파士林派의 득세로 기능이 강화된 유향소는 향사례鄕射

禮·향음주례鄕飮酒禮를 주관했으며, 향촌 내의 질서와 교화를 담당했다.

　그러나 유향소가 점점 힘을 갖게 되면서 폐단이 많아졌고, 수령과의 충돌도 빈번해지면서 폐지와 설치를 반복하게 되었다. 유향소의 본래 설치 목적은 지방의 악질 향리鄕吏를 규찰하고 향풍鄕風을 바르게 하는 등 향촌교화鄕村敎化를 위한 것이었다. 그러나 점차 위엄을 세우는 기관으로 변해 그 작폐란 이루 말할 수 없었다. 여러 차례 설치와 폐지를 거듭한 것은 수령권과의 충돌이 가장 큰 이유였는데, 그 과정에서 유향소는 본래의 목적을 상실하게 된 것이다. 그와 함께 중앙 정계의 변동에 따라 유향소도 여러 번 변했고, 결국 수령이 좌수 임명권을 갖게 되었다. 결국 유향소는 수령의 지휘를 받아 행정 실무의 일부를 집행하는 공식 기구로 전환되었으며, 그에 따라 명칭 또한 향청 혹은 이아貳衙라 부르게 되었다. 따라서 좌수는 명실상부한 수령의 수석 보좌관으로서 면面이나 이里

▲ 거창현 지도(거창박물관)

에 속한 향임鄕任들의 인사권을 쥐고, 환곡을 비롯한 삼정은 물론 각종 송사에도 관여함으로써 백성들의 삶을 좌우하는 힘을 갖게 되었다. 그러다 보니 백성들은 수령과 아전들 뿐 아니라 좌수나 별감, 풍헌이나 약정 등 향청 직임들의 탐학으로부터 이중의 고통을 당할 수밖에 없었다. 이런 현실적 배경에서 나온 것이 바로 「폐장」의 '향소

쟁임의 변'이다. 해당 부분은 다음과 같다.

"향청이란 읍의 무거운 책임입니다. 관청과 백성의 사이에 처하여 위로는
관정官政의 득실을 보충하고 아래로는 백성의 질고를 살피는 것으로 그 풍
속을 바로잡는 대강大綱 또한 모두 이로부터 연유하니 향청의 소임은 진실
로 그에 맞는 사람이 아니면 민사民事가 다스려지지 않습니다. 근래 향풍이
퇴이頹弛하고 사습士習이 해연駭然합니다. 이런 고로 자리다툼의 풍조를 이
루어 연말이 되면 여리閭里를 무단武斷하는 자 무리로 읍저邑邸에 들어가는
자 등이 저녁과 새벽으로 왕래하여 호리豪吏의 간신奸臣이 되고 머리를 기웃
거리고 눈을 번뜩이며 권모權謀로 발호하는 것이 온갖 추악한 모습을 구비
하였으되 부끄러워하지 않습니다. 그 좌수를 바라는 자가 십여 인이요, 별
감을 바라는 자 수십 인이나, 직임을 맡게 되는 것은 3, 4인을 넘지 않습니
다. …… 작년 포환逋還을 백성에게 거두고 금년 방채의 실정과 징세 등 허
다한 민폐를 한 마디도 관에 고하여 바로잡고 구제하지 않은 것은 대개 잃
을 것을 근심하는 뜻에서 나온 까닭인즉 고을에서 향소를 둔 이유가 실로
무엇입니까? 향의 쟁임이 이 고을만한 곳이 없으니 이것이 그 하나의 변고
입니다."

지방관청의 행정을 돕고 백성들의 어려움을 살피는 것이 향청의 임무
임에도 수령이나 아전들의 횡포에 편승하여 오히려 백성들을 괴롭혀 왔
음을 암시하고 있다. 풍속을 바로잡아야 하는 임무를 도외시하고 수령
과 아전의 탐학에 가담하여 백성들로부터 경제적인 이득을 취한다는 비
판이고, 그런 이권을 얻을 수 있는 향청이 되기 위해 과도한 경쟁을 벌인
다는 지적이다. 좌수와 별감의 경쟁률이 10여대 1이나 되니, 고을의 웬
만한 사람들은 모두 향청의 직임을 맡으려 온갖 수단을 동원한 것이 사
실이다. 그러니 수령과 아전들에게 뇌물을 쓰거나 경쟁자들끼리 싸움을
벌이기 일쑤였다. 경쟁은 그들끼리 벌인다 해도, 이들 가운데 몇 사람이
향청에 들어갈 경우 대부분 수령이나 아전들의 수족이 되어 백성들을

괴롭힌다는 데 심각한 문제가 있었다. 백성들의 보호자가 되어야 할 향청의 직임들이 간리奸吏들의 주구走狗 역할을 하는 현실을 참을 수 없었던 것이다. 이런 사실을 〈거창가〉에 엮어 넣지 않았거나, 전사의 과정에서 빠졌을 가능성도 있지만, 당시 백성들을 괴롭히던 폐단들 가운데 하나였음은 분명하다.

그 다음, 「폐장」의 기록자는 염문廉問의 부조리에 의한 폐단을 '한 가지 감히 말할 수 없는 것─不敢言'이라 했다. 염문이란 '사정이나 형편 따위를 남모르게 물어 보는 행위', 요즘의 용어로 사찰査察이 그것이다. 고려 말에는 임시직 염문사廉問使를 두어 '형명刑名·전곡錢穀·군정軍情·사무事務·전최殿最(관리들의 근무상황을 조사하여 공과를 매기는 일)·민간의 사송詞訟' 등 광범위한 일들의 실상을 살피고자 했다. 조선조에는 왕의 측근인 당하堂下(정3품 통훈대부 이하) 관원을 지방군현에 비밀리에 파견해 암행하며 염문하도록 한 암행어사가 고려의 염문사에 해당하는 직책이라 할 수 있다.

중종이 1507년 어사 권홍權弘을 지방으로 보내면서 '출입촌항문민폐막出入村巷問民弊瘼(촌항을 출입하여 지방관들이 백성들을 괴롭히는 폐단을 물을 것)/제각읍지공자재건후除各邑支供自齎乾飯(각 고을에서의 대접을 물리치고 말린 밥을 휴대할 것)/무제번폐務除煩弊(번잡한 폐 끼치는 것을 힘써 없앨 것)' 등을 수칙으로 명한 것을 보면, 당시의 어사가 조선조의 염문사인 암행어사였음이 분명하다. 지방관내에 들어가 수령의 탐도혹형貪饕酷刑과 향간호우鄕奸豪右의 가렴주구를 탐지하는 것이 이들 목적의 핵심이었다. 「폐장」의 기록자가 '불감언不敢言'이라 부르고 〈거창가〉에서 뺀 것도, 당시의 암행어사가 왕이 파견한 염문사였기 때문일 것이다. 그런 염문사가 자신에게 부여된 임무를 수행하지 않고 탐학을 일삼던 수령이나 아전들과 한 통속이 되어 있음을 「폐장」에서 고발하고 있는 것이다. 「폐장」의 다음과 같은 부분에 그 점은 분명히 드러나 있다.

"염문의 법은 옛날의 군자가 밝은 눈과 통달한 귀로 민정을 살피는 정사입니다. 대저 염사가 폐의弊衣로 몰래 다니면서 촌숙민식村宿民食할지라도 민간의 질고疾苦는 오히려 모두 알아낼 수 없었거든, 하물며 근래 염사들은 어둠을 틈타 고을에 들어와서 먼저 호리豪吏와 향교를 방문하면 그 이교배吏校輩들은 수륙의 진미를 대접하고 소진蘇秦·장의張儀의 웅변을 펼치며 마침내 선물까지 바치니 그가 석면철장石面鐵腸이 아니라면 스스로 감심열의甘心悅意가 있을 것이니, 이미 공公은 공公이 아니고 죄는 죄가 아닙니다. 앞의 사또가 그러했고 뒤의 사또가 그러하니 훼묵지인毁墨之人 아닌 사람이 없습니다. 좌자左者도 그러하고 우자右者도 그러하여, 이처럼 칭예稱譽와 아부를 다하는 사람들입니다. 그러한즉 영문營門에서 어찌 민정을 살필 수 있으며, 민정을 어찌 영문에 통달할 수 있습니까? 백일白日의 비춤은 엎어진 동이에 미칠 수 없으며, 봄 햇볕의 펴임은 그늘의 언덕에 미칠 수 없습니다. 그러므로 본 읍의 허다한 민폐는 하나도 임금의 덕을 펴는 안절사에 들리지 않는 것이니 대개 염사가 뇌물을 받고 사사로움을 행하기 때문입니다. 이에 영문에 올리오니 그 감히 말할 수 없는 하나인즉 이것입니다."

임금이 파견하던 암행어사나 관찰사가 파견하던 염사가 제대로 민정을 살피지 않고 고을의 관아와 향교를 찾아 이교吏校의 무리로부터 극진한 음식대접과 선물을 받아 챙기던 당시의 관행을 지적한 내용이다. '공은 공이 아니고 죄는 죄가 아니다'는 말 속에 뇌물을 거래하던 염사와 탐관오리들의 부패상이 암시되어 있다. 백성들을 수탈하는 행위는 염사들이 적발해야 할 큰 죄임에도 뇌물 덕에 유야무야 넘어가기 때문에, 백성들만 억울하다는 것이다. 그러나 임금과 관찰사가 파견하는 염사들의 부조리를 말하기가 쉽지 않다는 점에서 '불감언不敢言'이라 했고, 이 내용 또한 〈거창가〉에 넣지 못한 것으로 보인다. 향청과 염사는 수령과 아전의 부패를 제어할 장치이었음에도 오히려 그들의 부패를 조장助長하는 역기능을 발휘했다는 점에서 백성들의 질고를 가중시킨 부조리와 폐단의 장본인들이었던 것이다.

10) 유교적 명분의 혼란을 초래한 학궁의 폐단

조선조 지방의 관학 교육기관인 향교의 별칭이 학궁이다. 문묘, 명륜당, 동무東廡, 서무西廡, 동재東齋, 서재西齋 등으로 구성되던 지방의 향교들은 서울 성균관의 하급관학이었다. 태종 15년(1415)에 창건된 거창향교는 수차례 소실되거나 중건되었고, 수령 이재가 재임과 비슷한 시기인 1840년에 동재와 서재가 중수됨으로써 규모나 제도가 잘 갖추어진 향교로 꼽히기도 했다. 조선조에서는 중앙정부로부터 전답과 노비·전적 등을 지급받았고, 교관이 교생들을 가르쳤다. 그런데 당시의 문제는 수령 이재가 향교를 사유화하다시피 한 데서 발생한 것이다. 「폐장」속의 다음과 같은 글이 그 내용이다.

▼ 거창향교 대성전(大成殿)

"대저 우리나라는 성현 이래로 예의 명호名號로써 중조中朝를 본받아 문물의 찬연함은 우리 왕조보다 더 성대한 때가 없었습니다. …… 본읍은 3~4년 전부터 본 관아의 자제가 경시京試를 보러 갈 때 반드시 향교와 각 원사院祠의 유건과 도포를 걷고 만약 건복巾服이 없으면 4냥을 징속徵贖해 왔습니다. 건복의 소용은 장옥場屋에 들어가 접수할 때뿐이니, 곧 노예奴隸가 입는 것입니다. 이것은 모두 한 때의 교임자校任者가 능히 금하지 못하고 예조의 아전배가 잘 고하지 못하여 학궁에 전에 없던 폐단을 빚어내게 된 것입니다. 또한 대저 액원額院에서 올리는 제사의 제수祭需는 조정의 회감會減이니 누가 감히 엄숙·공경히 봉행하지 않겠습니까? 본 읍의 도산서원은 한훤寒暄·일두一蠹·사계沙溪 세 선생을 제향하는 장소이니 얼마나 소중합니까? 그런데 금년 8월 추향에 각 원 유생이 입관入官하여 봉수封需할 때에 원래 대구어를 제수로 봉하지 아니한 까닭에 그 연유를 힐문하자 해당 색임色任이 고하되 "일전에 관가 봉물封物에 모두 들어왔지만 다시 제물로 쓸 대구는 없었다"고 하니, 이것은 곧 해당 색임色任의 조종입니다. 그래서 이 문제로 힐문하다가 원으로부터 읍에 이르기까지는 30리길이어서 어둠을 무릅쓰고 돌아오는 길에 풍우가 갑자기 이르고 협곡의 내가 흘러넘쳐 제물을 나르던 종이 익사하는 지경에 이르고 또한 사액원향賜額院亨이 제사를 거르는 변고에 이르렀으니, 이 얼마나 큰 강상綱常의 변고입니까? 건복巾服이란 곧 공씨孔氏가 끼친 제도입니다. 그런데 이제 노예가 입는 옷이 되었고, 제향하는 음식은 조정이 회감하여 이제 사문祀門의 봉물이 되었으니, 이것이 진정 중히 여겨야 할 바를 경하게 여기고 경하게 여겨도 되는 것을 중하게 여기며 공경해야 할 것을 소홀히 하고 소홀히 여겨도 되는 것을 공경하는 일입니다."

'거창 수령 이재가의 아들이 과거시험을 보러 갈 때 각 원사와 향교로부터 유건과 도포를 걷고 그것들이 없는 경우 4냥을 징속해왔는데, 건복은 시험장에 들어가 접수할 때 따라간 종이 입는 데 소용되던 물건이었다는 것', '사액원향에 제향을 올릴 때 필요한 제수나 그 비용은 나라에서 내려오는 것으로 금년 8월의 제수도 관가 봉물로 들어오긴 했으나, 그

중 대구어 실종사건은 해당 색임 즉 예방아전의 농간이었다는 것/읍에서 원으로 제물을 나르던 종이 갑작스런 풍우에 익사하고 말았다는 것' 등이 이 글의 핵심내용이다. 노비에게 유건과 도포를 입혀 수령 이재가 아들의 과거시험장에 들어가도록 한 사건은 노비에게 유자儒者의 복색을 입힘으로써 강상綱常을 허물었다는 명분상의 문제와 함께 과거 시험장의 부정행위까지 암시하는 일로서 「폐장」이나 〈거창가〉에는 명시되지 않았으나, 조선조 말기의 부패된 사회상을 보여주는 사례다. 이 내용에 해당하는 〈거창가〉의 부분은 다음과 같다.

> "민간폐단民間弊端 다 못하여 학궁學宮폐단 지어내니
> 향교서원 각 학궁의 색장色掌고자庫子 잡아들여
> 유건도포儒巾道袍 둘 씩 둘 씩 차례차례 받아내되
> 없다고 발명發明하면 속전贖錢 두 냥兩 물려내니
> 신축년 윤사월에 재가자제在稼子弟 경시京試 볼 제
> 유건도포 받아다가 관노사령官奴使令 내어주어
> 장중場中에 접정接定할 제 노奴선비 꾸며내니

▼ 거창향교의 서재(西齋)

공부자孔夫子 쓰신 유건儒巾 노령배奴令輩 쓰단 말가
전후소위前後所爲 생각하니 분한 마음 둘 데 없어
초이경初二更에 못 든 잠을 사오경四五更에 겨우 들어
사몽似夢이듯 비몽非夢이듯 유형有形한 듯
무형無形한 듯
영검타 우리 부자夫子 대성전大聖殿에 전좌殿坐하사
삼천제자 나열 중에 안증사맹顔曾思孟 전배前陪서고
명도이천明道伊川 후배後陪서니 예악문물 빈빈하다
자하 자공 청사請事할 새 자로의 거동擧動보소
사문난적斯門亂賊 잡아들여 고성대책高聲大責
이른 말씀
우리 입던 유건도포 군로사령軍奴使令 당탄 말가
진시황 갱유분서坑儒焚書 네 죄목罪目에 더할 소냐
수족이처手足異處 나중하고 우선명고于先鳴鼓출송하라
우리 골 도산서원道山書院 학궁 중학宮中의
수원首院이라
한훤 일두 동계선생 삼대현三大賢 배향配享하니
어떻게 소중하며 뉘 아니 공경할고
신축 팔월 추향 시에 각원유생各院儒生 입궁入宮할 제
각색 제물 타낼 적에 제물대구祭物大口 없다 커늘
없는 연고 책문責問하니 예방아전禮房衙前 고한 말씀
본관사또本官使道 어제 날로 뇌인댁에 봉물封物할 제
제물대구 없다하니 듣기조차 놀라워라
막중한 회감제물會減祭物 봉물 중封物中에 든단 말가
줄리 말리 힐난詰難타가 일락황혼日落黃昏 도라 올 제
질풍폭우疾風暴雨 산협 길에 제물원복祭物院僕 죽단
말가
회감제수 치패致敗되고 백주횡사白晝橫死 어인일고
사문에 얻은 죄를 신원伸寃할 곳 있을 소냐”

▲ 거창향교 서재의 주련

「폐장」에 기술된 학궁의 폐단을 가사로 만든 〈거창가〉의 해당 부분이다. 첫 부분인 '민간폐단民間弊端 다못ᄒᆞ야'~'위션명고于先鳴鼓 출송出送하라'는 '거창 수령 이재가의 아들이 과거시험 보러 갈 때 각 원사와 향교로부터 유건과 도포를 걷고 그것들이 없는 경우 4냥을 징속해온' 내용이고, 둘째 부분의 내용은 '사액원향에 제향을 올릴 때 필요한 제수나 그 비용은 나라에서 내려오는 것으로 금년 8월의 제수도 관가 봉물로 들어오긴 했으나, 그 중 대구어가 해당 색임 즉 예방아전의 농간으로 사라졌다는 것/읍에서 원으로 제물을 나르던 종이 갑작스런 풍우에 익사하고 말았다는 것' 등이다. 전자는 「폐장」과 〈거창가〉가 정확히 들어맞고, 후자는 〈거창가〉가 좀 더 구체적이다. '제물 대구의 실종이 해당 색임의 짓이다/제물을 나르던 종이 갑작스런 폭우에 익사했다'는 것이 「폐장」의 핵심이나, 〈거창가〉에는 본관사또 이재가가 중앙의 고관댁에 뇌물을 바치기 위해 제물 대구를 빼돌렸다는 사실이 추가되어 있기 때문이다.

이처럼 「폐장」과 〈거창가〉가 내용상 정확히 일치한다는 점에서, 양자는 한 사람의 손에서 나왔거나, 비록 작자가 다르다 해도 「폐장」을 대본으로 〈거창가〉를 지었음이 분명해진다.

5. 〈거창가〉 보조 텍스트로서의 「취옹정기(取翁政記)」와 「사곡서 (四哭序)」

　앞의 3장에서 필자는 「폐장」과 함께 「취옹정기」·「사곡서」 등이 〈거창가〉의 사실성을 입증하는 결정적 자료들임을 언급했다. 풍자의 목적으로 구양수의 「취옹정기醉翁亭記」를 패러디한 「취옹정기取翁政記」는 「폐장」이나 〈거창가〉의 사실성을 또 다른 측면에서 반복·강조한 글이며, 「사곡서」 또한 풍자적 산문으로서 「취옹정기取翁政記」의 속편임이 분명하기 때문이었다.

　여기서 제기되는 것이 풍자의 본질이다. 길버트 하이에트(Gilbert Highet)는 그의 책《풍자의 해부(The Anatomy of Satire)》에서 풍자가 '문학의 가장 위대한 형식은 아니지만, 가장 강력하고 기념할만한 형태

▲ 중국 안휘성 저주의 취옹정

들 가운데 하나'라고 했다. 도덕적인 차원의 사악함이나 어리석음을 가장 효과적이고 즐겁게 꼬집거나 비판한다는 측면에서 풍자는 문예미학의 진수를 보여주는 범주의 하나라고 보는 것도 그런 점 때문이다.

사회적인 권위나 비리 앞에 글 쓰는 자의 자기방어를 염두에 둘 때 쉽게 선택되는 것이 풍자다. 그러나 풍자가 다의성이나 모호성을 바탕으로 할지라도 작자와 같은 시대를 살아가는 독자들의 입장에서 그런 풍자가 의미하는 진실을 모를 수는 없다. 심지어 풍자의 대상이 된 인물이나 집단이라 해도 일반 독자의 수준 혹은 그 이상으로 민감하게 진실을 간파하는 것은 어렵지 않다. 어떤 풍자가 자신을 대상으로 하고 있음을 깨달았을 경우, 빨리 고치는 것이 최선이다. 풍자를 탈잡아 압박과 횡포를 부릴 수는 있지만, 그것은 사회적 비판이나 매장을 각오해야 하는 어리석음이다. 이처럼 일반 독자에게는 '대리응징'의 쾌감을, 대상에게는 개선광정改善匡正의 기회를 제공한다는 점에서 풍자는 환상적인 수법이다.

길버트 하이에트는 풍자의 사례들 가운데 하나로 패러디(parody)를 들었다. 패러디는 '텍스트에 대한 풍자적 모방'이다. 그래서 「취옹정기取翁政記」는 구양수의 「취옹정기醉翁亭記」를 모방하여 풍자의 효과를 거둔 것이고, '사곡四哭'이 있게 된 연유나 배경을 풍자적으로 서술했다는 점에서 「사곡서」는 기존 한문학의 문체 '서序'를 장르적 측면에서 차용 혹은 모방함으로써 풍자의 효과를 거둔 것이라고도 할 수 있다. 그렇게 본다면 양자 모두 원작 혹은 원래의 문체를 패러디하여 풍자한 경우에 해당하는 글들이다. 「취옹정기」를 살펴보자.

"거창은 부이다. 그 서남쪽의 고을들은 풍속이 순미하다. 바라보니 아전과 백성이 안연晏然한 곳은 삼안三安(삼가三嘉 · 안의安義: 역자 주)이요, 고을의 이정里程은 6, 70리에 곡성이 울려 네 이웃 사이에 통철한 곳은 아림娥林(거창의 옛 이름)이다. 아전과 포교는 호강豪彊하여 포학한 정사를 행하니 그 경상境上에 있는 것이 바로 취옹정取翁政이다. …… 아전이 포흠한 것을 백성에게서 거두고, 방채를 내되 세금을 징수하고, 만민에게 일포一布씩 징수하고, 저승의 백골을 침노하고, 민간의 차일을 대속代贖받고, 다리 부러진 백성의 소를 빼앗고, 무고한 양민을 죽이고, 반상班常의 분의分義를 없애는 것은 향鄕에서 정한 8가지 고통이다. 지난해와 금년의 8가지 고통은 같지 않고 폐단 역시 끝이 없다. 가난한 자는 길에서 울고 길 가는 자는 숲에서 근심하며 전자가 부르면 후자가 응하고 노유老幼 간에 부축하여 왕래하며 끊이지 않는 것은 거창 사람들의 유리流離 즉 떠돎이다. …… 사자死者는 많고 형자刑者는 유배되어 포학으로 백성을 제압하니 기거起居에 떠들썩한 것은 아전의 무리가 환호하는 것이요, 벼룩낯짝의 늙은이가 그 사이에 넘어져 있는 것은 태수의 추함이다. 이미 전야는 황벽해지고 인심은 산란해졌다. 태수가 돌아가니 이교吏校가 뒤따르고, 나무숲 그늘진 데 새소리 위 아래로 나는 것은 거민居民이 흩어지매 금조禽鳥가 기뻐하기 때문이다. 그러나 금조는 산림의 즐거움만 알 뿐 사람의 근심을 모른다. 사람은 태수의 정사를 따를 줄을 아나 나라는 태수가 그 즐거움을 즐기는 줄을 모른다. 취取하면 능히 아전과 더불어 즐거워하고 이루어지면 능히 지어서 꾀하는 것은 태수다. 태수란 누구를 말함인가? 용인 이재가李在稼이다.

대저 기린과 견마犬馬를 길짐승이라 통칭하나 선악이 분명하고 봉황과 조작鳥雀을 모두 날짐승이라 하나 귀천이 분명 다르며 취옹醉翁과 취옹取翁은 모두 인간이나 현우賢愚가 저절로 구별되니 물건과 사람이 원래 대신할 수 없는 이치는 없다. 그러나 옛날의 태수는 시주詩酒로 청표淸標를 세워 백세 동안 아름다운 이름을 흘렸고, 지금의 태수는 잔학낭탐殘虐狼貪으로 백년 동안 악취를 남겼으니, 계산鷄山(거창의 주산: 역자 주)과 함께 높고 높으며 영수㴑水(거창읍을 가로지르는 영천㴑川: 역자 주)와 함께 길고 길 것이로다, 대저 유방流芳과 유취遺臭는 모두 한 길이나 어찌 우연이리오?"

「취옹정기醉翁亭記」를 거의 정확하게 모방하여 패러디한 것이 바로 이 글임을 서문에서 분명히 밝히고 있는 점이 특이하다. 즉 "중원에도 취옹

▲ 「취옹정기」

정기醉翁亭記가 있다. 우리나라에 취옹정取翁政이 있는데, 착취하는 정사政事는 비록 문자가 다르긴 하나 숙독하여 음미하면 그 뜻을 알게 된다."고 밝힌 점이 그것이다. '취옹정기醉翁亭記'를 익히 알고 있는 사람들이 제목인 취옹정기取翁政記를 보고 갖게 될 당황스러움을 줄여주기 위해서였을까. 머리 부분에서 친절하게 둘을 가려 설명하고 있다. 그 뿐 아니라, 중간에 「취옹정기醉翁亭記」의 해당 구절 "정자의 이름을 지은 이는 누구인가. 태수가 스스로 이른 것이다.(名之者誰 太守自謂也)"를 모방하여 만든 "태수란 누구를 말함인가? 용인 이재가李在稼이다(太守謂誰 龍仁李在稼也)"라는 구절을 삽입하여 단서를 제시한 점을 감안해도, 순수한 패러디로 볼 수만은 없을 것이다. 민중과 조정에 이재가를 빨리 고발하여 거창백성들을 구제하려는 초조감이 패러디 수준의 암시를 넘어 직접적인 폭로로 나타난 것 아닌가.

다소 장황하긴 하나 「취옹정기醉翁亭記」와 「취옹정기取翁政記」의 자구字句 비교를 해보기로 한다.

취옹정기(醉翁亭記)	취옹정기(取翁政記)
저주를 둘러싼 것은 모두 산이다(環滁 皆山也)	거창은 부이다(居昌乃府也)
그 서남의 여러 봉우리들은(其西南諸峰)	그 서남의 여러 고을들은(其西南諸邑)
숲과 계곡이 특히 아름답다(林壑尤美)	풍속이 순미하다(風俗淳美)
바라보매 초목이 무성하고 깊고 수려한 것이	바라보매 아전과 백성이 안연한 곳이

취옹정기(醉翁亭記)	취옹정기(取翁政記)
낭야산이다(望之蔚然而深秀者 琅琊也)	삼가와 안의다(望之吏民晏然者 三安也)
산을 육칠리 쯤 걸어가면(山行六七里)	고을을 육칠리 쯤 걸어가면(州行六七里)
점점 졸졸 흐르는 물소리가 들리고(漸聞水聲潺潺)	곡성이 울리고(哭聲咽咽)
두 봉우리 사이에서 빠르게 흘러나오는 것은 양천이다(瀉出于兩峰之間者 釀泉也)	사방의 이웃들 사이에서 울려나오는 것은 아림이다(通徹于四隣之間者 娥林也)
봉우리를 굽이도는 길을 돌면(峰回路轉)	아전과 포교는 사납고 강퍅하여(吏豪狡强)
날개 펼친 새와 같은 정자가 있다(有亭翼然)	포학한 정사가 있다(有政虐然)
샘물 가까이에 있는 것이(臨于泉上者)	고을의 경계 위에 있는 것이(臨于境上者)
취옹정이다(醉翁亭也)	취옹의 정사다(取翁政也)
이 정자를 지은 자는 누구인가?(作亭者誰)	이런 정사를 행하는 자는 누구인가?(作政者誰)
산승 지선이다(山之僧智仙也)	고을의 아전 신장이다(邑之吏愼章也)
정자에 이름 붙인 자는 누구인가?(名之者誰)	이를 듣는 자는 누구인가?(聽之者誰)
태수 자신이다(太守自謂也)	태수 자신이다(太守自謂也)
태수가 손님과 함께 여기에 와서 술을 마시는데 (太守與客來飮于此)	태수가 아전과 함께 이곳에 내림하여 (太守與吏來莅于此)
조금만 마셔도 번번이 취하고(飮少輒醉)	마실 때는 번번이 착취하며(飮素輒取)
나이 또한 가장 많은지라(而年又最高)	그리고 또한 가장 교묘한지라(而然又最巧)
스스로 부르기를 취옹이라 했다(故自號曰醉翁也)	스스로 부르기를 취옹이라 했다(故自號曰取翁也)
취옹의 뜻은(醉翁之意)	취옹의 뜻은(取翁之意)
술에 있지 않고 산수의 즐거움에 있었으니 (不在酒在乎山水之樂也)	고을에 있지 아니하고 돈과 뇌물의 사이에 있었으니(不在州在於貨賂之間)
산수에서 즐기며(山水之樂)	돈과 뇌물을 즐기며(貨賂之樂)
마음으로 얻어 술에 기탁하였다 (得之心而寓之酒也)	백성에게 착취하여 그 벼슬을 도모했다 (取之於民而圖其官也)
대저 해가 뜨면 숲속의 안개가 걷히고 (若夫日出而林霏開)	대저 영이 나오면 돈길이 열리고 (若夫令出而錢路開)
저녁구름이 돌아오면 바위구멍이 어두워지니 (雲歸而巖穴暝)	은연히 구하면 돈구멍이 어두워지니 (隱求而貨穴瞑)
어둡고 밝아지는 변화를 보여주는 것은 (晦明變化者)	어둡고 밝아지는 변화를 보여주는 것은 (晦明變化者)
산 속의 아침 저녁이다(山間之朝暮也)	붓 놀리기에 달려 있다(運筆之左右也)

취옹정기(醉翁亭記)	취옹정기(取翁政記)
	아전이 포흠한 것을 백성에게 징수하고(吏收逋而徵民) 방채를 내되 세금으로 징수하고(放債出而徵稅) 만민에게 일 포씩 징수하고(徵一布於萬民) 저승의 백골을 침노하고(侵泉下之白骨) 민간의 차일을 대속받고(贖民間之遮日) 다리 부러진 백성의 소를 빼앗고(奪民牛之折脚) 무고한 양민을 죽이고(殺無辜之良民) 반상의 분의를 없애는 것은(蔑班常之分義者) 향에서 정한 8가지의 고통이다(鄕定八痛)
들꽃이 피어 그윽한 향기 나고(野芳發而幽香) 아름다운 초목은 빼어나 무성하게 녹음지며(嘉木秀而繁陰) 바람과 서리는 높고 깨끗하고(風霜高潔) 물이 줄어 돌이 드러난 것은(水落而石出者) 산간 사시의 풍경이다(山間之四時也)	
아침이면 이 산속에 가고 저녁이면 돌아오곤 하였으나(朝而往暮而歸) 사시의 풍경이 저마다 다른지라(四時之景不同) 즐거움 또한 끝이 없었다(而樂亦無窮也)	지난해가 가고 금년이 돌아가도(去年往今年歸之) 8가지 고통은 같지 않으나(八痛不同) 폐단 역시 끝이 없다(然弊亦無窮也)
짐 진 자는 길에서 노래 부르고(至於負者歌于途)	가난한 자는 길에서 울고(至於貧者哭于道)
길 가는 자들은 나무 아래 쉬며(行者休于樹)	길 가는 자는 나무 아래 근심하며(行者愁于樹)
앞서 가는 자가 부르면 뒤에 가는 자가 대답한다(前者呼後者應)	앞서 가는 자가 부르면 뒤에 가는 자가 대답한다(前者呼後者應)
허리 굽은 노인은 손을 잡고(傴僂提携)	노인과 어린이 손을 잡고(老幼提携)
오고 가며 끊이지 않는 것은(往來而不絶者)	오고 가며 끊이지 않는 것은(往來而不絶者)
저주 사람들이 유람 나온 것이다(滁人遊也)	거창 사람들이 떠도는 것이다(居人流也)
냇물에 가서 고기를 잡으매 내가 깊어 고기는 살쪄 있고(臨溪而漁 溪深而魚肥)	경계에 임하여 고기를 잡으매 경계가 넓어 고기는 살쪄 있고(臨界漁 界寬而魚肥)
양천으로 술을 빚으니 샘물이 맑고 차가워 술이 향기롭다(釀泉爲酒 泉冽而酒香)	돈 빚기를 주로 하니 돈은 빠르면서도 많기를 주장한다(釀錢爲主 錢疾而主多)
산나물 안주와 들나물을(山肴野蔌)	산사람은 들레이고 들사람은 소란하나(山撓野騷)
잡다하게 앞에 벌여 놓은 것은 태수가 베푼 잔치다(雜然而前陳者 太守宴也)	함께 나아가는 것은 태수의 정사다(然而幷進者 太守政也)
연회에서 취하는 즐거움은 음악에 있지 않다(宴酣之樂非絲非竹)	정치에 효과가 있는 것은 덕도 위엄도 아니다(政治之效非德非威)
활 쏘는 자는 명중하려 하고 바둑 두는 자는 이기려 하고(射者中奕者勝)	죽는 자는 많고 형을 받는 자는 유배되어(死者衆刑者配)
술잔을 헤아리는 산가지가 서로 뒤섞이고(觥籌交錯)	포학으로 백성을 제압하니(暴虐制民)

취옹정기(醉翁亭記)	취옹정기(取翁政記)
일어났다 앉았다 시끌벅적한 것은 많은 손님들이 즐기는 모습이다(起坐而諠譁者衆賓歡也)	일어났다 앉았다 시끌벅적한 것은 많은 아전들이 즐기는 모습이다(起坐而諠譁者衆吏歡也)
파리한 얼굴의 백발노인이 그 사이에 쓰러져 있는 것은 태수가 취한 것이다 (蒼顔白髮頹乎其間者 太守醉也)	벼룩낯짝의 황발노인이 그 사이에 쓰러져 있는 것은 태수의 추한 모습이다 (小顔黃髮頹乎其間者 太守醜也)
어느 사이에 석양이 서산에 있고(已而夕陽在山) 사람들의 그림자는 어지럽게 흩어진다(人影散亂)	어느 사이에 전야는 황벽해지고(而已田野荒僻) 사람들의 마음은 어지럽게 흩어진다(人心散亂)
태수가 돌아가니 손님들은 행차를 뒤따르고 (太守歸而賓客從也)	태수가 돌아가니 이교가 뒤따르고 (太守歸而吏校從)
숲속이 어둑어둑해지고 새 소리 위 아래로 나는 것은(樹林陰翳 鳴聲上下)	숲속이 어둑어둑해지고 새 소리 위 아래로 나는 것은(樹林陰翳 鳴聲上下)
유람 나온 사람들이 가버려 새들이 즐거워하는 것이다(遊人去而禽鳥樂也)	거민이 흩어지매 새들이 즐거워하는 것이다 (居民散而禽鳥樂也)
그러나 뭇 새들이 숲속의 즐거움은 알되 사람들의 즐거움은 알지 못하고 (然而禽鳥知山林之樂 而不知人之樂)	그러나 뭇 새들이 숲속의 즐거움은 알되 사람들의 근심은 알지 못하고 (然而禽鳥知山林之樂 而不知人之憂)
사람들은 태수를 따라 유람하는 즐거움은 알되 태수가 그들의 즐거움을 즐거워하는 것은 알지 못한다(人知從太守遊而樂 而不知太守之樂其樂也)	사람들은 태수의 정사를 따를 줄은 알되 나라는 태수가 그 즐거움을 즐기는 줄을 알지 못한다(人知從太守政 而國不知太守之樂其樂也)
취하면 능히 그 즐거움을 함께 할 수 있고 (醉能同其樂)	착취하면 능히 아전과 더불어 즐거워하고 (取能與吏樂)
술에서 깨면 능히 글로써 그 마음을 표현할 수 있는 자는 태수다(醒能述以文者太守也)	이루어지면 능히 지어서 꾀하는 것은 태수다(成能述而謀者太守也)
태수는 누구를 말함인가 여릉 땅의 구양수이다 (太守謂誰 廬陵歐陽脩也)	태수는 누구를 말함인가 용인 이재가이다 (太守謂誰 龍仁李在稼也)

「취옹정기取翁政記」는 「취옹정기醉翁亭記」를 거의 1:1로 패러디한 것이다. 본문의 내용 또한 '아전의 포흠을 백성에게 거두고/방채를 세금으로 징수하고/만민에게 일포一布씩 징수하고/저승의 백골을 침노하고/민간의 차일을 대속代贖 받고/다리 부러진 백성의 소를 빼앗고/무고한 양민을 죽이고/반상班常의 분의分義를 없애는 것' 등 서민들이 당하고 있던 여덟

가지 탐학의 고통을 핵심부에 삽입한 점으로 미루어, 이 글 역시 「폐장」과 함께 〈거창가〉의 보조 텍스트로 간주될 수 있을 것이다. 말미에서 '기린麒麟 : 견마犬馬/봉황鳳凰 : 조작鳥雀'으로 '옛날의 태수(구양수)'와 '지금의 태수(이재가)'를 대조했고, 그 행태 또한 '시주청표詩酒淸標 : 잔학낭탐殘虐狼貪', '유방流芳 : 유취遺臭'로 대조함으로써 풍자적 의도를 더욱 구체화시켰음을 알 수 있다.

다음으로 살펴 볼 것은 마찬가지로 풍자적 산문인 「사곡서」다. 「폐장」·「거창가」·「취옹정기」의 비판 대상이 수령과 아전들이었지만, 「사곡서」에서는 비판의 화살이 거창읍내 여러 마을의 장로들로 옮겨졌음을 확인할 수 있다. 말하자면 거창의 읍민들이 수령과 아전들의 탐학에 고통을 당하고 있었으나, 오히려 이들은 수령에게 빌붙어 이익을 취하고 있었다는 부조리한 현실을 고발하고 있는 것이다. 「사곡서」를 보기로 한다.

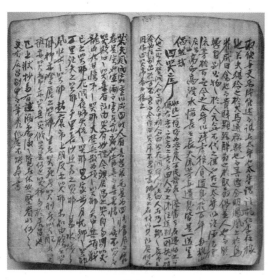

▲ 「사곡서」

"이처럼 일경一境이 모두 도탄에 빠지고 만민이 죽고자 할 즈음에 본관이 바뀌어 가는 날을 당하여 오히려 연연하여 잊지 못하는 자 4인이 있으니, 이를 위해 눈물 흘려 송별을 하는구나. 하나는 용산촌龍山村(현재 거창군 가북면 용산리 : 역자 주) 사람이요, 둘은 대초동大楚洞(현재 가조면 대초리 : 역자 주) 사람이요, 셋은 시중촌矢中村(남하면 시항矢項 혹은 살목이 : 역자 주) 사람이요, 넷은 화동촌花洞村(웅양면 화동. 현재 가지리 개화_{開花}마을: 역자 주) 사람이다. 이 네 사람은 한 마을의 장로_{長老}로서 눈물로 이별하기 위해 아주 뜻하지 않게 나오므로 이제 사곡서를 짓되 차마 향로_{鄕老}의 이름을 곧바로 쓸 수 없는 까닭에 그 사는 마을의 이름으로 사곡서를 짓고 드러내어 선양하노라. …… 기쁨에는 까닭이 있고 울음에는 묘리_{妙理}가 있는 법. 이제 거창의 울음을 보건대 스스로 특별한 울음이 많다. 용산_{龍山} 9일에 아우를 그리워하는 울음이냐? 대초병산_{大楚兵散}에 항우를 위한 울음이냐? 화살이 목을 맞추어 전사_{戰死}한 울음이냐? 화동야촉_{花洞夜燭}에 짝을 잃은 울음이냐? 집을 생각하며 걷는 달밤에 고향 그리는 울음이냐? 만리정부_{萬里征夫}의 울음이냐? 천리장사_{千里長沙}에 귀양가는 사람의 울음이냐? 역수한풍_{易水寒風}에 장사의 울음이냐? 조양_{趙襄}이 저잣거리에서 붕우_{朋友}를 위해 울던 울음이냐? 알 수 없도다, 마음에서 우러나오는 울음이냐? 문득 또한 입술에 바른 울음이냐? 산 자도 울고 죽은 자도 울고 형 받은 자도 울고 유배된 자도 울고 양반도 울고 상민도 울고 진짜 울음, 거짓 울음, 이 어떤 울음인데 거창에만 많은가?"

용산촌, 대초동, 시중촌, 화동촌의 네 장로들이 이재가의 이임 날, 눈물 흘려 송별하는 모습을 풍자하여 쓴 글이다. '김현구본 〈거창가〉'에 부대된 「사곡서」에는 가명이긴 하겠으나, 이들의 이름이 '정화언_{鄭華彦}/용산촌, 김청지_{金淸之}/대초동, 강열지_{姜烈之}/화동촌, 박숙호_{朴肅虎}/시항촌' 등

▲ 가조면 용산리

으로 제시되어 있다. 이름에 쓴 글자들로 미루어 개개인의 특징을 감안하여 만들어낸 가명들임이 분명하나 성씨는 정확히 붙여 놓은 것으로 보인다.

▲ 가조면 대초리 옛 마을 풍경

'용산 9일에 아우를 그리워하는 울음'은 왕유王維의 시 〈9월9일회산동형제九月九日懷山東兄弟〉에서 따온 말로 거창 용산촌 장로의 울음을 빗댄 말이고, '대초병산에 항우를 위한 울음'은 초나라 항우가 유방에게 대패한 고사를 이끌어 온 것으로 대초동 장로의 울음을 빗댄 말이며, '화살이 목을 맞추어 전사한 울음'은 시항촌 장로의 울음을 빗댄 말이다. '화동야촉에 짝을 잃은 울음'은 화동촌 장로의 울음을 빗댄 말이고, '집을 그리워하며 걷는 달밤에 고향 그리는 울음'은 두보의 시에서 따온 것으로 네 장로들의 울음을 모아서 빗댄 말이다. '천리 장사에 귀양 가는 사람의 울음'은 장사로 좌천되어 가던 가의賈誼의 슬픔을, '역수한풍에 장사의 울음'은 진왕秦王을 죽이기 위해 길을 떠나는 형가荊軻가 역수易水에서 친구들과 헤어지며 흘린 울음을, '조양이 저잣거리에서 붕우를 위해 울던 울음'은 명나라 조양趙襄이 친구를 위해 터뜨린 울음을 각각 말한다. 이 모두는 네 장로들의 울음을 모아서 풍자한 표현들이다. 말하자면 더 이상 이재가에 빌붙어 이익을 취할 수 없게 된 점을 애석하게 여긴 끝에 나온 눈물이기에 이들이 이재가를 송별하면서 흘린 눈물은 진짜 울음일 수도 있다는 것이 「사곡서」 필자가 구사한 풍자의 본의라 할 수 있다.

"이상의 장초는 굴루처䯏漏處가 많으니 뒤에 보는 자는 허물 말고 눌러 보는 것이 어떠할지? 또한 거창별곡이 있으나 붓이 모지라지고 종이가 떨어져 다 쓸 수 없다"는 말이 「사곡서」 다음에 붙어 있다. 이 말로 미루어 보면, 「폐장」·「취옹정기」·「사곡서」는 한 사람의 손에 의해 쓰여진 것이 분명하고, 〈거창가〉가 「폐장」을 바탕으로 만들어진 가사라는 점도 분명하다. 그리고 '거창별곡이 있으나 붓이 모지라지고 종이가 떨어져 다 쓸 수 없다'고 한 점으로 미루어 이 글들과 〈거창가〉를 함께 모아놓은 사람은 이 글들의 필자 아닌 다른 사람일 것이다.

이상에서 살펴 본 바와 같이 작자가 누구였든, 「폐장」은 〈거창가〉의 원천 텍스트, 「취옹정기」와 「사곡서」는 보조 텍스트로 보는 것이 타당하다. 특히 당시 거창의 이면을 엿볼 수 있는 단서들을 내포하고 있다는 점에서 「취옹정기」와 「사곡서」는 〈거창가〉를 해석하기 위한 콘텍스트로 작용한다는 점도 간과할 수 없다.

6. 거창에서 찾아본 〈거창가〉의 흔적

1) 텍스트로서의 〈거창가〉와 거창

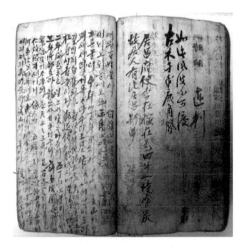

▲ 조규익본〈거창별곡〉

〈거창가〉는 가사 작품이다. 가사문학도 문학인만큼 감성이 바탕을 이룬 서정·서사적 글쓰기의 한 유형이다. 그러나 〈거창가〉는 사실이나 메시지의 전달을 무엇보다 중시했다는 점에서 여느 가사들과 다르다. 부조리와 폐단들을 '건조하게' 나열함으로써 오히려 그 사실들은 좀 더 핍진하고 극적으로 전달될 수 있었다. 의도하지 않았어도 독자들의 감성은 재빨리 호응했고, 이에 따라 공감영역 또한 무한대로 넓어질 수 있었다. 사람의 탈을 쓴 입장에서 한줌도 안 되는 권력을 무기로 권력 없는 사람들을 무시하고 학대하는 생지옥이 이승에 마련된 사실을 세상에 널리 알리고, 생존을 위한 투쟁에 나서달라고 외친 것이 〈거창가〉의 메시지다. 그래서 〈거창가〉는 역사 텍스트이자 문학 텍스트다. 역사 텍스트는 역사가의 '역사적 상상력'으로 해석되어야 할 대상이고, 문학 텍스트는 문학자의 '문학적 상상력'으로 해석되어야 할 대상이다. 그러나 하나의 텍스트가 역사적이기도 하고 문학적이기도 하다면, 역사적 상상력과 문학적 상상력이 수시로 함께 동원되어야 온당한 해석이 가능해진다.

과연 〈거창가〉는 역사 텍스트인가, 문학 텍스트인가. 전자는 작품의 내용으로 등장하는 모든 사건들이 사실이라는 점에서 그렇고, 후자는 가사라는 장르의 표현적 장치들에 의해 일상의 언술구조로부터 약간의 거리가 생긴 것이라는 점에서 그렇다. 그렇다고 둘 가운데 무엇을 우선해야 하는가에 대하여 고민할 필요는 없다. 텍스트를 대면하되, 역사적 관점으로 사실을 읽어내고 문학적 관점으로 그 진실을 느끼면 된다.

역사적 해석으로 끝낸다면 〈거창가〉는 단순히 사실을 기록한 사건일지事件日誌에 불과할 것이나, 여기에 문학적 조사照射까지 가해진다면 그 텍스트는 탁월한 미학적 성취로까지 상승할 것이다. 부조리와 폐단들을 가사로 재현한 농민반란 사건 주모자들의 의도는 어디에 있었을까. 내용으로서의 부조리와 폐단들이 3·4 율조의 반복을 통해 사람들의 감정을 격앙시켜, 그들을 한마음 한 뜻으로 묶는 효과를 거둘 수 있으리라고 보았을 것이다. 건조한 고발문에 비해 가사의 감성적 율조가 민중의 대오隊伍를 훨씬 강고强固하게 만들 수 있다는 믿음, 바로 그것이다.

사실 직접 탐학을 당해온 민중들의 입장에서야 〈거창가〉는 그리 필요 없었을지도 모른다. 그러나 당해보지 않은 사람들에게 실상을 알리고 역사로 남기려면, '말로 다할 수 없는' 만행들을 '말로 남길 수밖에' 없지 않겠는가. 작품에 등장하는 모든 부조리와 폐단들이 인간의 상식으로는 믿을 수 없을 만큼 잔인하고 폭력적이어서 내용의 사실성을 뒷받침할 보조 자료들이 필요했던 것이다. 관문官門에 올린 장계「거창부폐장 초」, 풍자적 희문「취옹정기」와 「사곡서」 등을 〈거창가〉의 보조텍스트로 부대시킨 것은 이런 점에서 매우 현명한 전략이었다. 「거창부폐장 초」의 내용을 패러프레이즈한 것이 〈거창가〉이고, 〈거창가〉에 등장하는 행위 주체들을 한 번 더 풍자적으로 비판한 것들이 「취옹정기」와 「사곡서」인 이유도 이들 모두가 상호텍스트적 연계성으로 얽혀서 사실성과 진실성을 피차 담보하고 있다는 점에서 찾을 수 있다.

▲「거창부폐장 초」

'문학이란 이해되어야 할 무엇인가를 언어적으로 표현한 것'인데, 이해에 이르게 하는 행위 즉 해석을 통해 '의미상으로 익숙하지 못하고 거리감이 있으며 불명료한 어떤 것을 현실적으로 친숙하며 명료한 것으로 바꾸게 된다'는 것이 팔머(Richard E. Palmer/『해석학이란 무엇인가』, 이한우 옮김, 문예출판사, 36쪽)의 말이다. 사실 텍스트의 불명료성은 언어예술인 문학이 지닌 운명적 한계일 것이다. 해석행위를 통해 그 불명료성은 명료하게 가시화될 것인데, 비극적 사건이 일어났던 그 당시부터 지금까지 거창 현지는 변함없는 또 하나의 '살아있는' 텍스트로 존재해 왔다. 따라서 현장을 밟아보며 그곳에 내재된 의미를 끄집어 내 보여주는 것처럼 훌륭한 해석행위가 또 있을까. 내가 불원천리 차를 몰아 첩첩산중의 보물처럼 숨겨진 거창으로 달려온 것도 그 때문이다.

2) 거창, 거창의 자연, 그리고 탐관오리...

9월 15일 아침 6시. 정안면 월산 에코팜의 새벽어둠이 걷히자마자 거창을 향해 무섭게 차를 몰았다. 탁월한 안내자들이 있다고는 하지만, 과연 하루 동안에 〈거창가〉의 현장을 돌아볼 수 있을까. 더구나 거창의 현장을 또 하나의 텍스트로 삼고 있는 내 입장에서 땅에 대한 음미와 해석은 필수적으로 거쳐야 할 과정이기 때문이었다. 마음은 초조하고 길은 멀었지만, 덕유산 연봉들과 계곡을 누벼가는 동안 마음에 평온이 찾아왔다.

거창 가는 길, 참 한적하고 아름다웠다. 대략 3시간쯤 걸려 거창박물
관에 닿았다. 구본용 관장은 내가 오기를 기다렸다는 듯 두 부분으로
나뉜 필사본 〈거창가〉 두루마리 한 축과 내용 가운데 중요한 몇 쪽이
오려진 〈거창가〉가 합철된 만세력 한 책을 책상 위에 펼쳐놓고 있었다.
이 자료들은 김창준 선생(거창읍 출신/부산 흰돌의원 원장)이 기증한
것들로 〈거창가〉의 전사傳寫 과정에 매우 중요한 의미를 지니고 있었다.
과연 이 자료들이 내가 생각한 의미를 갖고 있을지 여부는 문면을 찬찬
히 뜯어 본 후에야 알 수 있으리라.

갈 길이 급한 나는 어쩔 수 없이 갈피갈피 접히거나 말린 두루마리를
펼치면서 카메라로 찍어 나갔다. 필체는 아름다웠지만, 무척 길었다. 다
른 또 하나의 자료는 만세력의 중간 부분에 〈거창가〉를 합철한 것인데,
아쉽게도 중요한 부분들은 면도칼로 오려져 있었다. 〈거창가〉가 농민반
란운동 이후 상당기간 불온문서로 단속되었음을 감안한다면, '면도칼로
오려낸' 행위가 그 작품이나 책의 가치를 역으로 입증하고 있었다. 그러

向교 춘풍루 ▼ 거창박물관

▲ 구본용 박물관장과 자료를 살펴보며　　　▲ 새로 발굴된 〈거창가〉 이본들

나 어쨌든 그 오려진 부분들을 찾지 못한다면, 이 자료의 가치를 명시적으로 드러낼 길은 없을 것이다.

자료들의 촬영을 마친 나는 구본용 관장의 도움을 받아 〈거창가〉 현장 답사에 나섰다. '탐관오리의 탐학으로 인한 폐단'이 〈거창가〉의 핵심인데, 그 중심에 부사 이재가와 아전들이 있었다. 이들은 전정田政 · 군정軍政 · 환곡還穀 등 삼정三政 제도의 악용을 통해 백성들의 재산을 늑탈하여 사복私腹을 채워 나갔다. 그 과정에서 백성들은 보호의 대상이 아니라 관권을 무기로 삼은 탐관오리들의 착취 대상일 뿐이었다. 그리고 주된 수단인 관권은 억지와 폭행으로 구체화 되었다. 그들은 수행해야 할 공무公務 시간 대부분을 탐학과 향락으로 채워가고 있었다. 국가의 조세에 자신들의 몫을 덤으로 얹어 곳간을 채웠고, 심지어 국방의 근간인 군정에까지 손을 대면서 부조리와 폐단은 끝 가는 줄 몰랐다.

거창에 서서 사방을 둘러보면 첩첩이 산이다. 몰려서 울타리를 이룬 것들은 단순한 봉우리들이 아니다. 멀리서부터 용龍들이 구불구불 틀임하며 내려와 갈피들을 이루기도 하고, 어떤 것들은 거창 분지에서 혈穴을 맺기도 하며, 어떤 용들은 다른 곳으로 뻗어가기도 한다. 북쪽에는 덕유산德裕山/1,591m·삼봉산三峰山/1,254m·국사봉國士峰/875m·수도산修道山/1,316m·단지봉丹芝峰/1,327m·좌일곡령佐一谷嶺/1,258m·두리봉頭利峰/1,135m 등 크고 작은 봉우리들이 울타리처럼 서 있고, 동쪽에는 의상봉義湘峰/1,046m·비계산飛鷄山/1,126m·오도산吾道山/1,134m·수성산宿星山/899m 등 비슷한 높이의 봉우리들이 빼어난 자태를 자랑하고 있으며, 서쪽에는 남덕유산南德裕山/1,507m·기백산箕白山/1,331m·금원산金猿山/1,353m 등의 거봉들이 흘립屹立해 있다. 이와 달리 남쪽에는 보록산保錄山/767m·철마산鐵馬山/705m·갈전산葛田山/763m 등 비교적 순한 산봉山峰들이 받쳐주고 있다. 북쪽의 산들은 전라북도·경상북도와 경계를 만들고, 동쪽의 산들은 함양·합천과 경계선을 이루고 있다. 거창의 대분

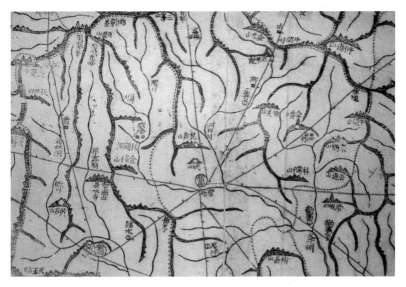

▲ 대동여지도 거창부분(거창박물관)

지 안쪽으로는 호음산虎陰山/930m · 건흥산乾興山/563m · 금귀봉金貴峰/827m
· 보해산普海山/912m 등 아름다운 봉우리들이 모여 작은 분지를 형성하
고 있으니, 거창은 산들의 울타리로 보호되는 '천혜의 피난처'라 할 수도
있으리라.

　지금의 거창군은 거창읍居昌邑, 가북면加北面, 가조면加祚面, 고제면高梯面,
남상면南上面, 남하면南下面, 마리면馬利面, 북상면北上面, 신원면神院面, 웅양
면熊陽面, 위천면渭川面, 주상면主尙面 등 12개 읍면을 포함하는 면적 803.13
㎢, 인구 62,972 명의 분지형 행정구역이다. 읍의 서북에서 동남으로 흐
르는 영천瀯川과 북에서 남으로 흐르는 아월천阿月川이 합수하여 황강을
이루고, 황강은 다시 대산천과 가천천과 합수되어 합천댐을 이루니, 큰
물길은 거창 분지에서 형성되는 셈이다.

　이런 산세와 비옥한 농경지 덕분일까. 거창에서는 예로부터 많은 인
물들이 배출되었고, 물산 또한 풍부했다. 중앙으로부터 멀기도 하려니
와 험준한 산세 때문에 중앙으로부터 발령 받아 오는 수령들이 오래 머
물지 않았다. 〈거창가〉의 핵심인물 이재가가 4년(1837~1841)을 근무한
것이 오히려 이례적이라 할 정도로 한 두 해 근무하면 떠나는 곳이었다.
수령들이 들어와 한 두 해만에 체직遞職되어 가는 형편이었으니, 그들이
이곳의 행정을 장악할 수도 없었고, 아예 장악하려는 생각조차 하지 못
했다. 중앙의 권력자들에게 철철이 뇌물을 보내고 적당히 시간만 보내
면, 첩첩산중의 거창에서 벗어날 수 있다고 본 것이 당시 거창 수령들의
인식이었을 것이다.

　그러다 보니 모든 행정은 아전들의 손에서 이루어졌고, 현지의 사정
에 어두운 수령들은 아전들이 조종하는 꼭두각시나 마찬가지였다. 대대
로 향리나 아전 직을 독식해오며 단물을 빨아먹던 가문들이 있었다. 수
령들은 그들의 손아귀에 놀아나며 그들과 이익을 공유하게 된 것이었다.

세습 향리나 아전들로서는 수령들이 행정의 세밀한 것을 캐고 들지 못하게 하는 것이 중요했고, 그들로 하여금 행정에 등한하도록 하기 위해서라도 수령을 향락과 탐학의 함정으로 인도할 필요가 있었다. 말하자면 첩첩 산들로 둘러싸여 중앙의 힘이 미치기 어려운 거창은 자연이 만들어 준 '독립공간'인 셈이었다.

〈거창가〉에 등장하는 탐학과 부조리의 주인공들은 수령과 아전들이고, 그 폐단이 이루어졌을 공간들은 너무 많아 일일이 거론할 수 없다. 이들이 수령을 옹위하고 매일 벌였을 술판의 현장들이 거창에는 널려 있는 것이다. 그들의 행태를 꼬집은 풍자적 희문 「취옹정기取翁政記」를 보자. 구양수歐陽脩의 「취옹정기醉翁亭記」를 풍자 목적으로 패러디한 것이 「취옹정기取翁政記」로, 그것은 그들이 자행하던 비정秕政을 지칭한 명칭이나, 당시 거창에 널려 있던 정자들에서 벌이던 유흥과 향락의 부조리를 이면에 담고 있음은 물론이다.

거창읍을 가로지르는 냇물이 영천灐川이다. 북상면의 월성 계곡에서 동쪽으로 흐르는 성천星川과 소정 계곡에서 남으로 흐르는 갈천葛川이 합쳐져 위천渭川이 되고, 이것이 거창에 와서 영천으로 불린다. 원래 영천은 구불구불 흐르던 큰 내였으나, 근래 '직수화直水化' 작업에 의해 일자형

▼ 하늘에서 내려다 본 오늘날의 거창 모습

으로 퍼졌다고 한다.

그 옛날 수령과 아전들이 함께 하던 대표적 향락의 공간으로 추정되는 거창읍 상림리의 침류정枕流亭은 현재 물길과 약간 떨어진 곳에 개건改建되어 있으나, 원래 구불구불 흐르던 물길과 거의 닿아 있었을 것으로 추정된다. 특히 이 정자는 당시 관아와 인접해 있

▲ 거창읍을 가로지르는 현재의 영천

었기 때문에 향락과 공무가 구분되지 않던 그들 세계에서 대부분의 일처리는 이곳에서 이루어졌을 것으로 보인다. 원래 백성들을 위해 힘쓰던 구양수가 화합의 차원에서 여가를 즐기던 공간이 취옹정醉翁亭이었다. 그것을 선망하는 마음에서 거창 사람들이 '취옹정取翁政'이란 풍자적 용어를 만들었다면, 수령과 아전들이 늘 주연을 즐기면서 부조리와 폐단을 빚어내던 으뜸 공간이 바로 관아 앞의 침류정枕流亭이었을 것이다. 「취옹정기取翁政記」의 작자가 그 글을 다음과 같이 마무리한 것도 바로 그 때문이었다.

"옛날의 태수는 시주詩酒로 청표淸標를 세워 백세 동안 아름다운 이름을 흘렸고 지금의 태수는 잔학낭탐殘虐狼貪으로 백 년 동안 악취를 남겼으니 계산鷄山과 함께 높고 높으며 영수濚水와 함께 길고 길 것이로다."

옛날의 태수는 구양수요, 지금의 태수는 이재가인데, 이재가의 잔학낭탐은 '계산과 함께 높고 높으며 영수와 함께 길고 길 것'이라고 놀렸다. 계산은 거창의 주산이고, 영수는 주산을 받쳐주며 관아를 중심으로 하던 읍의 중심을 원래 금대襟帶 형국으로 흐르던 물이다(지금은 직수로 바뀌었지만). 거창읍과 가까운 가조면의 비계산飛鷄山을 '계산'이라 하는 인사

도 있으나, 비계산이 가조의 주산일지언정 거창읍의 주산일 수는 없다. 현재 거창의 중심인 중앙리는 하동下洞과 죽전竹田 등 두 마을로 이루어져 있었다. 이 가운데 죽전은 풍수 상 암탉이 병아리를 품어주는 형국이라 하여 '계산'이라 했다는 것이다. 옛날 이곳의 당산堂山 나무에서 닭 우는 소리가 들렸다 하여 붙여진 '닭원만당'이란 지명도 있었다. 현재 거창의 주산으로 알려져 있는 건흥산乾興山에서 동쪽으로 '일자一字' 모양의 구릉이 있는데, 이 구릉은 '가지리加旨里 → 상림리上林里 → 대동리大東里로 이어진다. 법원, 검찰청, 샛별초·중학교, 거창여중·고교, 거창고교 등이 들어서 있는 이 일대가 조선조 당시까지만 해도 구릉 지대로서 거창의 주산이었고, 계산이란 바로 이곳을 말한다고 할 수 있다.

영수는 영천瀯川으로, 거창사람들은 지금 위천渭川, 위천천渭川川 혹은 영호강瀯湖江이라 부른다. 영천은 거창의 북서에서 동남으로 가로질러 흐르다가 거창읍 동동을 지나 아월천阿月川(고제高梯의 개명천開明川과 고제천高梯川이 합하여 주상천主尙川 또는 완계浣溪가 되고 여기에 웅양천熊陽川 또는 미수渼水가 합쳐 이루어진 개울)과 만나 황강黃江을 이룬다.

침류정에서 황강이 시작되는 합수교合水橋까지는 탐관오리들의 주된

'작폐作弊 무대'였다. 그러나 탐관오리들이 작폐하던 공간이 어찌 침류정 뿐일까. 거창에는 곳곳에 정자와 누대가 서 있다. 풍광이 수려하고 정자를 세워 기릴만한 인물이 많았기 때문일 것이다. 침류정 외에 탐관오리들이 놀이 공간으로 활용했을 가능성이 큰 누정들은 심소정心蘇亭, 수승대의 요수정樂水亭과 관수루觀水樓, 용암정龍巖亭 등이다. 이런 공간들에서 밤낮을 가리지 않은 음주가무가 자행되었을 뿐 아니라 탐학이 모의되고 결정되었을 것이다.

▲ 심소정(心蘇亭)

▲ 요수정(樂水亭)

▲ 관수루(觀水樓)

3) 백사장의 결복(結卜), 분석작간(分石作奸)의 현장

사실 그보다 더 잔인하고 노골적인 폐단들은 침류정으로부터 하류로 약간 내려 온 지점에서 이루어졌다. 즉 아림교娥林橋부터 합수교에 이르는 지역은 지금 주택가로 바뀌었지만, 옛날에는 넓은 백사장이 펼쳐진 곳이었다 한다. 여기가 바로 대동리大東里 지역인데, 영천의 가장 동쪽으로서 옛날 동부방東部坊이 있던 곳이다. 대동리는 동동東洞·강양江陽·개봉開封 등 3개 마을로 이루어져 있으며, 동동의 동부東阜에는 현재 거창중학교와 창동초등학교('창동'은 '거창의 동쪽'을 의미함)가 자리 잡고 있다. 거창읍 천내의 가장 동쪽에 있고 옛날 동부방에 따랐으므로 동동東洞이라 하였다가, 1988년 8월 1일 동동·강양·개봉 등 3개 마을이 합쳐져 대동리가 되었다. 이곳은 아월천과 영천이 합수되는 곳으로서 늘 수해가 많았던 곳이고, 드넓은 백사장이 조성되어 있었으며, 수해를 방지하기 위해 방수림防水林을 많이 심었던 곳이다. '방수림'을 '방숲'이라 불렀고, 그 '방숲'이 '밤숲'으로 와전되고 있다는 것이다. 이 지역에 해마다 물난리가 났고, 그 때마다 쌓이는 토사로 큰 백사장이 조성되어 1960년대까

지 남아 있었다고 한다.

〈거창가〉에는 이와 관련되는 두 가지 사건들이 언급되고 있다. 첫 내용은 다음과 같다.

▲ 합수교(合水橋)

더군다나 원통冤痛할사 백사장
白沙場의 결복結卜이라

근래近來에 낙강성천落江成川 구산邱山같이 쌓였는데
절통切痛타 이내백성 재災 한 짐 못먹어라
재결災結에 회감會減함은 묘당처분 있건만은
묘당회감廟堂會減 저 재결을 중간투식中間偸食 뉘하느냐

가사 내용 중의 '백사장'은 바로 이 지역을 이른다. '낙강성천'의 낙강落江은 제방이 무너지거나 범람하는 것을 뜻하고 성천成川은 '성천복사成川覆沙' 즉 개천으로 되어버린 전지田地와 모래가 덮여버린 전지를 말한다. 이럴 때 구진전舊陳田·금진전今陳田·미이앙未移秧·재감전災減田 등과 함께 면결免結해주는 것이 나라의 법이었다. 그러나 수령과 아전들은 수재로 인하여 모래사장이 되어버린 전지에까지 결복結卜함으로써 원징冤徵의 폐단을 만들어 냈던 것이다.

결복이란 토지에 매기는 목結·짐負/卜·뭇束을 통틀어 이르는 말로서, 전지田地의 면적面積 단위나 면적을 재는 행위를 말한다. 말하자면 수령과 아전들이 수해를 입어 모래가 덮여버린 땅에도 결복하여 세금을 매기는 억지를 부렸다는 것이다. 재앙을 입은 전지에 세금을 면해주는 것은 국가의 법인데, 백성들이 재앙을 당해도 탐관오리들은 백사장으로 변해버린 땅에 세금을 부과하여 사복을 채우니, 이보다 더 절통한 일은 없다는 것이다. 그 백사장이 바로 지금은 주택가로 변해버린 동동의 동부지역이었음을 확인하게 되었다.

두번째 내용은 다음과 같다.

> 이포를 민징民徵시켜 읍외각창邑外各倉 추보追補하여
> 석수石數가 미충未充하여 분석分石하기 어인일고
> 분석分石도 하려니와 허각공각虛殼空殼 더욱 분타
> 백주白晝의 분급分給하기 저도 또한 무렴無廉하여
> 간사奸邪한 꾀를 빚어 백성의 눈을 속여
> 환상분급還上分給 하는 날에 재인광대才人廣大 불러들여
> 노래하고 재주시켜 온갖 장난 다 시키며
> 전첨후고前瞻後顧하는 거동 이매망냥魑魅魍魎 방사倣似하다
> 아깝도다 사모관대紗帽冠帶 우리 인군 주신 바라
> 이런 장난 다 한 후에 일락서산日落西山 황혼이라
> 침침칠야沈沈漆夜 분급하니 허각공각虛殼空殼 분별할까
> 아전관속 현란중眩亂中에 장교사령將校使令 독촉督促하니
> 삼사십리三四十里 먼데 백성 종일 굶어 배고파라
> 환상 잃고 우는 백성 열에 일곱 또 셋이라

환곡을 나눠 주는 과정에서 자행되는 폐단 가운데 가장 심한 것이 '분석分石'이었다. 아전들이 떼먹은 것을 백성에게 징수하거나 읍의 바깥에 있는 창고들에서 부족한 양을 추후로 보충하려면 백성들을 등치는 수밖에 없었다. 즉 벼에 껍데기나 쭉정이를 섞어서 양을 늘이는 행위가 그것이다. 그렇게 분량을 늘여 백성들에게 분급하고, 이듬해 가을 상환할 때는 이자까지 붙여 갚아야 하니, 백성들은 이중으로 손해를 보게

되는 것이다. 그렇게 백성으로부터 받아낸 '덤' 모두는 아전과 수령에게 들어갔다. 환상을 분급하는 날 하루 종일 재인 광대들을 불러다 놀이를 시키는 것은 백성들의 혼을 빼놓고 어두워질 무렵 나누어 줌으로써 분석 작간의 악행을 일시적으로나마 숨기려는 의도 때문이었다. 어둠이 덮인 뒤 장교나 사령들이 마구 재촉하여 백성들로 하여금 정곡에 섞인 돌이나 쭉정이를 분간하지 못하게 하는 것도 이들의 전략이었다. 환상 분급하던 당시 정곡에 섞어 넣은 물건들 중의 하나가 바로 이 지역 백사장에서 퍼온 모래일 수도 있었다! 그 백사장은 이미 주택가로 바뀌어 있었지만, 정곡에 모래나 쭉정이가 섞여 있음을 집에 가서야 확인한 백성들의 분노가 바람으로 바뀌어 아직도 동동의 동부를 쓸고 있는 듯 했다.

4) 도축장과 절각농우, 농민의 비극

그 다음으로 눈을 돌린 곳에서 또 다른 분노의 함성이 들려왔다. 동동의 합수교 앞에서 영천 건너편을 바라보자 파란색의 큰 건물 두 개가 눈에 들어왔다. 아주 오랜 옛날부터 인가가 없던 그곳에 도축장이 성업을 했었는데, 지금은 농산물 가공공장이 서 있었다. 도축장 옆으로 강이 흐르니 물 공급이 원활했을 것이고, 주변에 인가가 드무니 도축작업엔 최적의 환경이었을 것이다. 이곳에는 농민 반란이 발발했던 1860년대 초기에도 도축장이 있었을 것으로 추측된다고 한다. 물론 당시 농민들이 이 도축장을 활용할 수는

▲ 동그라미 부분이 옛날 도축장 있던 곳으로 추정됨

없었을 것이다. 소를 잡는 것 역시 아전들의 권한이었기 때문이다. 〈거창가〉의 다음 내용에 그 점이 명시된다.

> 백성의 절각농우折脚農牛 어찌타 앗아다가
> 노령배奴令輩 내어주어 소 임자任者로 잃게 하니
> 옛 태수太守 공사함을 자세히 들어보소
> 큰 칼 팔아 큰 소 사고 작은 칼로 송치 사서
> 농가의 극한 보배 공연空然히 잃단 말가
> 백성으로 원통하니 이런 치정治政 어떠할꼬

농민에게 소는 무엇과도 바꿀 수 없는 보배다. 소 없이 농사를 지을 수 없기 때문이다. 일을 시키다 보면 소의 다리가 부러지는 일이 비일비재인데, 그럴 경우 관에서는 무조건 끌어가는 게 상례였다. 물론 그 소를 도축하여 아전과 수령들이 나눠먹는 건 물론이다. 소 임자는 농민인데, 다리가 부러졌다고 뺏어가는 것이 당시 이 지역의 관행이었다. 옛날 중국의 공수龔遂가 칼을 팔아 소와 송아지를 사서 농사에 사용하게 하고 농민들을 부유하게 만들었다는 고사를 들어 그 반대인 이곳의 수령과 아전들의 횡포를 고발하고 있다. 백성들의 절각농우를 빼앗아 도축하던 곳이 바로 이곳이었다. 아월천과 영천이 합수된 그 물소리와 소 울음소리가 섞여 들릴 법한 곳에 옛날 도축장으로 착각할 만한 건물은 말없이 서 있었다.

5) 거창의 향교와 사원, 이곳들에도 탐관오리의 마수가…

다음으로 찾은 곳은 거창향교였다. 1415년(태종 15)에 창건되어 몇 차례의 중·보수를 거쳐 1983년 8월 6일 경상남도유형문화재 제230호로 지정된 곳이다. 이곳에는 5성五聖과 송조 6현宋朝六賢, 우리나라 18현賢의 위패가 봉안되어 있었다. 수령 이재가도 자신의 아들을 이곳 향교에서 교육했었는데, 그가 향교에서 저지른 폐단 또한 대단했던 모양이다.

다음의 내용이 그것이다.

민간폐단民間弊端 다 못하여 학궁學宮폐단 지어내니
향교서원 각 학궁의 색장色掌 고자庫子 잡아들여
유건도포儒巾道袍 둘 씩 둘 씩 차례차례 받아내되
없다고 발명發明하면 속전贖錢 두 냥兩 물려내니
신축년 윤사월에 재가자제在稼子弟 경시京試 볼 제
유건도포 받아다가 관노사령官奴使令 내어주어
장중場中에 접정接定할 제 노奴선비 꾸며내니
공부자孔夫子 쓰신 유건儒巾 노령배奴令輩 쓰단 말가
전후소위前後所爲 생각하니 분한 마음 둘 데 없어
초이경初二更에 못든 잠을 사오경四五更에 겨우 들어
사몽似夢이듯 비몽非夢이듯 유형有形한 듯 무형無形한 듯
영검타 우리 부자夫子 대성전大聖殿에 전좌殿坐하사
삼천제자 나열 중에 안증사맹顔曾思孟 전배前陪서고

▼ 거창향교 외삼문

명도이천明道伊川 후배後陪서니 예악문물 빈빈하다
자하자공 청사請事할새 자로의 거동擧動보소
사문난적斯門亂賊 잡아들여 고성대책高聲大責 이른 말씀
우리 입던 유건도포 군로사령軍奴使令 당탄 말가
진시황 갱유분서坑儒焚書 네 죄목罪目에 더할 소냐
수족이처手足異處 나중하고 우선명고于先鳴鼓 출송하라
우리 골 도산서원道山書院 학궁 중學宮中의 수원首院이라
한훤 일두 동계선생 삼대현三大賢 배향配享하니
어떻게 소중하며 뉘 아니 공경할고
신축 팔월 추향 시에 각원유생各院儒生 입궁入宮할 제
각색 제물 타낼 적에 제물대구祭物大口 없다커늘
없는 연고 책문責問하니 예방아전禮房衙前 고한 말씀
본관사또本官使道 어제 날로 뇌인댁에 봉물封物할 제
제물대구 없다하니 듣기조차 놀라워라
막중한 회감제물會減祭物 봉물중封物中에 든단 말가
줄리말리 힐난詰難타가 일락황혼日落黃昏 도라올 제
질풍폭우疾風暴雨 산협 길에 제물원복祭物院僕 죽단 말가
회감제수 치패致敗되고 백주횡사白晝橫死 어인일고
사문에 얻은 죄를 신원伸寃할 곳 있을 소냐

▼ 거창향교 동재

▲ 거창향교 공자위패

거창향교를 찾았으나, 지금 대대적으로 보수 중이어서 아쉽게도 내부는 볼 수 없었다. 그러나 외견상 읍 단위의 향교 치곤 규모가 크고 단정했다. 〈거창가〉에 언급된 향교관련 폐단은 세 가지다. 향교와 서원 등 각 학궁의 색장과 고자를 잡아들여 유건과 도포를 받아내되 없다고 하면 속전을 물렸다는 것이 그 하나이고, 이재가의 자제가 경시를 보러 갈 때 군노와 사령에게 유건과 도포를 내주어 시장試場에 접정接定할 때 입게 했다는 것이 그 둘이며, 신축 8월 추향 때 나라에서 내려 보내던 제물 가운데 대구어를 이재가가 빼돌려 중앙의 벼슬아치에게 뇌물로 보내려 농간하던 도중 제물원복으로 하여금 늦은 시각에 길을 나서게 했다가 큰물에 휩쓸려 죽게 함으로써 결국 제사까지 지내지 못하게 되었다는 것이 그 셋이었다. 이렇게 향교서원에까지 탐학의 마수를 뻗음으로써 사문斯文에 얻은 이재가의 죄가 크

다고 했다.

거창향교를 떠나 가조면의 사학자 김영석 선생의 안내로 들른 곳이 가사에 언급된 동계桐溪 정온鄭蘊 선생의 용천정사龍泉精舍였다. 가사에서도 언급된 것처럼 예로부터 동계 선생과 함께 김굉필金宏弼, 정여창鄭汝昌 선생 등이 삼대현三大賢으로 꼽혀 거창군 가조면 일부리에 있던 도산서원에 봉안되었으나, 대원군 시절에 훼철된 뒤 복원되지 못한 채 서원 터만 남아 있었다. 거창군 위천면 출신인 동계 선생은 조선 인조 때 명신으로 광해군 2년 별과에 급제, 여러 요직들을 거친 뒤 대사간 · 경상도 관찰사 · 이조참판 등을 역임했으며, 사후에 영의정과 홍문관 대제학에 추증되었다. 선생의 시묘를 위해 지은 움막을 1808년(순조 8)에 중수한 것이 용천정사인데, 여기서 매년 음력 9월 9일에 원근 유림들이 모여 제사를 지내고 있음을 확인할 수 있었다.

6) 되살려야 할 인민사(仁民祠)의 정신

마지막으로 들른 곳은 거창읍 가지리 개화마을의 인민사仁民祠였다. 인민사는 1862년 거창농민반란의 주모자 이승모李承模(논자에 따라 이승문李承文이라 부르기도 하는데, 동일인이라 함: 족보와 후손들의 증언을 연구해온 김영석 선생 확인) 선생의 높은 뜻을 기리기 위해 1932년 고장 인사들이 힘을 모아 세우고 위패를 모신 사당이다. 1862년 봄에 거창부사 황종석이 진주민란을 안핵하기 위해 자리를 비운 사이에 거창의 민란은 일어났다. 이시규李時奎 · 최남기崔南紀 · 이승모 등이 통문으로 농민들을 규합하여 난을 일으킨 것이다. 이 사건은 5월 28일 감사 이돈영의 장계로 중앙에 알려졌고, 부사 황종석은 파면되었으며, 최남기 · 이승모는 진주에서 효수되었다. 포리逋吏 신재문愼在文(6000여 석 포탈)과 장복영章福榮(2500석 포탈) 등은 장형杖刑에 처해졌으며, 황종석은 의금부에 체포되어 심문 후 곤장 100대를 맞고 상주목에 정배되었다. 이승모 선생은 지역 유지들의 발의로 1932년에 세워진 인민사에 봉안되었다.

▲ 인민사 전경

▲ 사당

▲ 이승모 선생의 위패

나는 그 자리에서 〈거창가〉와 인민사를 연결시킬 근거를 찾아보았다. 분명 〈거창가〉에 기록된 탐학의 수령 이재가가 재임한 기간은 1837~1841년이고, 거창민란은 1862년에 일어났으며, 당시의 부사는 황종석이었다. 그런데 〈거창가〉와 함께 발굴된 풍자적 희문「취옹정기取翁政記」에 다음과 같은 내용이 등장한다.

"아전과 포교는 호강豪强하여 포학한 정사政事를 행하니, 그 경상境上에 있는 것이 바로 취옹정取翁政이다. 정사를 행하는 것은 누구인가. 고을의 아전 신장愼章이다. 이를 듣는 자는 누구인가? 태수 자신이다. 태수와 아전이 이곳에 내림하여 마실 때에는 번번이 취取하나 가장 교묘한 까닭에 호를 취옹取翁이라 했다.(吏豪狡强有政虐 然臨于境上者 取翁政也 作政者 誰 邑之吏愼章也 聽之者誰 太守自謂也 太守與吏來莅于此 飮素輒取 而然 又最巧 故 玆號曰取翁也)"

인용문 가운데 '고을의 아전 신장愼章'은 거창민란의 처리 과정에서 처벌받은 신재문愼在文과 장복영章福榮을 합칭한 말로 보는 것이 맞다. 그렇다면 이 글과 합철되어 있던 〈거창가〉도 임술민란이나 거창민란에 사용되었음이 분명하다. 그런데 〈거창가〉에 올라있는 수령 이재가가 재직한 시기는 1837~1841년이다. 그렇다면 시기의 어긋남을 어떻게 볼 것인가. 훨씬 전인 이재가 재임 시에 지어진 〈거창가〉가 1862년의 거창민란에 즈음하여 민중 선동의 한 방편으로 사용되었으리라는 것이 변함없는 내 생각이다. 사실 이재가 재임시기의 폐단들이 이 시기에도 고스란히 지속되고 있었으며, 그런 이유로 이재가 당시의 폐단들을 고발하기 위해 지었던 〈거창가〉를 1862년 민란에서 사용해도 민중을 선동하는 데 큰 무리는 없다고 보았을 것이다. 다만 신재문이나 장복영 등의 이름으로

미루어 「취옹정기」는 1862년 당시 새롭게 쓰여진 뒤 추가되었을 가능성
이 크다. 그런 점에서 인민사는 〈거창가〉의 훌륭한 현장이었고, 〈거창
가〉의 정신이 생생하게 살아 숨쉬는 공간이었다. 수령과 아전들에게 잡
혀 장살杖殺되거나 유배된 이재가 재임 당시의 평민들을 1862년 민란의
주모자 이승모가 대표했고, 그의 위패가 인민사에 봉안된 것은 이재가
당시에 희생된 사람들이 봉안된 것과 같은 의미를 갖는 일이었다. 그런
점에서 인민사는 〈거창가〉에 관련된 가장 생생한 공간이었다. 다만, 〈거
창가〉의 정신을 미래로 확대·발전시켜 을들이 주인의식을 갖고 역사의
주체로 나서는 '민주주의'의 성지로 삼기 위해서라도 인민사의 퇴락頹落
을 더 이상 방관하지 말아야 할 것이다.

   7) 나가며
   역사는 책에 기록되어 있는 것이 아니라 삶의 현장에 있다. 〈거창가〉
는 한 시대 거창에서 목숨을 부지하던 '을들'의 아우성이다. 그래서 역사
이자 문학이다. 역사이든 문학이든 〈거창가〉는 해석을 기다리는 텍스트
이다. 문서만이 해석의 대상은 아니다. 〈거창가〉의 내용이 투영되어 있
는 현장으로서의 거창도 분명한 텍스트이다. 내가 그곳의 구석구석을
밟아본 것도 그 때문이다. 현대적 양식의 주택들에 파묻혀 있었지만,
그곳에 〈거창가〉의 현실은 살아 있었다. 이재가와 아전들이 어울려 술

▼ 거창향토사연구소의 김영석 선생과 거창 역사에 관한 대화를 나누며(가조면 가천정사 관리동에서)

▲ 인민사에 대한 생각을 나누고 있는 신용균 선생과 구본용 관장

타령을 하며 끔찍한 모의를 하던 정자들도, 아전들이 근거 없는 결복을 자행하던 백사장도, 농민들의 절각농우를 빼앗아 도축하던 곳도, 수령의 개인적 욕심에 유교의 명분과 동방예의지국의 명예를 송두리째 훼손한 향교와 사원도, 민란의 주모자로 잡혀 살해된 평민을 위해 백성들이 자발적으로 건립한 인민사도, 모두 그곳에 오롯이 남아 있었다. 비록 사람들의 기억에서 사라지긴 했어도 거창의 땅덩어리야 어디로 사라지겠는가. 그래서 땅은 역사책보다 훨씬 생명이 긴 텍스트다. 굳이 땅을 파보지 않아도 땅에 기록된 역사는 보려는 자의 심안心眼에 또렷이 인식된다. 〈거창가〉처럼 역사와 문학이 하나로 녹아있는 텍스트의 경우 이성보다 마음으로 읽어야 하는 것도 그 때문이다. 조용한 시간에 마음의 문을 열어놓고 그곳을 걸어보면 안다. 지금도 당시를 힘겹게 살아가던 을들이 내뱉은 아우성이 반복해서 들려온다는 것을.

그간 책상머리에서만 만지작거리던 〈거창가〉를 거창 현지에서 새겨보며 '예나 지금이나 마찬가지'라는 삶의 초시간적 동질성, 그 의미의 심연을 새삼 느껴본다. 이미 사라졌건 남아 있건 그것들을 텍스트로 삼아 그것에 내재된 의미를 꾸준히 해석해 나가는 일이야말로 〈거창가〉의 뜻을 오늘에 되살리기 위한 내 임무임을 분명히 깨닫는다.

7. 〈거창가〉, 미래를 예비한 을들의 서사적 고발문학

지금까지 텍스트와 현장을 아우르며, 〈거창가〉의 내용을 읽어왔다. 그간 학계에서 막연하게 파악해오던 〈거창가〉의 현실적 내용들이 「폐장」의 발견을 기회로 소상히 밝혀졌으며, 그 점은 필자의 이전 논저들에서 누차 개진된 바 있다. 「폐장」의 내용을 좀 더 이해하기 쉽고 선동적인 필치로 바꾼 것이 〈거창가〉이며, 〈거창가〉 내용의 사실성을 측면에서 보완하는 것이 풍자적 희문으로서의 「취옹정기」와 「사곡서」다.

「폐장」의 내용적 핵심은 '여섯 가지 폐단六弊/세 가지 고통三痛/두 가지 억울함二冤/한 가지 변고一變/한 가지 감히 말할 수 없는 것一不敢言/한 가지 추가된 폐단一追入大弊' 등 14가지에 달하는 부조리들이다. 폐단의 주체는 거창의 수령과 아전들이고, 여기에 향청의 직임들과 지역의 장로長老들도 보조역으로 등장한다. 폐단의 주체는 수령과 아전들이고 희생자들은 농민 즉 기층민중임은 말할 것도 없다. 요즘 말로 하면 전자는 갑이고 후자는 을이다. 예나 지금이나 갑은 을에 대한 횡포를 통해 이익을 챙기고, 을은 갑으로부터 늘 수탈을 당한다. 근래 새 정부가 들어설 때마다 '적폐청산'을 시정施政 목표의 맨 앞에 놓는 것도, 문제가 불거진 그 시절부터 지금까지 갑-을 관계에서 생겨난 적폐들이 한 번도 청산되지 못했음을 의미한다.

앞에서 언급한 대로 필자는 『한국민족문화대백과사전』의 표제어 '거창가'에서 "19세기 중반 거창의 수령 이재가李在稼와 아전들의 탐학을 고발한 저항적 현실비판 가사"로 정의한 바 있다. 저항은 갑에 대한 을의 반발이고, 현실비판은 적폐에 대한 고발이다. 벼슬아치들이 백성을 위하고 섬기는 공복公僕이 아니라 백성들 위에 지배자로 군림하던 시대가 근대 이전의 중세왕조였다. 굳건하게 짜인 중세왕조의 통치조직이 와해의 조짐을 보이기 시작한 단서도 '갑에 대한 을의 반발'에서 찾을 수 있다. 을들이 갑에 대하여 반발을 했다는 것은 갑의 횡포가 더 이상 인내할 수 없는 한계에 다다랐음을 의미한다.

생명을 위협하거나 인륜의 포기를 강요하는 것은 어느 시대나 사회를 막론하고 참을 수 없는 한계상황이다. 삼강오륜으로 대표되는 덕목은 감히 저항할 수 없는 중세적 이념의 실천 강령이었다. 아랫사람들이 윗사람을 존경하고 떠받드는 것은 윗사람이 아랫사람들을 보호하고 존중할 것을 전제로 한다. 말하자면 통치자들은 피지배 인민들의 먹고 사는 문제, 인륜을 지키는 문제, 외적의 침략으로부터 보호받는 문제 등을 해결해야 한다. 그걸 못할 경우 통치자로 존경받을 수 없다. 하물며 통치자의 권한을 악용·남용하여 사사로운 이익을 취하거나, 그 과정에서 피지배층에게 갑질을 행사한다면, 필연코 을들의 반란을 초래하게 되는 것이다. 〈거창가〉의 내용이 그것으로, 적폐에 대한 고발과 개혁에 대한 요구다. 통치자들이 을들의 그런 요구를 귓전으로 흘려들었기 때문에 조선은 망할 수밖에 없었다.

그러나 당시의 을들에게도 피치 못할 한계는 있었다. 그들은 살갗을 물어 피를 빨아대는 모기만 쫓아내면 그만이었다. 모기들의 서식처를 들어 엎음으로써 근원을 아예 없애는 일은 생각조차 할 수 없었다. 탐관오리들 몇 만 징치懲治하면 그것으로 만족이었다. 탐관오리의 징치마저 타락한 이도吏道의 원흉인 '나라님(임금)'에게 기대거나 청원하는 게 고작이었다. 모기가 서식하는 더러운 연못을 없앨 생각을 못한 것처럼 탐관오리가 끊임없이 생겨나는 '타락한 중세 봉건체제'를 없앨 생각을 하지 못했다. 임금을 정점으로 하는 중세적 통치체제를 근본적으로 갈아엎을 생각을 하지 못한 것은 당시 우리에게 '시민혁명'이라는 역사적 거사를 기획하고 이룩할 '근대적 시민계급'이 없었기 때문이다. 만약 그 당시에

빈발하던 민란의 에너지를 혁명으로 연결시킬 수만 있었다면, 지금 우리는 180도 다른 역사 속에 살고 있을 것이다. 그래서 〈거창가〉를 바라보는 우리의 시선은 두 가지다. 우선 〈거창가〉는 결과적으로 조선왕조 말기의 정치·사회적 부조리를 정확히 기록한 과거의 텍스트다. 그러나 민중의 분노를 제대로 수렴할 수 있느냐의 여부가 역사발전의 성패를 가름한다는 정치학의 기본이 그 내면에 잠재되어 있음을 깨닫기만 한다면, 그것은 다함없는 힘을 지니는 현재와 미래의 텍스트일 수 있다.

〈거창가〉를 그냥 보아 넘길 수 없는 이유도 바로 그 점에 있다. 이처럼 〈거창가〉가 텍스트라면, 거창 현지 또한 역사적 사실과 문학적 진실이 스며 있는, 또 다른 차원의 텍스트다. 그래서 필자는 거창 현지에서 〈거창가〉에 언급된 사실들을 찾아보고자 했다. 현장 답사를 통해 책에 기록되어 있는 것만이 역사가 아니라 삶의 현장에도 속속들이 스며 있음을 결국 확인하게 되었다. 한 시대 거창에서 목숨을 부지하던 '을들'의 아우성이 〈거창가〉라면, 그것은 분명 역사와 문학이 함께 얽혀있는 텍스트이다. 〈거창가〉의 내용적 근원이자 그 내용이 투영되어 있는 현장으로서의 거창도 텍스트임이 분명하다는 것이다. 그 옛날 토담집 대신 현대 양식의 주택들이 빼곡하게 들어차 있었지만, 그 땅 밑 어딘가에는 〈거창가〉에 담긴 현실과 정신이 시퍼렇게 살아 있었다. 수령과 아전들이 제 세상 만난 듯 어울려 술타령을 벌이고 백성들을 괴롭히기 위해 모의를 하던 정자들도 사방에 널려 있었다. 툭하면 명분을 붙여 관곡을 포탈하고 그것을 감추기 위해 곡식에 쭉정이나 모래를 섞던 아전들의 악행, 이른바 '분석작간'의 순간들을 땅 밑에 파묻힌 모래사장은 기억하고 있었다. 장마철 홍수가 올 때마다 강가의 논들은 모래에 파묻히기 일쑤였고, 조정에서는 그 피해 액수만큼 세금에서 감해주는 정책이 있었으나, 첩첩산중 거창에서까지 그런 왕정을 이행할 필요가 없다고 본 것일까. 수령과 아전들은 홍수에 의해 논밭이 모래로 뒤덮여도, 감해 주라는 세금을 평시처럼 받아 차액을 착복하는 데 이골이 나 있었다. 필자는 현장에서 그 백사장이 주택가로 변한 지 60년이 채 되지 않음을 확인할 수 있었다. 1960년대까지도 옛날부터 조성되어 내려오는 백사장은 아림교에서 합수교까지 그득하게 펼쳐져 있었다고 한다. 그러나 그 모래 벌이 사라졌다 하여 땅에 기록된 역사까지 사라질 수는 없는 일이다.

그 뿐인가. 농사짓다 보면 소의 다리가 부러지는 불상사는 흔히 일어나는 법. 다리 부러진 소가 기동을 못하면 잡아먹든 말든 소 임자의 처분에 달린 일인데, 불문곡직하고 아전들이 끌어간다는 것이다. 그들이 소를 어떻게 처분했는지는 불문가지 아닌가. 주로 농민들의 '절각농우折脚農牛'를 잡던 도축장이 합수교 건너편에 있었다는데, 그곳은 먼 옛날부터 최근까지 도축장으로 활용되던 지역이었다고 한다.

유현들을 봉안하고 인재를 양성하던 향교 또한 수령이나 아전의 손아귀를 벗어나지 못했다. 동방예의지국의 자랑스러운 이름은 송두리째 땅에 떨어져 버렸으니, 예로부터 많은 인물들을 배출한 거창의 명예는 이들에 의해 추락되었다 해도 과언이 아닐 것이다. 그 향교도 옛날 그 자리에 늠름한 자태를 보여주며 서 있었다. 무엇보다 가슴이 뭉클한 것은 1862년 거창민란의 주모자 송재 이승모 선생을 모신 인민사였다. 사당에 평민을 봉안한 것도 놀라웠지만, 그 사당을 만든 주체 또한 거창의 백성들이었다는 점은 더욱 놀라운 일이었다. 그 인민사도 오롯이 남아 거창을 빛내주고 있었다.

〈거창가〉는 거창만의 기록이 아니다. 거창민란도 당시 전국적으로 일어난 민란의 한 사례일 뿐이다. 전국의 모든 농민들이 수령과 아전들의 갑질에 고통을 당하던 끝에 들고 일어난 것이 임술민란이다. 그럼에도 다른 지역들과 달리 거창 사람들은 당당히 관문에 항의하기 위해 「거창부폐장 초」를 썼고, 함께 부르며 마음을 합하기 위해 〈거창가〉를 남겼으며, 탐관오리들의 폐단을 질타하기 위해 풍자적 희문 「취옹정기取翁政記」와 「사곡서」를 썼다. 아림교를 건너 침류정에 올라본 다음, 합수교에 이르기까지 1960년대만 해도 수북하게 쌓여 있었을 백사장을 상상하며 걷다보면, 탐관오리들의 갑질에 치를 떨던 민초들의 신음소리가 들려올 것이다. 이 땅에 묻혀 있는 그들의 고통스러운 신음을 마음으로 들으며, 더 많은 자료들을 발굴해야 당시 자행되던 '부조리와 폐단의 역사'는 모습을 드러낼 것이고, 그런 역사를 척결한 뒤에야 보다 나은 미래가 찾아올 것이다. 〈거창가〉 연구가 이제 겨우 출발선에 섰다고 보는 것도 바로 그 때문이다.

제2부

원문과 번역문들

1. 〈거창별곡〉(조규익본) 원문

居昌府使李在稼在邑四年 一境塗炭 故 居人有此居昌別曲[1]

　(거창부사 이재가가 읍을 관할한 지 4년 만에 일경이 도탄에 빠졌으므로 그곳 사람이 거창별곡을 지었다)

어와 百姓들아	이닉노릭 들어보쇼
白頭山 一肢脉에	三角山이 샴계잇고
大關嶺 흐른물리	漢江水 되어셔라
千年山 萬年水의	거록ᄒ다 우리王基
仁皇山이 主山이요	官嶋山이 안딕로다
질믹직 白虎되고	枉尋이 靑龍이라
無學의 地眼으로	鄭道傳의 裁穴이며
大明洪武 二十五年	漢陽의 卜地ᄒ니
二年 成邑ᄒ고	三年 成都로다
望之如雲 ᄒ나즁의	就之如日 ᄒ거구나
五丁壯士 불러닉여	許多宮闕 長城이며
景福宮 지은후의	仁政殿 지여닉니
應天上之 三光이요	備人間之 五福이라
百各司 지어두고	온갓市井 布置ᄒ니
河圖洛書 바독쳐로	여긔져긔 흣터잇다
東園의 桃李花을	完山의 씨를바다
咸興의 옴겨싸가	漢陽의 붓도두니
千枝萬葉 도든가지	金實玉實 미젓구나
山呼山呼 再山呼여	千歲千歲 壽千歲라
箕子聖人 닉신法度	黃厖村의 쏜을바다

* * * * * * * * * * *

1) 이 말은 〈거창별곡〉에 대한 설명으로, 본문과 같은 필체의 모필 글씨로 적혀 있다.

三綱五常 발근후의　　君明臣忠 더옥壯타
周天子 五等爵을　　三千八百 內外官員
뉘라샤 忠臣이며　　烈士가 몃몃친고
議政府 三堂上은　　周公召公 輔弼이요
吏戶禮 兵刑工은　　六曹判書 次例로다
伏羲氏 八卦쳐로　　八道監營 버려노코
五軍門 壯흔軍兵　　黃石公의 陣法이요
訓練營 都監砲手　　五千七百七十二名
諸葛武侯 八陣圖을　　일일이 敎錬ᄒ며
南山의 烽火消息　　四方이 晏然ᄒ다
軍器의 싸인兵器　　蚩尤잡던 餘物이라
宣惠廳 万里倉을　　蕭相國의 局量이며
戶曹의 졍비書吏　　隷首의 籌法이요
觀象監 天文敎授　　容成의 造曆이며
政院의 刑房承旨　　梁太傅의 文章이며
奎章閣 모든學士　　韓退之의 博識이며
刑曺의 일堂上과　　禁府의 判義禁은
皐陶의 나문경계　　稷契의 法을외와
典獄의 主簿드른　　張釋之의 稱平니라
十字街上 도라드니　　鐘樓 거긔로다
西蜀의 銅山鐵을　　바리바리 시러다가
大朋器 부러닉여　　万八百年 쇠붃이라
二十八宿 三十三環　　朝夕으로 開閉ᄒ니
夏禹氏 九鼎인가　　制度도 거룩ᄒ다
炎帝의 日中爲市　　百物市井 버려ᄂᄃᆡ
道不拾遺 ᄒᆞ난風俗　　葛天世界 時節인가
龍山三可 모든븨은　　黃帝軒轅 지은븨요
求理기 구워보니　　神農氏의 遺業이요
廣忠橋 뇌릭소리　　康衢의 童謠로다
仁政殿 노푼집의　　五絃琴 南風詩을
百工이 相和ᄒ니　　乾坤日月 발가쏘다

掌樂院 風樂쇠리　宮商角徵 五音六律
漢江水 집푼물의　龍馬河圖 나단말가
簫韶九成 말근曲調　鳳凰이 츔을춘다
博石峙 너머드니　太學舘니 거기로다
成均舘 壯흔집과　明倫堂 빗는집의
우리夫子 主璧되亽　顔曾思孟 配享흐고
그나문 七十二賢　三千弟子 侍衛中에
我東方 諸大賢도　次例로 陞廡흐니
장흐고 거록흐다　우리朝鮮 衣冠文物
小中華라 이론말삼　이졔와 아난비라
太祖大王 聖德으로　四百餘年 나려오며
日出作 日入息은　含哺鼓腹 흐는百姓
男婚女稼 질거흐문　太平烟月 아니신가
장흐다 鷄鳴狗吠　四方의 들여坐다
壬辰倭亂 丙子胡亂　中間의 지친근심
軒轅氏 靈帝로되　蚩尤의 亂을보고
그나문 鼠竊狗偸　엇지다 괴록흐리
怨讐너라 甲午年의　冬至月이 怨讐너라
蒼梧山色 졈온날의　玉輦升天 흐시거다
如喪考妣 흐는悲懷　深山窮谷 一般이라
하늘가튼 大王大妃　日月가튼 慈聖殿下
太姙의 德니신가　孟母의 訓戒신가
垂簾攝政 흐신후의　八域이 晏然흐다
道光三七 辛丑年의　우리聖上 卽位흐亽
春秋方盛 十五歲예　漢昭帝의 聰明이라
昨年의도 豊年이요　今年의도 豊年이라
天無烈風 陰雨흐고　海不揚波 흐것구나
家給人足 흐는즁의　國泰民安 더옥壯타
粒我烝民 百姓들아　어셔가고 밧비가자
敦化門外 걸인綸音　漢文帝 詔書로다
長安靑樓 少年들아　어서어서 놀너가즈

이러흔 太平聖世에
어져靑春 오날白髮
滄海一粟 우리人生
粧臺의 고은게집
西山외 지는 히을
東海의 흐른물이
開闢後 니린事蹟
堯舜禹湯 文武周公
道德 貫天ᄒᆞᄉ
그나문 古來英雄
統一天下 秦始皇은
万里長城 담쟝ᄒᆞ고
六國諸侯 朝貢ᄒᆞ고
三神山 멀고먼딕
童男童女 五百人니
沙邱平臺 져문날의
牛山의 지는 히는
汾水의 秋風曲은
불상타 龍鳳比干
傑紂의 暴虐으로
쟝ᄒᆞ다 伯夷叔齊
首陽山 지푼물외
姜太公 黃石公과
戰必勝 功必取예
못치는이 염라왕의
綿山의 봄이드니
汨羅水 깁푼물예
말잘ᄒᆞᄂᆞ 蘇秦張儀
六國諸侯 다親ᄒᆞ되
細雨夜 杜鵑聲의
孟嘗君의 鷄鳴狗盜

아니놀고 무엇ᄒᆞ리
넌들아니 몰을숀야
後悔흔들 어이ᄒᆞ이
네웃됴타 쟈랑마라
뉘라셔 금ᄒᆞᆯ숀야
다시오기 어려워라
歷歷히 들어보쇼
孔孟顔曾 程朱夫子
万古聖人 일너시되
이를말슴 아니로쇠
阿房宮 ᄉᆞ랑삼고
億万歲 비겨셔셔
三千宮女 侍衛할졔
願ᄒᆞᄂᆞᆫ빅 不死藥을
消息됴ᄎ 頓絶ᄒᆞ다
驪山무덤 쇽졀업다
齊景公의 눈물이요
漢武帝 시럼이라
万古忠臣 그안인가
죽엄도 ᄎᆞᆷ묵ᄒᆞ다
千秋名節 일너시되
採薇曲이 凄凉ᄒᆞ다
司馬穰苴 孫臏吳起
用兵이 如神ᄒᆞ되
흔번쥭엄 못면ᄒᆞ고
介子推의 무덤이며
屈三閭의 忠魂이라
天下을 橫行ᄒᆞ여
閻羅大王 못親ᄒᆞ여
魂魄이 울러잇다
信陵君의 窃符矯命

戰國젹 豪傑이라
荒山細雨 지푼즁의
力拔山 楚伯王은
八千兵 훗터지고
虞美人 숀목잡고
丈夫一寸 肝腸은
烏江風浪 秋雨中의
運籌帷幄 張子房과
天文地理 中察人事
졀통ᄒ다 ᄒ번쥭엄
司馬遷 韓退之와
第一文章 일너시되
獨行千里 關雲長은
쟝ᄒ다 明燭達朝
長板橋 張翼德은
쇠만흔 魏王曹操
三分天下 紛紛中의
銅雀臺 石頭城의
富春山 도라드니
赤壁江 그어보니
晉處士 陶淵明은
陶朱猗頓 石崇富은
一生一死 限定이셔
越西施 楚美人과
先千年 後千年의
玉態花容 고은닥쟝
秋雨梧桐 葉落時
八百年 彭祖壽와
彼一時 此一時라
安期生 赤松子도
귀로만 드러잇졔

三千食客 어듸두고
一抔土 可憐ᄒ다
天下壯士 일너시되
時不利兮 騅不逝라
누물로 ᄒ직ᄒ니
구비구비 다녹나다
七十餘戰 可笑롭다
東南風 諸葛孔明
万古造化 가져시되
造化로 못몃ᄒ고
李太白 杜子美ᄂ
長生不死 못ᄒ얏고
名振天下 ᄒ여셔라
千秋의 寂寞ᄒ다
編裨의 욕단말가
唐突ᄒ다 吳王孫權
이도쪼흔 英雄이라
冤魂이 지쵸업고
嚴子陵 간듸업고
蘇子瞻 어듸간고
집터만 뵈여잇다
富者中의 읏듬이라
갑시로 못스늬고
王昭君 楊貴妃ᄂ
万古絶色 아름답다
塵埃中의 무쳐이셔
靈魂이 실피운다
三千甲子 東方朔도
쥭어지면 그만이요
東海上 神仙이라
눈으로 못보와라

天地가 至大ᄒ되
하말며 울이人生
春花紅 秋葉落에
이러ᄒᆫ 太平聖世예
이렁져렁 壯ᄒᆫ風物
엇지타 우리居昌
一境이 塗炭ᄒ고
堯舜의 聖德으로
齊威王의 明鑑으로
日月이 발가시되
春陽의 布德인들
李在稼 어인진고
居昌이 弊昌되고
諸吏가 奸吏되고
冊房이 取房ᄒ고
吏奴布 万餘石을
四戔式 分給ᄒ고
數千石 逋欠衙前
斗升穀 믈이잔코
大典通篇 條目中의
三千四百 放債錢이
結卜의 붓쳐니여
王稅가 所重커던
奉命ᄒᆫ 王臣으로
正軍도 百姓이라
衙前逋欠 收殺ᄒ니
明年가고 ᄯ明年의
本邑地形 둘너보니
四邑中의 處ᄒ야셔
他邑은 十一二兩
本邑은 十五六兩

ᄒᆫ번開闢 이셔ᄂᆞᆫ이
ᄒᆫ번쥭엄 면ᄒᆯ쇼냐
歲月이 덧(업)셔라
아니놀고 무엇ᄒ랴
莫非聖上 德化로다
邑運이 불행ᄒ야
萬民이 俱渴이라
四凶 인셔시며
阿大夫가 ᄂᆞ단말가
伏盆의 難照ᄒ고
陰崖의 밋칠손냐
져진가 어인진고
在家가 亡家로다
太守가 怨讐로다
進士가 多士ᄒ다
百姓이 무슴죈고
全石으로 물너니니
미ᄒᆫ기 아니치고
百姓만 물녀니니
이런法이 잇단말가
이도ᄯᅩᄒᆫ 吏逋여든
民間의 冤徵ᄒ니
妖妄ᄒᆫ 衙前逋欠
任意로 作奸ᄒ다
ᄯᅩ다시 冤徵시켜
非但今年 弊端이라
몇千年 弊端이라
三嘉陜川 安義知禮
每年結卜 詳定ᄒᆯ제
民間의 出秩ᄒ되
年年의 加斂ᄒ니

他邑도 木上納예 　　戶惠曹廳 밧지ᄒ고
다갓튼 王民으로 　　王稅을 가치ᄒ며
엇지타 우리골은 　　二三兩式 加斂ᄒ며
더구더나 冤痛홀사 　　白沙場의 結ト이라
近來의 落江成川 　　邱山갓치 ᄡᅵ연ᄂᆞᆫᄃᆡ
불상ᄒ다 이ᄂᆡ百姓 　　灾흔짐 못먹어라
灾結의 會減ᄒ문 　　廟堂의 處分이라
廟堂會減 져灾結을 　　그뉘가 偸食ᄒ고
價布中의 樂生布은 　　第一로 된 價布라
三四年 ᄂᆡ려오며 　　作弊가 無窮ᄒ다
樂生布 흔當番와 　　一鄕에 編侵ᄒ야
만으면 一二百兩 　　져그면 七八十兩
暮夜無知 넘모르게 　　冊房으로 드러가니
이價布 흔當番의 　　몃몃집이 등샹ᄒ고
그나문 許多價布 　　水軍布與 陸軍布며
禁衛保 御令保며 　　人吏保 奴令保며
各色다른 져價布을 　　百가지로 侵責ᄒ다
金淡沙里 朴淡沙里 　　大岳只 小岳只며
어셔가고 밧비가자 　　吏房戶長 잡펴단다
불상ᄒ다 져百姓도 　　너우름 凄凉ᄒ다
너죽은지 몃히관대 　　白骨徵布 무슴일고
月落參橫 깁푼밤 　　天陰雨濕 져문날의
冤痛ᄒ다 우ᄂᆞᆫ소ᄅᆡ 　　ᄉᆞ람肝腸 다녹ᄂᆞᆫ다
靑山의 우ᄂᆞᆫ소ᄅᆡ 　　불상ᄒ고 可憐ᄒ다
前生緣分 此生言約 　　날발이고 어ᄃᆡ간고
嚴冬雪寒 진진밤의 　　獨宿空房 무슴일고
家長ᄉᆡᆼ각 셔른中의 　　죽은家長 價布란다
셥셥피 우난子息 　　빈고피 셔른中의
凶惡홀ᄉᆡ 主人놈이 　　纖纖玉手 ᄭᅳᆯ어ᄂᆡ여
價布돈 더져두고 　　差使前例 몬져ᄎᄌ
필필이 ᄡᅡᄂᆡᆫ비을 　　奪取ᄒ야 가단말가

前村의 짓ᄂᆞ기ᄂᆞ
뒤집이 우ᄂᆞ아가
凶惡ᄒᆞ고 忿흔일을
赤火面 任掌輩가
兩班內庭 突入ᄒᆞ여
班常名分 重흔中의
狂言悖說 何敢으로
쟝ᄒᆞ다 져婦女여
안니쥭고 쓸듸업셔
白日이 無光ᄒᆞ고
百年偕老 三生言約
앗갑도다 우리夫婦
有子有孫 질근후의
凶惡ᄒᆞ다 任掌놈아
不更貞烈 깁푼盟誓
萬傾蒼波 믈을질어
南山絲竹 數을둔들
烈女旌門 姑舍ᄒᆞ고
杜鵑聲 細雨中의
今年四月 本邑雨雹
韓有宅 鄭致光과
무슴죄 重ᄒᆞ거관듸
흔달만의 쥭은사름
五六人이 되야시니
불샹ᄒᆞ다 져鬼神아
쇠방밍이 두러메고
後輩使令 辟除쇼리
空山片月 죠각달과
冤痛冤痛 우ᄂᆞ쇼리
못드러도 듯ᄂᆞ덧고
非命의 쥭은冤情

官差보고 쇼리친다
吏校왓다 우지마라
歷歷이 들어보쇼
公納收殺 ᄒᆞ올져게
靑春婦女 쯰어닉여
男女有別 至嚴커든
頭髮扶曳 ᄒᆞ단말가
이런辱 當흔後의
ᄌᆞ결ᄒᆞ야 卽死ᄒᆞ니
靑山이 欲裂이라
쯘구름이 되어서라
어ᄂᆞ世界 다시보리
百端情懷 說話ᄒᆞ고
너도쏘흔 人類여든
너라敢히 毀節홀가
이ᄂᆡ분홈 시치고져
너罪目을 다홀숀야
代死도 못쥬리고
靈魂인들 아니울야
그血冤이 아니든가
金夫大 너의等이
杖下의 쥭단말가
보름만의 쥭는百姓
그積怨이 가련ᄒᆞ다
可憐ᄒᆞ다 져鬼神아
日傘압희 前輩ᄒᆞ니
소리홈씨 우러쥰다
白楊靑莎 썰기中에
익고익고 실피ᄂᆞ다
못보와도 보난닷다
閻羅王의 呈訴ᄒᆞ니

閻羅大王 批答보쇼
아직물러 姑捨ᄒ면
康任道令 李木德과
금방미이 쐬ᄉ실
毒蛇地獄 凶ᄒᆫ中의
秦之趙高 宋秦檜가
예부터 貪官汚吏
陽界法所 둘너보니
禁府와 典獄이라
路돌이 더옥重타
너冤情 雪恥ᄒ고
昨日會哭 鄕會판의
李彦碩의 어린同生
그어만이 擧動보쇼
惡刑ᄒ물 보기실타
古來事蹟 늬리본들
天高聽卑 ᄒ지만은
春秋監司 巡到時에
民出遮日 바다드려
勅使行次 아니거든
本邑三百 六十洞의
三百洞은 遮日贖을
冊房이 分食하고
大ᄎ담 小ᄎ담이
大小次淡 드린후의
五百里 奉化縣의
산갓沈菜 求ᄒ야셔
査頓八寸 不當ᄒ듸
이러ᄒᆫ 禮義方의
精誠잇가 아당잇가
安義倅 閔致舒가

네情地 可憐ᄒ다
別般嚴治 닉ᄒ리니
夜叉羅利 여러使者
뉘分付라 拒逆ᄒ랴
鐵山獄이 더옥壯타
다그고듸 갓쳐시니
鐵山獄을 免홀손야
刑曹와 捕盜廳과
西水門의 잇건만은
聖上 아르시면
生民塗炭 거지리라
狀頭百姓 査問할졔
쥬길擧措 시쟉ᄒ니
靑孀寡婦 키운ᄌ식
結項致死 몬져ᄒ니
이러ᄒᆫ일 쏘이실가
이러冤情 모르신다
擧行이 ᄌ락하다
官家四面 두너치니
白布帳이 무슴일고
三十洞은 遮日밧고
合ᄒ니 五六百兩
工房衙前 쌀지거다
나라會減 잇거만은
別饍으로 內衙進上
覺化寺가 어듸리요
進止床에 別饍ᄒ다
內衙進止 무삼일고
男女가 有別커든
듯도보도 못ᄒᆫ일을
譏弄ᄒ야 이른마리

內衙進止 ㅎ지말고　　　　內衙房守 엇더ㅎ고
山庵堂 치치달나　　　　　다른구경 더져두고
老少諸僧 불러들여　　　　下物摘奸 몬져ㅎ니
家風인가 世風인가　　　　씬는고지 어듸민뇨
外擇인가 親擇인가　　　　가리기도 自甚ㅎ다
괴이ㅎ다 네졀風俗　　　　官長 그러ㅎ냐
百姓의 折脚農牛　　　　　엇지타 아스들여
官屬輩 늬여주어　　　　　牛肉으로 永失ㅎ니
農家의 極흔 보빈　　　　　空然이 일탄말가
예太守의 公事ㅎ믈　　　　즈세이 드러보쇼
큰칼팔라 큰쇠스고　　　　쟈근칼노 숑치스며
百姓으로 勸農ㅎ니　　　　이런治政 엇더ㅎ고
不祥타 各面任掌　　　　　弊衣破笠 쥬져ㅎ고
許多公納 收殺中의　　　　春夏秋冬 月當이셔
次例次例 시기더니　　　　三四年 늬려오며
夏間바칠 公納　　　　　　正初의 出秩ㅎ고
冬等의 바칠거실　　　　　七月의 督促ㅎ니
民間收殺 遷延ㅎ고　　　　官家督促 星火갓다
遞稧와 月利을　　　　　　견젼이 취ㅎ야셔
急흔官辱 免흔후의　　　　이달가고 져달가며
六房下人 討索ㅎ문　　　　閻羅國의 鬼卒갓다
秋霜가튼 져號令과　　　　鐵石가튼 져쥬먹을
이리치고 져리치며　　　　三魂七魄 나라는다
씨난거신 財物이요　　　　드는거신 돈이로다
그年섯달 收殺時　　　　　二三百兩 逋欠지니
家庄田地 다판후의　　　　一家親戚 蕩盡ㅎ다
이런弊端 不足싸고　　　　쏘흔弊端 지어닉되
倉役租 十斗나락　　　　　古今의 업는弊端
昨年吏逋 收殺후의　　　　結還으로 分給ㅎ니
倉色吏 利息업다　　　　　썩졍이 실습되여
한되의 十斗나락　　　　　졔법으로 加斂ㅎ니

本邑元結 셰아린직
十年나락 收合ᄒ니
年年 三千四百石을
結還分給 ᄒᄂ고지
倉役租 十斗나락
太祖大王 命이신가
粒粒辛苦 지은農事
나라奉養 더져두고
어와世上 션빈님네
進士及第 求치말나
버서노코 衙前되면
젤쌈지 아이어든
山頭廣大 논니든가
웃쥴웃쥴 ᄒᄂ擧動
이스룸 힝실보쇼
倉庭의 還上쥴제
노릭ᄒ고 직죠넘기
前瞻後顧 둘너보며
天陰雨濕 樹陰中의
이렁져렁 작ᄂ후의
官奴使令 眩亂中의
三四十里 먼딕百姓
還上일로 우ᄂ百姓
앗갑쏘다 紗帽冠帶
公事도 明決ᄒ고
河濱李氏 山訟題音
委席放糞 누어이셔
天地도 모르거든
在稼아들 京試볼제
鄕校學宮 各書院의
儒巾둘식 道袍둘식

三千六百 餘結이요
三千四百 餘石이라
白板으로 徵民ᄒ니
朝鮮八道 만컨만은
우리居昌 섇이로다
黃喜政丞 分付신가
疋疋苦傷 짜ᄂ빅을
衙前吏食 몬져ᄒ니
글工夫 ᄒ지말고
父母妻子 苦傷ᄒ다
万鐘祿이 거인ᄂ이
쇼믹에 드단말가
望釋즁은 무슴일고
논이딕로 노라쥰다
위수은 일도잇다
才人광대 불러들여
오갓작ᄂ 다시기고
하하됴타 읻ᄂ擧動
魑魅魍魎 방샤ᄒ다
日落西山 黃昏이라
衙前將校 督促홀제
終日굴머 빅곱파라
열에일곱 쏘셔이라
우리임군 쥬신빅라
글도심히 용ᄒ도다
古今의 稀罕ᄒ다
不知天地 일너시되
君臣有義 엇지알리
學宮弊端 지여닉여
色掌庫子 쟈바드려
次例次例 바다닉되

업다ᄒ고 發明ᄒ면　　　　贖錢四兩 물너너되
儒巾道袍 바다다가　　　　官奴使令 닉여쥬어
場中의 接定ᄒᆞᆯ제　　　　奴션비 쑤며너니
孔夫子 씨신儒巾　　　　　鄒孟子 입던 道袍
엇지타 우리고을　　　　　奴令輩가 씨단말가
前後所爲 싱각하니　　　　분ᄒᆞᆫ마음 둘듸업서
初更二更 못든잠을　　　　四五更 져오드니
似夢인가 非夢인가　　　　有形ᄒᆞᆫ듯 無形ᄒᆞᆯ 듯
영검타 우리夫子　　　　　大聖殿의 殿坐ᄒᆞᄾ
三千門徒 짜른中의　　　　顔曾思孟 前輩서고
明道伊川 後輩셔니　　　　禮樂文物 彬彬ᄒ다
子夏子貢 聽事ᄒᆞᆯ제　　　子路의 擧動보쇼
斯文亂賊 자바드려　　　　高聲大責 ᄒᄂ말슴
우리입던 儒巾道袍　　　　官奴使令 當ᄒ말가
秦始皇 坑儒焚書　　　　　너罪目과 다를쇼야
凌遲處斬 ᄒᆞᆯ닷ᄒ되　　　爲先鳴鼓 出送ᄒ니
賜額書院 祭物需을　　　　나라의 會減ᄒ니
엇더케 所重ᄒ며　　　　　뉘아니 공경ᄒ고
辛丑八月 秋享時에　　　　各院儒生 入官ᄒ야
다른祭物 姑捨ᄒ고　　　　大口魚需 업다ᄒ며
大口魚需 査問ᄒ니　　　　禮吏衙前 告홈바라
使道主 어졔날노　　　　　뇌인탁의 封物ᄒ고
祭物大口 업다ᄒ니　　　　듯기죠ᄎᆞ 놀나와라
나라의 會減祭需　　　　　封物中의 드단말가
쥬너마너 詰難타가　　　　日落黃昏 도라올졔
疾風暴雨 山狹길의　　　　祭物院僕 죽겨ᄒ니
會減祭需 封物ᄒ물　　　　蒼天이 震怒ᄒᆞᄾ
쑷박게 風雨로셔　　　　　祭物僕 죽단말가
怒甲移乙 ᄒ온비라　　　　됴심ᄒ고 두려와라
斯文의 어든罪을　　　　　雪冤ᄒᆞᆯ곳 젼이업다
前後弊端 셰아리면　　　　一筆로 難記로다

九重千里 멀고머러
凶惡ᄒ다 李芳佑야
末別監 所任이며
議訟씬 鄭子育을
잡기도 심ᄒ거든
범가치 썽닌官員
아모리 惡刑ᄒ며
鐵石가치 구든마ᄋᆞᆷ
居昌一境 모든百姓
비ᄂᆞ이다 비ᄂᆞ이다
議訟신 져ᄉᆞ름을
살피소ᄉᆞ 살피소ᄉᆞ
万百姓 위ᄒᆞᆫ ᄉᆞ름
丈夫의 初年苦傷
불상ᄒ다 尹致光아
一邑弊端 고치ᄌᆞ고
청쳔의 외긔러기
쇼상강을 바린ᄂᆞ냐
北海上의 노피올나
靑天一張紙에
仁政殿 龍床압폐
우리聖上 보신후의
더드도다 더드도다
바리고 바리ᄂᆞ니
푸딕씀의 ᄌᆞ바다가
어와 百姓들아
然後의 太平世界

이런民情 모르신다
不測ᄒ다 李芳佑야
五十兩이 千兩이랴
굿틔여 잡단말가
八痛狀草 아ᄉᆞ들여
그暴虐이 오직홀가
千萬番 鞠問ᄒᆞᆫ들
秋毫나 亂招홀가
上下男女 老少업시
하늘임끠 비ᄂᆞ이다
自獄放送 뇌여쥬쇼
日月星辰 살피쇼ᄉᆞ
무슴죄 잇단말가
예로부터 이서ᄂᆞ니
구세다 尹致光아
年年定配 무슴일고
어딕로 힝ᄒᆞᄂᆞ야
동명호을 힝ᄒᆞᄂᆞ냐
上林院을 向ᄒ거든
細細民情 가려다가
나ᄂᆞ다시 올이시면
別般下敎 ᄂᆡ리쇼ᄉᆞ
暗行御史 더드도다
禁府都事 바린노니
路突의 버이쇼셔
万歲万歲 億万歲로
與民同樂 ᄒ오리라〈끝〉

2. 〈거창가〉 교합 및 현대어 역본[1]

어와 친구 벗님네야 이 내 말씀 들어 보소
역려 같은 천지간에 부유 같은 우리 인생
조로같이 스러지니 아니 놀든 못하리라
우주에 비겨 서서 팔노강산八路江山 굽어보니
백두산 일 지맥에 삼각산 생겨 있고
대관령 흐른 물이 한강수 되었어라
천년산 만년수에 거룩하다 우리 왕기王基
인왕산이 주산[2]이오 관악산이 안대案對[3]로다
질마재 백호 되고[4] 왕십리 청룡이라[5]
무학의 소점所占으로[6] 정도전鄭道傳의 재혈裁穴이며[7]
대명홍무 25년[8] 한양성에 복지卜地하니

. . . .

1) 13개의 이본들(조규익본/이현조본/임기중본/김준영본/류탁일본/김일근본A · B/박
순호본/김현구본/연세대본/소창진평본/청낭결본/임기중본)을 교합(校合)하여 내용
적으로 결손이 없는 텍스트를 만들고, 그것을 현대어로 번역해 놓는다.(*이 부분은
이전 저서『봉건시대 민중의 저항과 고발문학 거창가』의 해당부분을 전재하고 오
류들을 수정한 것이다.)
2) 주택이나 궁궐, 묏자리 등의 바로 뒤에 놓여 있는 산. 풍수지리설에 집터나 도읍,
혹은 묏자리의 운수와 기운을 결정한다는 산.『경국대전(經國大典) 6 공전(工典)
재식(栽植) 주(注)』(景福宮昌德宮主山 山脊山麓禁耕) 참조.
3) 안산(案山), 즉 집터나 묏자리의 맞은편에 있는 산.『전록통고(典錄通考), 형전(刑
典), 금제(禁制)』(朱雀案山 南山外面 自南大門城外 歷典牲署) 참조.
4) 무악이 서울의 서쪽에 있으므로 백호가 된다.
5) 왕십리가 서울의 동쪽이므로 청룡이다.
6) 무학(無學)(1327: 충숙왕 14~1405: 태종 5)의 속명(俗名)은 자초(自超). 삼기군(三
岐郡: 현 합천) 사람. 용문산 혜명국사에게 불법을 배웠고, 1392년(태조 1) 태조에
게 불려나가 개성에서 왕사(王師)가 되고 회암사(檜巖寺)에서 지냈다. 이듬해 수도
를 옮기기 위해 지상(地相)을 보러 계룡산, 한양 등지를 태조와 함께 순행했다. 가
사의 이 부분은 무학이 한양을 새 도읍지로 점찍은 사실을 말한다.
7) 재혈(裁穴)은 묏자리의 정기가 모여 있는 혈(穴)의 위치를 재어서 정한다는 말로
여기서는 정도전이 새 도읍을 설계하고 완성시킨 일을 말한다.

2년에 성읍成邑하고 삼년에 성도成都로다

망지여운望之如雲 하는 중에 취지여일就之如日하겠구나

천상天上의 백이화白李花를 완산完山에 씨를 받아

함흥에 옮겼다가 한양에 북돋우니

천지만엽 돋은 가지 금실옥실金實玉實 맺었구나9)

산호산호 재산호再山呼여10) 천세천세 천천세千千歲라

오정역사五丁力士11) 거느리고 허다 궁궐 장성長城이며

인의예지 문을 달아12) 팔조목八條目 벌여서라

경복궁 지은 후에 인정전仁政殿 지어내니

응천상지삼광13)이오 비인간지오복備人間之五福14)이라

백각사百各司15) 지어두고 온갖 시정市井 포치布置하니

- - - - - - - - - - - - - - - - -

8) 홍무(洪武)는 명나라 태조(太祖)의 연호. 홍무 25년은 조선 태조 원년(1392년)을 말한다.

9) 태조가 전주 이 씨의 후예로서 고조(高祖)인 목조(穆祖)가 전주에서 살다가 강원도로 옮기고, 다시 함흥으로 옮아 살다가 한양에서 나라를 개창하여 번성하게 된 일을 지적한 내용.

10) 산호만세(山呼萬歲). 나라의 큰 의식에 임금의 축수(祝壽)를 표하기 위하여 신하들이 두 손을 치켜들고 부르는 만세.

11) 촉나라 임금에게 있던 다섯 사람의 역사(力士). 양웅(揚雄)의 「촉왕본기(蜀王本紀)」(天爲蜀王 生五丁力士 能徙山 秦王獻美女於蜀王 王遣五丁迎女 見一大蛇 入山穴中 五丁共引蛇 山崩壓殺五丁 化爲石) 참조. 또 다른 의미로는 서울에 편성되어 있던 오위(五衛)의 중앙군을 지칭할 수도 있다. 즉 오위에 속한 군인들은 시골에서 번상(番上)한 장정(壯丁)들로 채워졌는데, 이들이 궁궐의 역사(役事)에 참여했을 가능성이 크다.

12) 흥인지문(興仁之門)-동대문(東大門), 돈의문(敦義門)-서대문(西大門), 숭례문(崇禮門)-남대문(南大門), 숙정문(肅靖門)-북문(北門) 등으로 도성의 네 군데에 문을 달았는데, 현재는 흥인지문과 숭례문만 남아 있다.

13) 응천상지삼광(應天上之三光)은 상량문(上樑文)에 주로 쓰이는 글. 삼광(三光)은 하늘의 해(日)·달(月)·별(星)을 말한다.

14) 상량문에 많이 쓰이는 글. 오복(五福)은 수(壽)·부귀(富貴)·강녕(康寧)·유호덕(攸好德)·고종명(考終命), 혹은 수·부·귀·강녕·자손중다(子孫衆多)라고 하기도 한다.

15) 서울에 있는 모든 관아(官衙)를 통틀어 일컫는 말. 각사(各司)를 과장하여 이르는 말.

하도낙서河圖洛書16) 바둑처럼17) 여기저기 흩어있다

기자성인箕子聖人18) 내신 법도 황방촌黃厖村19)이 본을 받아

삼강오륜 밝은 중에 군명신충君明臣忠 더욱 장타

주 천자周天子 오등작五等爵20)을 삼천팔백 내외 관원

뉘 아니 충신이며 열사가 몇몇이오

의정부 삼당상三堂上21)은 주공소공周公召公 보필이요22)

이호예병형공은 팔원팔개八元八愷23) 재국才局24)이라

복희씨25) 팔괘八卦26)체로 팔도감영八道監營27) 벌였는데

기린각28) 그린조사朝士 삼백육십 재목材木이며

---

16) 하도(河圖)와 낙서(洛書). 하도는 복희씨(伏義氏) 때 황하(黃河)에서 길이 8척이 넘는 용마(龍馬)가 등에 지고 나왔다는 그림으로 주역(周易) 팔괘(八卦)의 근원이 되었으며, 낙서는 하우씨(夏禹氏)의 9년 치수 때 낙수에서 나온 신구(神龜)의 등에 있었다는 글로서『서경(書經)』홍범구주(洪範九疇)의 기원이 되었다고 한다.

17) 바둑판처럼. 바둑판의 포석(布石)처럼.

18) 은(殷)나라 주왕(紂王)의 친척으로 나라가 망하자 조선에 들어와 예의(禮義)·전잠(田蠶)·방적(紡績)·팔조(八條)의 교(教) 등을 가르쳤다 한다.

19) 1363~1452. 여말선초의 문신 황희(黃喜).

20) 다섯 등급의 벼슬, 즉 공(公)·후(侯)·백(伯)·자(子)·남(男).

21) 의정부(議政府)는 임금을 보좌하여 정무(政務)를 총괄하는 국가 최고의 기관. 구성원은 영의정·좌의정·우의정 각 1인(정1품), 좌우찬성 각 1인(종1품), 좌우참찬 각 1인(정2품), 사인(舍人) 2인(정4품), 검상(檢詳) 1인(정5품), 공사관(公事官) 11인(종6품), 사록(司錄) 1인(정8품) 등이다. 삼당상은 영의정, 좌의정, 우의정을 말한다.

22) 주나라의 주공 단(周公 旦)과 소공 석(召公 奭). 모두 성왕(成王)을 도운 사람들.

23) 여덟 명의 온화(溫和)한 사람과 여덟 명의 선량한 사람이라는 뜻. 옛적 고양씨(高陽氏)의 팔재자(八才子)를 일컫는 말. 원(元)은 선(善), 개(愷)는 화(和).

24) 재주와 국량(局量).

25) 상고시대의 제왕. 삼황(三皇) 중의 한 사람으로서 백성에게 어렵(漁獵)·농경·목축을 가르쳤으며, 처음으로 팔괘(八卦)를 만들었다고 한다.

26) 여덟 가지의 괘, 곧 건(乾)·태(兌)·이(離)·진(震)·손(巽)·감(坎)·간(艮)·곤(坤)으로 복희씨가 지었다 한다. 그 후 주나라 문왕이 64괘를 지어 각 괘를 설명하는 문구를 만들었는데, 이를 괘사(卦辭)라 한다.

27) 8도의 감사(監司)가 사무를 보는 관청. 상영(上營), 순영(巡營).

28) 전한(前漢)의 무제(武帝)가 기린을 잡았을 때 지은 누각. 인각(麟閣)·기각(麒閣)이

오영문五營門29) 장한 군병 황석공黃石公30)의 진법陣法이오

훈련영訓鍊營 도감포수都監砲手31) 오천칠백 일흔 두 명

제갈무후32) 팔진도八陣圖33)를 나날이 교련敎鍊하며

남산의 봉화소식烽火消息 사방이 안연晏然하다

군기시軍器寺 쌓인 기계 치우蚩尤34)잡던 여물餘物이라

선혜청宣惠廳35) 만리창萬里倉은 소상국蕭相國36)의 국량이며

호조戶曹의 정비서리書吏 예수隷首37)의 산법算法인가

관상감 천문교수天文敎授 용성容成38)의 조력造曆이며

정원政院39)의 형방승지刑房承旨 양태부梁太傅40)의 문장이요

- - - - - - - - - - -

라고도 함.

29) 오군영(五軍營)과 같은 말. 오군영은 임진왜란 이후 오위(五衛)를 고쳐 둔 훈련도
감(訓鍊都監) · 총융청(摠戎廳) · 수어청(守禦廳) · 어영청(御營廳) · 금위영(禁衛營)
의 다섯 군영을 말함.

30) 진(秦)나라 말기 이상(坦上)에서 장량(張良)에게 병서(兵書)를 주었다고 하는 노인.

31) 훈련도감의 포수.

32) 삼국시대 촉나라 재상 제갈량(諸葛亮). 자는 공명(孔明).

33) 제갈량이 만든 진법의 그림. 동당(洞當) · 중황(中黃) · 용등(龍騰) · 조상(鳥翔) · 연
횡(連衡) · 악기(握機) · 호익(虎翼) · 절충(折衝).

34) 고대 제후의 이름. 병란(兵亂)을 좋아했기 때문에 황제(黃帝)에게 주벌(誅伐)당했음.

35) 선조(宣祖) 41년(1608) 대동법(大同法)의 시행에 따라 대동미(大同米) · 대동포(大
同布) 등의 출납을 맡아보던 관아. 경기청 · 강원청 · 호서청 · 호남청 · 영남청 · 해
서청 등 지청들을 차례로 두었고, 진휼청(賑恤廳)을 통합하였으며, 영조 29년에는
균역청(均役廳)을 병합했다.

36) 한 대(漢代) 삼걸(三傑)의 하나인 소하(蕭何). 고조(高祖)를 도와 천하를 다스리고
찬후(酇侯)가 되었으며, 한나라의 율령(律令)을 주로 그가 제정했다.

37) 황제(黃帝) 때의 사람인데, 처음으로 산수(算數)를 발명하고 도량형(度量衡)을 만
들었다는 전설적 인물.

38) 황제(黃帝)의 사관(史官). 처음으로 율력(律曆)을 만들었고 장생술(長生術)을 터득
했으므로 도가(道家)의 채음보양술(採陰補陽術)은 용성공에서 시작되었다고 일컬
어진다. 『한서(漢書)』 예문지(藝文志)』에 용성음도(容成陰道) 26권이 보인다.

39) 승정원(承政院)의 약칭.

40) 전한(前漢) 문제(文帝) 때의 문신(文臣)이자 시인인 가의(賈誼). 낙양(洛陽) 사람.
문제 때 박사(博士)에서 태중대부(太中大夫)가 되었으며, 뒤에 장사왕(長沙王)의

규장각奎章閣 모든 학사 한퇴지韓退之[41]의 박식인가
형조刑曹[42]의 일당상一堂上과 금부禁府[43]의 판의금[44]은
고요皐陶[45]의 남은 경계警誡 직설稷契[46]의 법을 외워
전옥典獄[47]의 주부主簿[48]들은 장석지張釋之[49]의 칭평일네
십자가상十字街上[50] 돌아드니 종루鐘樓[51]가 거기로다

• •

태부(太傅)로 좌천되었다가 다시 양회왕(梁懷王)의 태부가 되었다. 저서에 『신서
(新書)』, 『가장사집(賈長沙集)』이 있는데, 당시 사람들은 그를 가태부(賈太傅)로
부르기도 하고, 연소(年少)한 수재(秀才)라 하여 가생(賈生)이라 부르기도 했으며,
33세에 요절(夭折)했다.

41) 당송팔대가(唐宋八大家)의 한 사람인 한유(韓愈). 자는 퇴지(退之). 벼슬은 국자감
(國子監) 사문박사(四門博士), 국자박사(國子博士) 등을 거쳐 이부시랑(吏部侍郎)
에 이름. 고문(古文)을 모범으로 삼아 웅위굉심(雄偉宏深)하여 후세의 종(宗)이 되
었으며 저서로『한창려집(韓昌黎集)』50권이 있다.

42) 행정 육조의 하나. 사법(司法) · 중죄인의 재심(再審) · 민사소송 · 노비(奴婢)에 관
한 사무 등을 관장.

43) 의금부(義禁府)의 약칭. 동반(東班) 종1품의 관아로서 왕명을 받들어 추국(推鞫)하
고 조정의 대옥(大獄) 및 중외의 어려운 일을 맡아 처리하던 부서.

44) 판의금부사(判義禁府事)의 약칭. 판의금부사는 의금부의 으뜸 벼슬. 종1품.

45) 순임금의 신하. 자는 정견(庭堅). 사구(司寇) 즉 옥관(獄官)의 장(長)을 지냈음.

46) 당우(唐虞) 시대의 두 명신(名臣)인 직(稷)과 설(契). 직의 이름은 기(棄)로 농업을
관장했으며 주(周)의 조선(祖先)이고, 설은 교육을 관장했으며 은(殷)의 조선(祖先)
이다.

47) 전옥서(典獄署)의 약칭. 전옥서는 구금된 죄수의 행형(行刑)을 관장하던 부서.

48) 전옥서에 속해있던 관원. 전옥서의 관원은 부제조(副提調) 1인인데 승지(承旨)가
겸임하고, 그 아래에 주부(主簿) · 봉사(奉事) · 참봉(參奉) 등과 서리(書吏) 4인 나
장(羅將) 30인을 두고 있었다.

49) 한나라 도양(堵陽) 사람. 자는 계(季). 벼슬은 문제(文帝) 때 복야(僕射)를 지냈고,
뒤에 정위(廷尉)가 되었음. 법 집행이 엄하고 공평하여 당시 사람들은 장석지가 정
위 된 후에 천하에 억울한 백성이 없어졌다고 말할 정도였다.

50) 현재의 종로 네거리.

51) 조선시대 한성부의 도성 내 전체의 중심이 되는 곳에 종을 달아 맨 누각. 운종가
(雲從街)의 동편, 즉 동서대문을 연결하는 대로와 대광통교(大廣通橋)에서 남대문
을 잇는 대로의 접점에 종루를 세우고 여기에 큰 종을 매달았다. 1398년에 이룩되
었으며, 1413년(태종13) 행랑(行廊)의 공역을 다시 시작할 때, 종묘 남로(南路)에

서촉西蜀 동산銅山의 쇠를 바리바리 실어다가

대풍기大風器에 불어내니 만 팔천년 쇠북이라

이십팔수二十八宿 삼십삼천三十三天 조석으로 개폐하니

하우씨夏禹氏의 구정九鼎52)인가 제도도 거룩하다

염제의 일중위시日中爲市53) 백물시정百物市井 벌였는데

도불습유道不拾遺54) 하는 풍속 갈천세계葛天世界55) 시절인가

구리개56) 굽어보니 신농씨神農氏의 유업遺業이며

광통교廣通橋57) 노래 소리 강구康衢의 동요童謠로세

인정전仁政殿58) 높은 집에 오현금 남풍시南風詩59)를

백공百工이 상화相和하니 건곤일월乾坤日月 밝았도다

· · · · · · · · · ·

5칸의 층루를 세우면서 순금사(巡禁司)의 남쪽이자 광통교의 북쪽인 오늘날의 종로 네거리로 옮겼다.

52) 우임금 때 구주(九州)의 쇠를 공물로 받아 주조한 솥으로, 하(夏)·은(殷) 이래 전해진 천자의 보물(寶物).

53) 고대(古代) 제왕 신농씨(神農氏). 화덕(火德)으로 왕이 되었으므로 이렇게 이름. 백성들에게 농경을 가르쳤으며 백초(百草)를 맛보아 약을 만들고 하루 중 때를 정해 시장을 열어 상업을 일으켰음.

54) 인심이 좋아 길에 흘린 물건도 주어가지 않음.

55) 갈천(葛天)은 고대의 제왕. 그의 정치는 말하지 않아도 믿게 되고 가르치지 않아도 행해질 정도였다. 『제왕세기(帝王世紀)』에는 유소씨(有巢氏) 이후에 복희씨(伏羲氏)의 이름을 답습하여 그렇게 불렀다고 한다.

56) 동현(銅峴). 현 을지로(乙支路) 입구 일대. 당시에는 길이 질어서 구릿빛으로 거무튀튀하게 보였기 때문에 이런 이름이 붙게 되었다 한다.

57) 다리 이름. 종로(鐘路)에서 을지로 사이의 청계천(淸溪川)에 놓여있던 다리. 광교(廣橋)라고도 하며 현재 종로구 서린동 124번지 일대에 해당한다.

58) 창덕궁(昌德宮)의 정전(正殿). 태종 4년(1404)에 별궁으로 창건했는데, 임진왜란 때 소실되어 광해군 3년(1611)에 재건했고, 순조 30년(1830)에 화재를 입은 것을 이듬해에 중건. 내부 장식은 보좌(寶座)와 보개(寶蓋) 등을 아름답게 꾸몄고 구조양식과 단청양식 등이 조선조 후기의 건물로는 대표적이다.

59) 순임금이 남훈전(南薰殿)에서 오현금을 타며 불렀다는 노래. 『공자가어(孔子家語) 변악해(辯樂解)』(昔者 舜彈五絃之琴 造南風之詩 其詩 曰 南風之薰兮 可以解吾民之慍兮 南風之時兮 可以阜吾民之財兮 唯修此化 故 其興也勃焉 德如泉流至于今 王公大人 述而不忘) 참조.

장악원掌樂院60) 풍악소리 궁상각치 오음육률五音六律

소소구성簫韶九成61) 맑은 곡조 봉황이 춤을 춘다

한강수 깊은 물에 용마하도龍馬河圖 나단 말인가

백석치博石峙62) 너머드니 태학관太學舘63)이 거기로세

성균관成均館64) 장한 집과 명륜당明倫堂 빛나는 집에

우리부자夫子 주벽主壁65)되사 안증사맹顔曾思孟66) 배향하고

그 남은 칠십이현七十二賢67) 삼천문도68) 시위중侍衛中에

아동방 제대현諸大賢도 차례로 승무陞廡69)하니

소중화小中華라 이른 말씀 이제 와 알음이라

태조대왕 성덕聖德으로 4백여 년 내려오며

우리 조선 의관문물 장하고 거룩하다

일출이작 일입이식70) 함포고복含哺鼓腹 하는 백성

남혼여가男婚女嫁 즐거움은 태평연월 이 뿐일레

- - - - - - - - - - - - - -

60) 음악의 교육과 교열(校閱)에 관한 사무를 맡은 관사(官司).

61) 순임금이 지었다는 음악의 곡명.

62) 박석고개. 박석고개는 여러 군데가 있다. 대표적으로는 서울 은평구 갈현동과 불
광동을 양편에 끼고 구파발을 넘어가는 고개를 들 수 있다. 그러나 여기서는 창경
궁(昌慶宮)의 북문인 월근문(月勤門)에서 명륜동으로 넘어가는 고개를 가리킨다고
보아야 한다. 이 지대가 낮아서 네모진 돌을 깔았는데, 여기서 박석고개라는 이름
이 유래되었다 한다.

63) 성균관의 별칭.

64) 조선조 국학(國學). 공자를 제사하는 문묘(文廟)와 성학(聖學)을 강학하는 명륜당
(明倫堂)을 총칭하는 말. 국자감(國子監), 태학(太學) 등으로 불리기도 함.

65) 사당(祠堂)이나 사원(祠院)에서 모시는 여러 위패(位牌) 가운데 주장되는 것.

66) 공자의 종통(宗統)을 이은 인물들. 안회(顔回), 증자(曾子), 자사(子思), 맹자(孟子).

67) 공자의 제자들 가운데 72명의 뛰어난 제자들.

68) 공자의 문하생이 3,000명이었다 함.

69) 학행(學行)과 덕망(德望)이 뛰어난 사람들을 문묘(文廟)에 배향(配享)하는 것.

70) 〈격양가(擊壤歌)〉중의 한 두 구절. 〈격양가〉는 요임금 시절에 천하가 태평하여 백
성들이 불렀다는 노래. 『악부시집(樂府詩集) 잡요가사(雜謠歌辭) 가사(歌辭) 격양
가(擊壤歌)』(帝王世紀曰 帝堯之世 天下太和 百姓無事 有八九十老人 擊壤歌 歌曰
日出而作 日入而息 鑿井而飮 耕田而食 帝力于我何有哉) 참조.

장하다 계명구폐鷄鳴狗吠[71] 4경四境에 들렸도다

임진왜란 병자호란 중간에 끼친 근심

헌원씨軒轅氏[72] 영제靈帝로되 치우蚩尤의 난亂을 당ㅎ고

탕무湯武[73]의 성덕聖德으로 정벌征伐이 있었으며

원술러라 갑오년 동지십삼일冬至十三日 원술러라[74]

그 남은 서절구투(鼠竊狗偸)[75] 어찌 다 기록하리

창오산색蒼梧山色[76] 저문 날에 옥연승천玉輦升天 하시거다

여상고비如喪考妣[77] 하는 비회悲懷 심산궁곡 일반이라

하늘같은 대왕대비[78] 일월 같은 자성전하慈聖殿下[79]

태임太姙[80]의 덕이신가 선인황후宣仁皇后[81] 법法을 받아

수렴청정垂簾聽政 하신후로 팔역八域이 안연晏然하다

도광삼칠道光三七 신축년에 우리 성상 즉위하사[82]

춘추방성春秋方盛 십오세[83]에 한소제漢昭帝[84]의 총명이오

· · · · · · · · · · · · · · · ·

71) 개와 닭의 울음소리가 서로 들리는 것, 즉 인가(人家)가 접속(接續)해 있을 정도로 번화함을 말한다. 『맹자(孟子) 공손추 상(公孫丑 上)』(鷄鳴狗吠相聞 達於四境) 참조.

72) 황제(黃帝)의 이름. 그가 헌원(軒轅)의 언덕(지금의 하남성 신정현)에서 태어났으므로 그렇게 불린다고 한다.

73) 은(殷)나라의 탕왕(湯王)과 주(周)나라의 무왕(武王). 모두 자기가 섬기던 임금을 방벌(放伐)하여 나라를 얻은 임금들임.

74) 갑오년(甲午年)(1834년) 동짓달 13일은 순조(純祖)가 승하한 날.

75) 쥐나 개와 같은 좀도둑.

76) 창오산(蒼梧山)은 호남성(湖南省) 영원현(寧遠縣)의 산 이름. 구의(九疑)라고도 함. 순(舜)임금이 이곳에서 붕어(崩御)했음.

77) 왕의 승하는 부모가 돌아가신 것과 같이 슬픈 일이라는 뜻.

78) 헌종(憲宗)의 할머니, 곧 순조비(純祖妃)를 말함.

79) 헌종의 모후(母后).

80) 주나라 문왕(文王)의 어머니.

81) 헌종의 모후(母后).

82) 도광(道光)은 청나라 선종(宣宗)의 연호. 도광 삼칠년, 즉 도광 21년은 헌종 7년(신축)인데, 이해에 헌종이 즉위했다함은 왕대비의 수렴청정이 끝나 비로소 임금이 만기(萬機)를 친정하기 시작했다는 의미다.

83) 헌종은 8세에 즉위했으나, 친정(親政)을 시작한 나이는 15세였다.

주성왕周成王 어린 인군人君 8백년 기업基業이라

우리 전하殿下 어리시되 팔천세나 바라노니

작년도 풍년이요 금년도 풍년이라

천무열풍天無烈風 음우하고 해불양파海不揚波 하겠구나[85]

가급인족家給人足[86] 하거니와 국태민안 좋을시고

입아증민粒我烝民 백성[87]들아 어서 가고 바삐 가자

돈화문[88]에 걸린 윤음綸音[89] 한문제漢文帝의 조서詔書신가

초목군생草木群生 즐거움도 이도 또한 성화聖化로세

장안청루長安靑樓 소년들아 협탄비응挾彈飛鷹[90] 하려니와

창해일속滄海一粟 우리 인생 후회한들 어이 하리

장대粧臺에 고운 계집 네 꽃 좋다 자랑마라

서산에 지는 해를 뉘라서 금할소냐

동해에 흐른 물이 다시 오기 어려워라

태평곡太平曲 격양가擊壤歌를 이내 노래 들어 보소

어제 청춘 오늘 백발 넨들 아니 모를소냐

뒷동산에 지는 꽃은 명년 삼월 다시 피되

우리 인생 늙은 뒤에 다시 소년 어렵도다

낙양성 십리 밖에 높고 낮은 저 무덤에

영웅호걸 몇몇이며 절대가인絶代佳人 몇몇이냐

우락중분憂樂中分 미백년未百年에 소년행락편시춘片時春[91]을

. . . .

84) 서기전 86~81년까지 재위했음.

85) 국가가 태평무사함을 표현한 말.

86) 집집마다 사람마다 넉넉하고 풍족함.

87) '내게 쌀밥을 먹여주는 많은 백성들'이란 의미. 『서경(書經)』「익직(益稷)」에 "烝民 乃粒"이란 문구가 나온다.

88) 창덕궁의 남쪽 정문.

89) 임금이 백성이나 신하에게 내리는 말.

90) 거문고와 사냥으로 소일함.

91) 근심과 즐거움이 뒤섞인 속에서 백년을 다 못사는 것이 인생이요, 젊어서 즐거움도 잠깐이라는 뜻.

개벽 후開闢後 내린 사적事蹟 역력歷歷히 들어 보소
요순우탕 문무주공 공맹안증孔孟顔曾 정주부자程朱夫子
도덕이 관천貫天하사 만고성인萬古聖人 일렀어라
요마么麼한92) 후생後生들아 이를 말씀 아니로세
그 남은 고래영웅古來英雄 낱낱이 헤아리니
통일천하 진시황秦始皇 아방궁阿房宮 사랑삼고
만리장성萬里長城 담장 삼아 억만세億万歲 비겼어라
육국제후六國諸侯 조공하고 삼천궁녀 시위侍衛할 제
삼신산三神山 멀고멀되 원하느니 불사약을
동남동녀 오백인이 소식조차 돈절頓絶하다
사구평대沙邱平臺93) 저문 날에 여산청총驪山靑塚94) 속절없다
우산牛山에 지는 해는 제경공齊景公의 눈물이며95)
분수汾水96)의 추풍곡秋風曲97)은 한무제의 슬픔이라
불쌍타 용봉비간龍鳳比干98) 만고충신이언마는
충언직간忠言直諫 쓸데없어 주검도 참혹하다
장하다 백이숙제伯夷叔齊99) 천추명절千秋名節 일렀으되

• • • • • • • • • • • •

92) 작고 변변치 못한.
93) 하북성(河北省) 평향현(平鄕縣)의 동북쪽에 있는 지역. 은나라의 주왕(紂王)이 신
    축한 대(臺)로 진시황(秦始皇)이 죽은 곳.
94) 여산(驪山)은 섬서성(陝西省) 임당현(臨潼縣)의 동남방에 있는 산. 진시황을 장사
    지낸 곳.
95) 제경공(齊景公)은 우산(牛山)에 도피하여 지냈는데, 그 북쪽이 바로 그의 도성이었
    으므로 항시 그곳을 바라보고 울었다 함.
96) 산서성(山西省) 영무현(寧武縣) 서남의 관잠산(管涔山)에서 흘러내리는 물.
97) 추풍사(秋風辭)를 말함. 한 무제가 하동(河東)에 행차하여 후토(后土)에 제사하고,
    중류(中流)에서 신하들과 술 마실 때 지은 노래.
98) 용봉(龍鳳)은 하(夏)의 걸왕(桀王)에게 충간(忠諫)한 신하, 비간(比干)은 은나라 주
    왕(紂王)에게 직간(直諫)한 신하.
99) 형 백이(伯夷)와 아우 숙제(叔齊). 모두 은나라 고죽군(孤竹君)의 아들. 무왕이 은
    나라를 치자 이를 간(諫)하였으며, 무왕이 천하를 손 안에 넣으매, 백이·숙제 형
    제는 주나라의 곡식 먹기를 부끄러이 여겨 수양산으로 도망가서 채미(采薇)하고
    살다가 마침내 굶어 죽었다고 함.

수양산首陽山 깊은 골에 채미곡採薇曲이 처량하다

강태공100) 황석공101)과 사마양저102) 손빈오기103)

전필승戰必勝 공필취功必取의 용병用兵이 여신如神하되

못 치느니 염라국閻羅國을 한 번 죽음 못 면하고

면산綿山에 봄이 드니 개자추介子推의 무덤이라104)

삼강三江의 성낸 조수潮水 오자서의 정령精靈인가105)

멱라수汨羅水 깊은 물에 굴삼려屈三閭의 충절이며106)

말 잘하는 소진장의蘇秦張儀107) 천하를 횡행하며

● ● ● ● ● ● ● ● ● ● ●

100) 주나라 초기의 현신(賢臣) 여상(呂尙). 여상은 주나라 동해(東海) 사람. 본성(本姓)은 강씨(姜氏). 그의 선조가 여(呂)에 봉해졌으므로 여상(呂尙)으로 칭해졌음. 자는 자아(子牙). 문왕(文王)의 사부(師傅)로서 태공망(太公望)·사상부(師尙父)로 불리기도 했으며, 무왕을 도와 은나라의 주왕을 멸하고 천하를 평정한 공으로 제(齊)의 땅에 봉해졌다.

101) 진(秦)나라 말기 이상(圯上)에서 장량(張良)에게 병서를 주었다고 전해지는 노인.

102) 사마(司馬)는 삼국시대 위(魏)나라의 명장 사마의(司馬懿), 양저(穰苴)는 춘추시대 제(齊)나라의 군사감찰.

103) 손빈(孫臏)은 춘추시대 제(齊)나라의 병법가(兵法家), 오기(吳起)는 춘추시대 위(魏)나라의 병법가.

104) 개자추(介子推)는 개지추(介之推)라고도 함. 춘추시대 진문공(晉文公)이 망명함에 그를 따라 19년 동안 각국을 역유(歷遊)했으나, 문공이 귀국하여 왕이 된 후 봉록(封祿)을 주지 않았으므로 그 어머니와 함께 면산(緜山)에 숨었음. 문공(文公)이 뒤에 그를 찾았으나 못 찾고 산에 불을 질러 마침내 개자추는 불타 죽었으므로, 그 뒤 면산을 개산(介山)이라고도 한다.

105) 오자서(伍子胥)는 춘추시대 월나라 사람 오원(伍員). 사(奢)의 아들이며 상(尙)의 아우. 자는 자서(子胥). 부형이 모두 초나라의 평왕(平王)에게 살해되었을 때 자서는 오나라로 도망하여 오를 도와 월을 쳤으나, 참소로 오나라 부차(夫差)의 노여움을 입어 삼강(三江)에 던져져 죽음을 당했다.

106) 굴삼려(屈三閭)는 전국시대 초나라의 대부이며 문학가로, 자는 평(平). 회왕(懷王)의 신임이 두터웠는데 참소를 당하여 왕으로부터 소원(疏遠)해지게 되매 이소(離騷)를 지어 충간(忠諫)했으나 용납되지 않자 멱라수(汨羅水)에 빠져 죽었다.

107) 소진(蘇秦)(?~317BC)은 전국시대의 유세가. 장의(張儀)와 함께 종횡가(縱橫家)의 대표적 인물. BC 333년 6국 연합으로 진(秦)에 대항하자는, 합종책(合縱策)을 주장히여 연(燕)의 소왕(昭工)에게 채용되었고, 조(趙)·제(齊)·위(魏)·한(韓)·초(楚)를 설득하여 이를 관철시켰다. 이로 인해 6국의 재상이 되어 10여 년 간 부귀

육국제후六國諸侯 다 친하되 염라대왕 못 달래여
세우야細雨夜 두견성杜鵑聲에 혼백魂魄이 울어있고
맹상군의 계명구도鷄鳴狗盜108) 신릉군의 절부교명竊符矯命109)
전국시戰國時 호걸이되 삼천식객三千食客 어데 두고
황산세우荒山細雨 깊은 중에 일부토一坏土가 가련可憐하다
역발산力拔山 초패왕楚霸王은 천하장사 일렀으되110)
시불리時不利 추불서혜騅不逝兮111) 팔천병八千兵 흩어지고
우미인虞美人 손목잡고 눈물로 하직하며

••••••••••

영화를 누렸으나 장의의 연횡책(連衡策)에 의해 그의 합종책은 깨지고, 그동안 벌여왔던 각국 간의 이간활동이 들통 나 제나라에서 살해되었다. 장의(張儀)(?~310.B.C)는 위(魏)나라 사람으로 일찍이 벼슬자리를 노려 위·초(楚)를 떠돌다가 화씨지벽(和氏之璧)의 도범으로 몰려 죽음 직전에 놓여나기도 했다. 그후 진(秦)에 들어가 혜왕(惠王)에게 연횡책을 건의, 이것이 수용되어 무신군(武信君)의 벼슬에 올랐고 위나라에 들어가 한(韓)·위 간 동맹으로 제(齊)·초에 대응토록 했으며 소양왕(昭王) 때는 초에 들어가 제·초 동맹을 와해시키고 다시 제·진 동맹으로 초를 고립시켰는데, 이같은 연횡책은 소진(蘇秦)의 합종책과 더불어 전국시대 각 나라간의 세력 균형을 형성하는 데 큰 역할을 했다.

108) 전국시대 제(齊)나라 전영(田嬰)의 아들. 이름은 문(文). 설(薛) 땅을 봉토로 받아 맹상군이 되었다. 제나라의 정승으로 있을 때 현사를 초빙하여 식객(食客)이 삼천 명에 이르렀다. 진(秦)나라에 들어가 소왕(昭王)에게 피살될 뻔 한 것을 식객 가운데 계명구도(鷄鳴狗盜)를 잘 하는 이가 있어 위기를 모면한 이야기는 유명하다.

109) 전국시대 위(魏)나라 소왕(昭王)의 공자(公子)이며 안리왕(安釐王)의 이모제(異母弟)로 이름은 무기(無忌). 신릉군은 그의 봉호(封號). 식객이 삼천 명이나 되었다. 진(秦)나라가 조(趙)나라를 포위하였을 때 그의 자형(姉兄)인 조나라의 평원군(平原君)이 그에게 구원을 청하매 후영(侯嬴)의 계교를 서서 진비(晉鄙)를 죽이고, 조나라를 구해 주었으며 또 진나라가 위나라를 침공하매 오국(五國)의 군사를 거느리고 나가서 크게 격파했으나, 그 뒤 위왕이 푸대접하자 병을 칭탁하고 벼슬에 나아가지 않았다.

110) 초패왕(楚霸王)은 진말(秦末) 하상(下相) 사람. 자는 우(羽). 진말(秦末)에 진승(陳勝)과 오광(吳廣)이 거병(擧兵)하자 숙부 양(梁)과 오중(吳中)에서 군사를 일으켜 진군(秦軍)을 격파하고 스스로 서초(西楚)의 패왕(霸王)이라 자칭하며 한고조(漢高祖)와 천하를 다투다가 해하(垓下)에서 패사(敗死)했다.

111) 초패왕이 해하(垓下)에서 한군(漢軍)에게 패하여 자살할 때 지어 우미인(虞美人)에게 준 노래("力拔山兮氣蓋世/時不利兮騅不逝/騅不逝兮可奈何/虞兮虞兮奈若何").

오강풍랑 수운중愁雲中에 칠십여전七十餘戰 가소롭다

운주유악運籌帷幄112) 장자방113)과 동남풍 제갈공명

천문지리 중찰인사中察人事 만고조화萬古造化 갖췄으되

절통切痛타 한 번 죽음 조화造化로 못 면하고

사마천司馬遷114) 한퇴지韓退之와 이태백115) 두자미116)며

제일문장第一文章 일렀으되 장생불사長生不死 못하였고

독행천리獨行千里 관운장117)은 명진천하名振天下 하였어라

거룩하다 명촉달조明燭達朝118) 천추늠름千秋凜凜 뿐이로세

장판영웅長坂英雄 장익덕119)은 편비偏裨120)에 죽단말가

· · · · · · · · · · · · ·

112) 궁중이나 장군의 막사에서 전략을 세우는 일.

113) 전한(前漢)의 공신 장량(張良)으로 소하(蕭何)·한신(韓信)과 함께 한나라 삼걸 (三傑). 자는 자방(子房). 집안이 대대로 한(韓)의 대신이었는데, 한나라가 망하자 그 원수를 갚고자 박랑사(博浪沙)에서 역사(力士)를 시켜 철퇴(鐵槌)로 진시황을 쳤으나 실패. 후에 하비(下邳)의 이상(圯上)에서 황석공으로부터 병서를 받고, 한 고조 유방의 모신(謀臣)이 되어 진나라를 멸망시키고 초나라를 평정하여 한업(漢業)을 세웠으며, 그 공으로 유후(留侯)에 봉해졌다.

114) 전한(前漢)의 사가(史家). 자는 자장(子長)이며 태사령(太史令) 사마담(司馬談)의 아들. 무제(武帝) 때 흉노에게 항복한 이릉(李陵) 일족을 변호하다가 무제의 격노를 사서 궁형을 당했다. 그 후 중서령(中書令)이 되었고, 부친이 끝내지 못한 수사(修史)의 업을 계승하여 태사령으로 있을 때 궁중에 비장된 도서를 마음껏 읽었다. 궁형을 당한 후에는 130편의 거작『사기(史記)』를 완성했다.

115) 성당(盛唐) 때의 대 시인. 자는 태백(太白), 호는 청련(靑蓮). 두보(杜甫)와 함께 시종(詩宗)으로 추앙받으며,『이태백집(李太白集)』30권이 있다.

116) 성당(盛唐) 때의 대 시인으로 자는 자미(子美), 호는 소릉(少陵). 이백과 함께 그 이름을 나란히 하여 이두(李杜)로 일컬어진다. 그의 시는 웅혼(雄渾) 침통(沈痛)하고 정이 충일(充溢)하며, 저서에『두공부집(杜工部集)』20권이 있다.

117) 삼국시대 촉한(蜀漢)의 용장으로 자는 운장(雲長). 용모가 괴위(魁偉)하고 특히 긴 수염으로 유명하다. 장비(張飛)와 함께 유비(劉備)를 도와 공이 컸으며, 뒷날 형주(荊州)를 지키다가 여몽(呂蒙)의 장(將) 마충(馬忠)에게 피살되었다.

118) 관운장(關雲長)이 밤새도록 촛불을 밝히고 글을 읽었다는 말.

119) 삼국시대 촉한(蜀漢)의 용장으로 자는 익덕(益德). 관우와 함께 유비를 도와 전공을 세웠음. 오나라를 치고자 출병했다가 부하에게 피살되었다.

120) 편장(偏將), 즉 대장을 돕는 한 방면의 장수. 부장(副將). 장좌(將佐).

당돌하다 오왕손권吳王孫權121) 꾀 많은 위왕조조魏王曹操122)

삼분천하三分天下 분분紛紛중에 이도 또한 영웅이되

동작대銅雀臺123) 석두성石頭城124)에 영혼이 자취 없고

부춘산富春山 돌아드니 엄자릉嚴子陵 간데없고125)

적벽강赤壁江 굽어보니 소자첨蘇子瞻 어데 갔노126)

진처사晉處士 도연명陶淵明127)은 집터만 비어 있네

왕사王榭의 장한 풍류風流 연자燕子만 나라들고

곽분양郭汾陽 백자천손百子千孫 일시一時호강 너뿐이라

도주128)의돈129)석숭130)이는 부자 중富者中에 으뜸이라

● ●

121) 삼국시대 오나라의 초대 황제. 형 손책(孫策)의 뒤를 이어 강동(江東)을 영유(領有)하고 유비(劉備)와 함께 조조(曹操)를 적벽(赤壁)에서 대파했음.

122) 후한 사람. 자는 맹덕(孟德)으로 권모에 능하고 시를 잘 했으며 헌제(獻帝) 때 재상이 되고, 위왕(魏王)으로 봉해졌다. 그의 아들 비(丕)가 제위(帝位)에 올라 무제(武帝)라 추존했다.

123) 위나라 조조(曹操)가 쌓은 대(臺).

124) 오나라 손권이 쌓은 성(城).

125) 엄자릉(嚴子陵)은 후한의 여요(餘姚) 사람 엄광(嚴光)으로 자릉(子陵)은 그의 호. 어릴 때 광무제(光武帝)와 같이 공부했는데, 광무제가 즉위하자 변성명하고 숨어 사는 것을 광무제가 찾아 간의대부(諫議大夫)를 제수하였으나 사양하고 부춘산(富春山)에 은거했다. 후세 사람이 그의 낚시질하던 곳을 일러 엄릉뢰(嚴陵瀨)라 했다.

126) 소자첨(蘇子瞻)은 송나라 문장가 소식(蘇軾)으로 자는 자첨(子瞻), 호는 동파(東坡). 순(洵)의 장자로서 아버지와 동생과 함께 당송팔대가의 한 사람. 신종(神宗) 때 왕안석(王安石)과 뜻이 맞지 않아 황주(黃州)로 좌천되어 동파(東坡)라 자호했으며 철종(哲宗) 때 소환되어 한림학사, 이부상서(吏部尙書)가 되었다.

127) 동진(東晋)의 자연시인 도잠(陶潛)으로 연명(淵明)은 자. 주좨주(州祭酒)로부터 뒤에 팽택(彭澤)의 영(令)이 되었으나 80여 일만에 〈귀거래사(歸去來辭)〉를 읊고 벼슬을 떠나 전원생활을 즐겼다. 그의 시에는 높은 기품과 생에 대한 애정이 넘쳐 있다.

128) 월왕(越王) 구천(勾踐)의 신하 범려(范蠡)의 변명(變名). 축재(蓄財)의 재주가 있어 19년 동안 세 차례 천금(千金)의 치부를 하였다.

129) 춘추시대 노국(魯國)의 대 부호.

130) 진나라 남피(南皮) 사람으로 자는 계륜(季倫). 형주자사(荊州刺史)를 거쳐 위위

일생일사一生一死 한정限定있어 값으로도 못 사내고

월서시[131] 우미인[132]과 왕소군[133] 양귀비[134]는

선후천년先後千年 내려오며 경국지색傾國之色 갖췄으되

옥태화용玉態花容 고운양자樣子 진애 중진애中塵埃中에 묻혀있고

추우오동秋雨梧桐 엽락시葉落時에 영혼이 슬퍼울고

팔백년 팽조수彭祖壽[135]와 삼천갑자 동방삭東方朔[136]도

피일시彼一時 차일시此一時라 죽어지면 그만이오

안기생[137] 적송자[138]는 동해상의 신선이라

귀로만 들어있지 눈으로 못 보와라

한실漢室택종 사호선생四皓先生[139] 상산商山이 멀었어라

천지도 개벽開闢하고 일월日月도 회명晦明커든

하물며 우리인생 천만년 장생長生하랴

춘화홍春花紅 추엽낙秋葉落에 세월이 덧없나니

이러한 태평성세太平聖世 아니 놀든 못하리라

조선 삼백 육십일 주 간 곳마다 태평이되

어찌타 우리거창居昌 읍운邑運이 불행하여

- - - - - - - - - - - - - - - - - -

(衛尉)로 있을 때 남을 시켜 해상무역을 했으며, 그로 인해 거부(巨富)가 되어 왕
개(王愷)·양수(羊琇) 등과 서로 호사를 다투었다.

131) 오나라 임금 부차(夫差)의 총희(寵姫)였던 월나라 미인.

132) 초나라 항우의 총희(寵姫).

133) 전한(前漢) 효원제(孝元帝)의 궁녀로 이름은 장(嫱). 칙명으로 흉노의 호한사선우
(呼韓邪單于)에게 시집갔다.

134) 당나라 현종의 총희(寵姫).

135) 팽조(彭祖)는 신선의 이름. 요임금의 신하로서 은나라 말년까지 팔백세를 살았다
고 전해진다. 전(轉)하여 사람의 장수(長壽)를 이른다.

136) 전한(前漢) 때의 사람. 자는 만천(曼倩). 무제(武帝)를 섬겨 금마문시중(金馬門侍
中)이 되었으며 해학(諧謔)과 변설(辯舌)에 능했다.

137) 진시황 때의 선인(仙人), 포박자(抱朴子).

138) 신농씨(神農氏)적 선인(仙人).

139) 한고조(漢高祖) 때 상산(商山)에 숨은 네 노인. 곧, 동원공(東園公), 기리계(綺里
季), 하황공(夏黃公), 녹리선생(甪里先生) 등 모두 희다고 하여 호(皓)라 했다.

일경一境이 도탄塗炭되고 만민萬民이 구갈俱竭하니

요순堯舜의 성치聖治로서 사흉四凶140)이 있었으며

제위왕齊威王141)의 명감明鑑으로 아대부阿大夫 있단 말가

일월이 밝건마는 복분伏盆에 난조難照하고

양춘陽春이 포덕布德인들 음애陰崖에 미칠 소냐

이재가李在稼142)가 어인재며 저제가가 어인잰고143)

거창이 폐창廢昌되니 재가가 망가하리

제리諸吏가 간리奸吏되고 태수太守가 원수怨讐로다

책방144)이 취방取房145)되고 진사進士146)가 다사多事하다

어와 세상 사신님 네 우리 거창 폐단弊端 들어 보소

재가147)가 내려온 후 온갖 폐단 지어내니

구중천리 멀고멀어 이런 민정民情 모르시고

징청각148) 높은 집에 관풍찰속觀風察俗 우리 순상巡相149)

읍보邑報150)만 준신遵信하니 문불서양問佛西洋151) 아닐런가

- - - - - - - - - - - - - - - -

140) 요임금 때 네 명의 악인(惡人). 곧, 공공(共工), 환두(驩兜), 삼묘(三苗), 곤(鯀) 등을 말함. 공공은 궁기(窮奇), 곤은 도올(檮杌), 삼묘는 도철(饕餮)이라고도 한다.

141) BC.357~320, 38년간 재위한 제나라의 현군.

142) 정유년(丁酉年: 헌종3년, 1837)부터 신축년(辛丑年: 헌종7년, 1841)까지 거창 수령으로 재직했던 이재가(李在稼). 이재가(1783~1865)는 청백리의 후예로서 광능참봉으로 봉해졌다가 안주목사를 지냈으며 80세 되던 임술년(1862)에는 조관(朝官)으로서 통정대부 돈녕부 도정에 봉해졌다.

143) '이재가'에 대한 어희(語戱).

144) 고을 원의 비서(秘書) 사무를 맡아보는 사람. 관제에 있는 직책은 아니고 사사로이 임명했다.

145) 재물을 수취(收取)한다는 의미에서 쓴 말.

146) 생진과(生進科)에서 진사초시(進士初試)와 복시(覆試)에 입격(入格)한 사람.

147) 이재가(李在稼).

148) 정치를 맑고 깨끗하게 하는 집이라는 뜻에서 감영(監營)을 달리 부르는 말.

149) 순찰사(巡察使)의 약칭. 순찰사는 임금의 명으로 지방의 군무(軍務)를 순찰하던 임시 벼슬이나 또는 그 벼슬아치. 대개 한 도(道)의 군무를 순찰하던 벼슬이나 그 벼슬아치를 말하기도 하며 이 경우는 대개 관찰사(觀察使)가 겸임했다.

150) 고을의 관부에서 올리던 보고.

이노포吏奴逋152) 만여석萬餘石을 백성이 무슨 죈가

너돈식四錢式 분급分給하고 전석全石으로 물려내니

수천석數千石 포흠아전逋欠衙前153) 매 한 개 아니 치고

두승곡斗升穀154) 물리잖고155) 백성만 물려내니

대전통편大典通篇156) 조목 중條目中에 이런 법이 있단 말가

이천사백 방채전放債錢157)이 이도 또한 이포吏逋여든

결복結卜158)에 붙여내어 민간民間에 징출徵出하니

왕세王稅가 소중커든 요마幺麼한159) 아전포흠衙前逋欠

왕세王稅에 붙였다가 임의任意로 작간作奸할까

호수戶首160)도 백성百姓이라 또다시 원징冤徵시켜

아전포흠 수쇄收刷161)하니 비단 금년 폐단弊端이라

• • • • • • • • • • •

151) 부처를 서양에 묻는다는 뜻으로, 전혀 이치에 닿지 않는 엉뚱한 일이라는 말.

152) 아전이나 관노(官奴) 등이 포탈한 돈이나 곡식.

153) 환곡이나 부세를 중간에서 떼어먹은 아전.

154) 한 말이나 한 되, 즉 보잘 것 없는 양의 곡식.

155) 변상하게 하지 않고.

156) 조선조 22대 정조(正祖)의 명을 받아 김치인(金致仁) 등이 편찬한 법전. 『경국대
전(經國大典)』, 『대전속록(大典續錄)』, 『대전후속록(大典後續錄)』, 『수교집록(受
敎輯錄)』, 『속대전(續大典)』 등의 모든 전장(典章)을 집성한 6권 5책의 목판본.

157) 지방관청의 예상치 못한 대사(大事)에 쓰기 위해 마련한 지칙전(支勅錢)가운데
필요한 액수만 남겨 놓고 나머지를 백성들에게 빌려주고 이자를 받던 돈.

158) 결(結)과 복(卜), 곧 전지(田地)의 단위 면적. 양전척(量田尺)으로 1척 평방(平方)을
파(把: 줌)라하고 10파를 1속(束)으로, 10속을 1부(負 또는 卜: 짐)로, 1백부를 1결
(목)이라 한다. 결복은 전지의 면적 또는 전세(田稅)를 의미하는 말로 사용된다.

159) 작고 보잘 것 없는.

160) 여덟 결(結)을 1부(夫)로 삼아 여러 전부(佃夫) 가운데서 재산이 넉넉하고 부지런
한 자 한 사람을 선발하여 부내(夫內)의 전부(佃夫)로부터 부세(賦稅)를 받아 관
아에 바치는 것을 책임 맡은 사람을 말한다. 지방의 토호 가운데는 혼자서 많은
경우 수십 개의 부(夫), 적은 경우 십여 개 부의 호수를 겸하여 1결당 정조(正租)
100말씩을 전부로부터 징렴(徵斂)하는 자도 있었다 한다. 1744년에 반포된 『속대
전(續大典)』에서 처음으로 8결 작부(作夫) 호수(戶首) 제도가 법조문화 되었다.

161) 수봉(收捧). 즉 세금을 징수하는 일. 혹은 남에게 빌려준 돈이나 외상값 따위를
거두어들이는 일을 뜻하기도 한다.

명년明年가고 우명년又明年에 몇천년千年 폐단이야

본 읍 지형 둘러보니 삼가162)합천163) 안의164)지례165)

사읍 중四邑中 처하여서 매년결복每年結卜 상정詳定할 제

타읍은 열한두 냥兩 민간民間에 출질出秩하되

본 읍은 십육칠 냥十六七兩 연년年年이 가징加徵하며

타읍도 목상납木上納166)에 호조혜청戶曹惠廳167) 밧자하니168)

다 같은 왕민王民으로 왕세王稅를 같이하며

어찌타 우리 골은 두세 냥씩 가징한다

더군다나 원통할 사 백사장의 결복結卜이라169)

근래에 낙강성천落江成川170) 구산邱山같이 쌓였는데171)

• • • • • • • • • •

162) 현재 경남 합천군 남부에 있는 면으로 소재지는 일부리(一部里). 대체로 300m 이하의 구릉성 산지로 되어 있다.

163) 경상남도 북서부에 있는 군. 거창과 인접해 있으며 조선시대의 합천군, 초계군 (草溪郡), 삼가현(三嘉縣) 등 3개 군현이 합하여 이루어진 곳.

164) 안의현(安義縣). 안음현(지금의 경남 함양군 안의면·서하면·서상면, 거창군 마 리면·위천면·북상면 일대)의 조선 후기 이름.

165) 지례현(知禮縣). 경상북도 지례면·구성면·부향면·대덕면·증산면 일대에 있 던 옛 고을.

166) 공부(貢賦)를 무명이나 광목으로 납부하던 일.

167) 호조(戶曹)의 선혜청(宣惠廳). 대동미(大同米)·포(布)·전(錢)의 출납을 맡아보 던 직소(職所).

168) '밧자(밧지)'는 '봉상(捧上)'. 봉상은 금전이나 물품 따위를 수납하는 일.

169) 수재(水災)를 당하여 제방이 무너지거나 범람할 경우 성천복사(成川覆沙), 즉 전 지(田地)에 모래가 덮여 모래사장으로 변하게 되는데, 이럴 경우 면결(免結)되었 다. 그럼에도 불구하고 당시의 수령과 아전들은 수재로 인하여 모래사장이 되어 버린 전지에 결복(結卜)함으로써 원징(冤徵)의 폐단을 만들어 냈다.

170) 낙강(落江)은 제방이 무너지거나 범람하는 것을 뜻하고 성천(成川)은 '성천복사 (成川覆沙)', 즉 개천으로 되어버린 전지(田地)와 모래가 덮여버린 전지를 말한다. 이럴 경우는 구진전(舊陳田)·금진전(今陳田)·미이앙(未移秧)·재감전(災減田) 등과 함께 면결(免結)되었다(『譯註 牧民心書 II 제 6부 戶典 六條』 참조). 그럼 에도 불구하고 당시의 수령과 아전들은 수재로 인하여 모래사장이 되어버린 전 지에 결복(結卜)함으로써 원징(冤徵)의 폐단을 만들어 냈던 것이다.

171) 강물이 범람하여 전지(田地)를 덮어버린 모래가 산처럼 쌓여 있다는 말.

절통切痛타 이 내 백성 재災172)한 짐173) 못 먹어라

재결災結174)에 회감會減175)함은 묘당176)처분 있건마는

묘당회감廟堂會減 저 재결을 중간투식中間偸食 뉘 하느냐

가포價布177)중 악생포樂生布178)는 제일로 된179)가포라

삼사년 내려오며180) 탐학貪虐이 자심滋甚하다

악생포 한 당번當番을 일향一鄕이 편침編侵하며181)

많으면 일이백 냥 적으면 칠팔십 냥

모야무지暮夜無知 남모르게 책방冊房으로 들어가니

이 가포 한 당번에 몇몇 집이 탕산蕩産한고

그 남은 허다가포許多價布 수륙군병水陸軍兵 던져두고182)

선무포183) 제번포184)며 인리포人吏布185) 노령포奴令布186)라

● ● ● ● ● ● ● ● ● ●

172) 수재(水災)나 한재(旱災) 등으로 전지(田地)가 피해를 입었을 경우 받게 되는 조세(租稅) 감면의 혜택.

173) 한 짐은 '일부(一負)'. '부(負)'는 면적 단위명의 하나. 1파 또는 한 줌을 기준면적으로 10줌을 1속(束) 또는 한 단, 10속을 1부(負) 또는 한 짐, 100부를 1결(結) 또는 1목으로 했던 중간 면적단위였다. 실제로는 장년 농부의 열 손가락 폭을 10지(指)로 한 지척(指尺) 64척이 만드는 정사각형의 넓이에 해당하는 것으로 실질적인 면적은 154.3㎡였다. 우리나라의 양전법(量田法)에서는 기준면적을 1결(結) 아닌 1부로 하고 있었으므로 1부를 표준면적단위로 보아야 한다. 옛날 조세량(租稅量)의 경우 1부당 3승(升)씩 한 것도 그 때문이다. 대한제국 광무 6년(1902)부터 100㎡인 1a를 1부로 제정했다.

174) 재앙을 입은 전지(田地).

175) 줄 것과 받을 것을 상쇄(相殺)하여 나머지만 내게 함.

176) 조정(朝廷).

177) 일정한 신역(身役)을 치러야 할 사람이 출역(出役)하지 아니하고 그 역의 대가로 바치는 각종 포목(布木).

178) 악생보포(樂生保布), 즉 악생보(樂生保)(조선시대 악생에게 급여된 보인)가 바치는 베나 무명으로 악생들에게 지급한 급료.

179) 무거운. 심한.

180) 수령 이재가의 재임기간을 말함.

181) 한 고을을 얽어매어 침탈하며.

182) 그만두고.

183) 선무군관(選武軍官)의 보포(保布). 지방 향군(鄕軍) 중에서 선출된 군관을 선무군

각색各色다른 저 가포로 백가지로 침책侵責하며

김담사리金淡沙里 박담사리朴淡沙里[187] 큰 애기 작은애기[188]

어서가고 바삐 가자 형작청刑作廳[189]에 잡혔도다

전촌前村에 짖는 개는 관차官差[190]보고 꼬리치며

뒷집의 우는 아가 이교吏校[191]왔다 우지마라

일신양역[192] 원통중의 황구충정黃口充丁[193] 가련하다

- - - - - - - - - -

관이라 하며, 이 군관에게 주던 보포를 말한다.

184) 번상(番上)의 의무를 면해주는 대가로 금위영(禁衛營)과 어영청(御營廳)에 치르던 포목.

185) 인리보(人吏保)가 바치는 베나 무명.

186) 노령보포(奴令保布), 즉 지방 관아의 관노(官奴)와 사령(使令)에게 급여된 보인(保人)들이 바치는 베나 무명.

187) '짐담사리 박담사리'는 군정(軍政)의 폐단을 빚어내던 가명(假名)과 허록(虛錄)의 예다. 『목민심서(牧民心書) 병전(兵典) 육조(六條)』(『역주 목민심서 Ⅳ』, 118쪽)에 다음과 같은 설명이 나온다. "군포계(軍布契)라는 것은 1백호(戶)가 사는 한 마을이 상족(上族)과 하족(下族)을 막론하고 모두 돈 1냥씩을 내어 원금과 이자를 불려서, 한 해에 불어난 그 이자를 거두어 군미(軍米)와 군포로 납부하는 것이다. 이 계가 이미 설치되매 군적에 오른 장삼이사(張三李四)는 모두 가명으로 충당된 것이고 허록으로 만들어진 것이다. 이미 죽은 사람도 그 이름이 남아 있거나 본래 있지 않은 사람의 이름을 허작(虛作)하기도 하였다. 군포계에 들어가는 날 그 나이 15세인데, 15세 동자(童子)의 이름을 차용하여 관청에 파기(疤記)(원주: '파'란 얼굴의 흉터 따위인데 군적에 기록하는 것이다)를 바치고 46년 동안 무사히 군역을 치러 61세에 이르면 이에 노제(老除)된다. 또 다시 거짓 이름을 지어서 46년 동안 무사히 군역을 치르게 한다. 그 마을의 군역이 20명이면 20명이 모두 허록이며 30명이면 30명이 모두 허록이니, 이것이 서로(西路)의 군포계법이다."

188) 어린아이가 새로 태어나면 그 이름이 이미 군적(軍籍)에 오르는 일, 즉 황구첨정(黃口簽丁)을 말한다.

189) 아전이 일을 보던 관아(官衙).

190) 관아에서 보내는 아전, 군노(軍奴), 사령(使令) 등의 관리들.

191) 아전과 장교(將校).

192) 양민(良民)이 해야 할 국가에 대한 역무(役務).

193) 황구첨정, 즉 어린아이가 새로 태어나면 즉시 그 이름을 군적(軍籍)에 올려 세금을 부과하던 일.

생민가포生民價布194) 던져두고 백골징포195) 무슨 일고

황산고총荒山古塚196)노방강시路傍僵屍197) 너의 신세 불쌍하다

너 죽은 지 몇 해 관대 가포 돈 어인 말고

죽은 송장 다시 파서 백골포양白骨曝陽 처량하다

가포탈價布頉198) 네 원정冤情199)을 호령하여 쫓아내니

월락삼경月落三更 깊은 밤과 천음우습天陰雨濕 슬픈 밤의

원통타 우는 소리 동헌대공東軒大空 함께 운다

청상과택靑孀寡宅 우는 소리 그대 신세 처량하다

전생연분前生緣分 이생 언약言約 날 바리고 어데 간고

엄동설한嚴冬雪寒 차온 밤에 독수공방獨守空房 더욱 섧다

남산南山의 지슨 밭을 어느 장부 갈아주며

동원東園에 익은 술을 뉘 데리고 권할 소냐

어린 자식 아비 불러 어미 간장 녹여낸다

엽엽히 우는 자식 배고프다 설은 사정事情

가장 생각 설은 중에 죽은 가장 가포 났네

흉악할 사 주인 놈이 과부 손목 끌어내어

가포 돈 던져두고 차사전례差使前例200) 먼저 찾아

필필疋疋이 짜는 베를 탈취하여 간단 말가

흉악하고 분한 일을 또다시 들어 보소

정유년201) 시월달에 적화면赤火面202)에 변變이 났네

. . . .

194) 살아있는 사람에게 부과하던 가포(價布).

195) 죽은 사람에게 가포(價布)를 징수하던 일.

196) 황폐한 산 위의 오래 된 무덤들.

197) 길가에서 얼어 죽은 송장들.

198) 수령과 아전들이 백성들로부터 각종 명목으로 세금을 받아내어 포탈하던 일.

199) 수령과 아전의 가렴주구에 대한 억울함을 하소연하는 일.

200) 차사(差使)들이 행해오던 전례(前例).

201) 헌종 3년(1837).

202) 적화현(赤火縣). 지금의 경남 거창군 웅양면(熊陽面) 서북부 일대. 조선조 말까지 거창군 적화면이었고, 지금은 적화(赤火), 적하(赤霞) 등으로 불림.

우거양반(寓居兩班203) 김일광金日光이 선무포가 당한 말가204)

김일광이 나간 후 해면임장該面任掌 수포收布할 제

양반내정兩班內庭 돌입하여 청춘과부 끌어내니

반상명분班常名分 중重한 중에 남녀유별 지엄至嚴커든

광언패설 하감何敢으로 두발부예頭髮扶曳205) 하단 말가

장하다 저 부인네 이런 욕辱 당한 후에

아니 죽고 쓸 데 없어 손목 끊고 즉사하니

백일白日이 무광無光하고 청산靑山이 욕열欲裂이라

백년해로百年偕老 삼생언약三生言約 뜬구름이 되었어라

만리전정萬里前程 이내목숨 일검 하一劒下에 죽단 말가

흉악凶惡하다 임장任掌206)놈아 너도 또한 인류人類어든

여모정렬女慕貞烈 굳은 마음 네라 감히 능모陵侮할까

만경창파萬頃蒼波 물을 지어 나의 분憤함 설치雪恥하고자

남산녹죽南山綠竹 수數를 둔들 네 죄목罪目에 더할 소냐

열녀정문烈女旌門207) 고사하고 대사代死208)도 못시키니

두견성杜鵑聲 세우 중細雨中에 영혼인들 아니 울까

금년사월 본읍 우박209) 그 설원雪冤이 아닐런가

- - - - - - - - - -

203) 남의 집에 붙어살던 양반.

204) 양반들은 선무포(選武布)의 의무가 없었음.

205) 머리털을 잡고 끌며 곤욕을 줌.

206) 호적(戶籍)을 개정(改正)할 때 임시로 차임(差任)하던 하급 직장(職掌)으로 경중(京中)에는 별문서(別文書)・별유사(別有司), 외방(外方)에는 면임(面任)・이임(里任)・감고(監考)가 있었다.

207) 효자(孝子), 충신(忠臣), 열녀(烈女) 등을 표창하기 위해 그 집 문 앞에 세우는 붉은 문(門).

208) 살인자를 사형에 처하는 일.

209) 『헌종실록 6, 5년 5월 18일』, CD-ROM 국역 조선왕조실록 제3집(경상 감사 김도희가 아뢰기를, "비안현 정북면에 4월 27일 폭풍이 불고 소나기가 쏟아질 때 우박이 내렸는데, 큰 것은 표주박만하고 작은 것은 주먹 만 하였습니다. 그래서 민가가 표몰하여 무너지고 사람과 가축이 엄몰하여 죽었습니다. 그리고 10리의 큰 들이 문득 적지가 되었는데, 모맥은 뿌리는 있어도 줄기가 없고, 못자리의 볏모와 밭의 채소가 남은 것이 없으며, 산 위의 잡목은 가지와 잎이 죄다 떨어져 버렸습

학정虐政도 하거니와 남살인명濫殺人命 어인일고

한유택韓有宅 정치광鄭致光과 전대부全大夫210) 강일상아

너희들은 무슨 죄로 장하杖下에 죽단 말가

한 달 만에 죽은 사람 보름 만에 죽은 백성

오륙인五六人 되었으니 그 적원積怨이 어떠할꼬

불상타 저 귀신아 가련하다 저 귀신아

용천검龍泉劍211) 비껴들고 일산日傘앞에 전배前陪212)서며

아침저녁 개폐문開閉門에 고각성鼓角聲에 울어주니

공산편월空山片月 조각달과 백양청사白楊靑莎 떨기 중에

원통타 우는 소리 재가신명在稼身命 온전穩全할까

비명非命에 죽은 원정冤情 염라국閻羅國에 상소上疏하니

염라대왕 비답批答213)하되 너의 정지情地 가련하다

아직 물러 고대苦待하면 별반엄치別般嚴治 내 하리라

야차나찰夜叉羅刹214) 쇠사슬로 뉘 분부라 거역할까

우리 명부冥府 십전十殿215)중에 철산옥鐵山獄이 제일 중타

진지조고秦之趙高216) 송진회宋秦檜217)도 다 그곳에 갇혔으니

• • • • • • • • • • • • • • • •

니다. 그리고 골짜기에 쌓인 우박이 3일 동안 녹지 않았습니다. 용궁현의 동면·남면 등 5면과, 예천현의 현내·현동 2면과, 함창현의 서면·북면 2면과, 의성현의 북부 등 6면에도 우박이 내려서 각종 곡물이 손상을 입어 거의 남은 것이 없습니다."하였다.) 참조.

210) 「폐장」에 김부대(金夫大)가 나오는 점으로 미루어, 이 경우는 '김부대'의 오기(誤記)가 아닌가 한다.

211) 옛날 중국의 보검(寶劍).

212) 벼슬아치의 행차 때나, 상관에서의 배견(拜見) 때 앞을 인도하던 관예(官隸).

213) 상소(上疏)에 대한 임금의 하답(下答).

214) 야차(夜叉)는 범어(梵語) yaksa의 음역(音譯). 사람을 해치는 사나운 귀신으로 두억시니라고도 함. 나찰(羅刹)은 사람을 잡아먹는 악귀(惡鬼).

215) 명부(冥府)는 저승, 황천(黃泉). 십전(十殿)은 염라국에서 죄인들을 응징하던 열 개의 옥(獄).

216) 진(秦)나라의 환관(宦官)으로 옥법(獄法)·사서(史書)에 능하고 기운이 강했다. 진시황이 죽자 승상 이사(李斯)와 짜고 조서(詔書)를 고쳐 장자 부소(扶蘇)를 죽이고 차자 호해(胡亥)를 이세(二世)로 삼아 자기가 승상이 되었으며, 다시 이사를

예로부터 탐관오리貪官汚吏 철산옥鐵山獄을 면할 소냐

작년 회곡218)향회219)판에 통문수창通文首唱220) 사실査實하여

이우석李禹錫 잡아들여 죽일 거조擧措 시작하니

그 어머니 거동擧動보소 청상과택靑孀寡宅 키운 자식

악형惡刑함을 보기 싫어 결항치사結項致死221) 먼저 하니

고금사적古今事蹟 내어 본들 이런 변變이 또 있을까

폐단없이 치민治民하면 회곡향회會哭鄕會 거조擧措할까

개과천선改過遷善 아니하고 무죄백성無罪百姓 죽게 하나

춘추순春秋巡222) 감사監司223)들에 거행이 자락自樂하다

민간차일民間遮日 받아들여 관가사면官家四面 둘러치니

칙사행차勅使行次224) 아니어든 백포장白布帳이 무슨 일고

본 읍 삼백삼십 동洞에 삼십동은 차일遮日 받고

삼백 동은 속贖225)을 받아 합한 돈이 오륙백 냥五六百兩

책방冊房이 분급分給받아 공방아전工房衙前 살찌거다

대차담大茶啖 소차담小茶啖226)에 나라회감會減 있건마는

• • • • • • • • • • • • • • •

무살(誣殺)하고 이세(二世)마저 시살(弑殺), 자영(子嬰)을 옹립한 후 또 다시 자영을 죽이고자 꾀하다가 자영이 앞질러 조고의 삼족을 멸했다.

217) 남송 고종 때의 재상. 자는 회지(會之). 악비(岳飛)를 무고하여 죽이고 주전파(主戰派)를 탄압하여 금나라와 굴욕적인 화약(和約)을 체결하였으므로 후세에 대표적인 간신으로 지목되었다.

218) 회곡(會哭)은 회곡관문(會哭官門)의 준말로 여러 사람이 관문에 몰려가서 곡을 하던 일. 지방의 유생들이 수령에게 불만이 있을 경우 몰려가 곡을 함으로써 시정을 요구하던 일종의 시위 행위.

219) 각 지방의 향소(鄕所) 단위로 그 고을의 일을 논의하기 위한 고을사람들의 모임.

220) 여러 사람들에게 취지문이나 궐기문을 기안(起案)·작성·배포(配布)하여 시위를 일으킨 주모자.

221) 목을 매어 죽음.

222) 봄, 가을로 관내를 순찰함.

223) 각도 관찰사(觀察使)의 이칭(異稱).

224) 중국 황제의 명령을 받아 우리나라에 들어오는 사신의 행차.

225) 죄를 용서받는 대가로 돈이나 물품을 바치는 것.

226) 대소 다담상(茶啖床), 즉 지방 관아에서 관찰사 등 사신을 대접하기 위하여 차려

대소차담 드린 후에 별찬別饌으로 내아內衙진지227)

이러한 예의방禮義方에 남녀유별 자별自別커든

사돈팔촌査頓八寸 부당不當한데 내아 진지 무슨 일고

오백 리 봉화현奉化縣228)에 각화사覺化寺229) 어디 메요

산갓김치沈菜230) 구해다가 잔치 상에 별찬하니

나물반찬 한 가지를 오백 리에 구탄 말가

우리 거창 중대읍重大邑에 칼자감상231) 없다 하여

전주감영全州監營 치치 달아 감상칼자 세인賞引하니

안의 수安義倅 민치서閔致舒232) 기롱譏弄하여 이른 말이

내아內衙진지 하지 말고 내아수청內衙守廳233)하여 보소

너의 집 친기제물親忌祭物234) 오백리에 구할소냐

백성의 절각농우折脚農牛 어찌타 앗아다가

노령배奴令輩 내어주어 소 임자로 잃게 하니

옛 태수太守 공사함을 자세히 드려보소

큰 칼 팔아 큰 소 사고 작은 칼로 송치 사서235)

● ● ● ● ● ● ● ● ● ● ● ● ● ● ● ● ●

내던 성찬(盛饌).

227) 지방관아의 안채 즉 내동헌(內東軒)에서 베푸는 식사.

228) 경상북도 최북단에 있는 지역. 경관이 빼어난 고산준령으로 이루어졌으며, 안동 문화권에 속하는 문향(文鄕).

229) 경북 봉화군 춘양면 석현리 태백산에 있는 절. 대한 불교 조계종 제 16교구 본사인 고운사(孤雲寺)의 말사. 676년 원효(元曉)대사가 창건하고 1101년 무애(無礙)국사가 중건한 뒤 여러 차례의 중건 및 중수를 거쳐 1777년에는 삼재불입지(三災不入地)의 하나인 이곳에 태백산사고를 건립하여 왕조실록을 수호하게 한 뒤 8백여 명의 승려가 수도하여 국내 3대 사찰의 하나가 되었다.

230) 산갓으로 만든 김치.

231) 지방 관아에서 음식을 만드는 일을 맡은 하인.

232) 민치서는 헌종 4년(1838)~헌종 8년(1842) 안의(安義)의 수령으로 재임하다가 수의계파(繡衣啓罷)된 인물임. 거창군 website(http://www.keochang.kyongnam.kr) 참조.

233) 내아(內衙)에서 기생을 보는 일.

234) 부모 기제사(忌祭祀)에 쓰이는 제물.

235) 매검매우(賣劒買牛) 매도매독(賣刀買犢). 칼을 팔아 소를 산다는 말로 싸움을 그치고 농업에 나아감을 이름. 『前漢書, 循吏, 龔遂傳』(遂見齊俗奢侈 好末技不田作

농가의 극한 보배 공연히 잃단 말가

백성으로 원통하니 이런 치정治政 어떠할꼬

불쌍타 각 면임장各面任掌 폐의파립弊衣破笠 주저하며

허다 공납許多公納 수쇄 중收刷中에 춘하추동 월당月當있어

백성의 힘을 펴어 차례차례 시키더니

삼사년 내려오며236) 각양공납各樣公納 미리 받아

하등夏等에 바칠 공납公納 정초正初에 출질出秩하고237)

동등冬等에 바칠 공납 칠월七月에 독촉하여

중간요리中間要利 임의하고 상납한정上納限定 여전如前하다

민간수쇄民間收刷 천연遷延한데 관가독촉 성화星火같다

체계遞稧돈 장변리場邊利238)를 전전轉轉이239) 취해다가

급한 관욕官辱 면한 후에 이 달 가고 저 달 가매

육방하인 토색討索함은 염라국閻羅國의 귀졸鬼卒같다

추상秋霜같은 저 호통과 철석鐵石같은 저 주먹을

이리 치고 저리 치니 삼혼칠정三魂七情240) 나라난다

쓰는 것이 재물이요 드는 것이 돈이로세

기년납월期年臘月 수쇄 판에 이삼백 냥 포흠 지니

가장전지家庄田地 다 판 후에 일가친척 탕진蕩盡한다

이런 폐단 부족다고 또 한 폐단 지어 내되

창역조倉役租241) 열 말 나락 고금古今에 없는 폐단

• • • • • • • • • •

酒躬率以儉約 勸民務農桑 …… 民有帶持刀劍者 使賣劒買牛 賣刀買犢 曰 何爲帶
牛佩犢 春夏不得不趨田畝 …… 郡中皆有畜積 吏民皆富貴) 참조.

236) 이재가의 재임 동안 많은 민폐를 저질렀음을 강조한 말.

237) 등급과 액수를 매김.

238) 장(場)에서 비싼 변리로 돈을 꾸어주고 장날마다 본전의 얼마와 변리를 받아들이
는 일.

239) 이 사람 저 사람에게.

240) 삼혼(三魂)은 사람의 몸 가운데에 있는 세 가지의 정혼(精魂), 즉 태광(台光), 상
령(爽靈), 유정(幽精). 칠정(七情)은 일곱 가지 감정, 즉 희(喜)·노(怒)·애(哀)·
락(樂)·애(愛)·오(惡)·욕(欲).

241) 창역가(倉役價). 전세(田稅)를 징수할 때 창고에 들이어 쌓는 품삯의 명목으로 덧

작년이포昨年吏逋 수쇄하여 결환結還으로 분급分給하니

불수계방不受計方242) 맡겼으니 창색이식倉色利食 없다하여

매 결每結에 열 말 나락 법法밖에 가렴加斂하니

본 읍 원결本邑元結 헤아리니 삼천육백 여결餘結이오

열 말 나락 헤아리니 이천삼백 여석餘石이라

결환분급結還分給243) 하는 고을 조선팔도 많건마는

창역조倉役租 열 말 나락 우리 거창 뿐이로세

태조대왕 명命이신가 황정승黃政丞244)의 분부分付런가

입립간신粒粒艱辛245) 지은농사 필필고생疋疋苦生 짜는 베를

나라봉양奉養 던져두고 아전이식衙前利食 먼저 하니

어와 세상 선비님네 글공부 하지 말고

진사급제進士及第 구치 마오 부모처자 고생하니

벗어놓고246) 아전 되면 천종록千種祿이 게 있느니

쥘쌈지247) 아니어든 소매에 든단 말가

망석중248)이 되었는가 노닐 대로 놀아 준다

이포를 민징民徵시켜249) 읍외각창邑外各倉 추보追補하여250)

석수石數가 미충未充하여 분석分石251)하기 어인일고

• • • • • • • • • •

붙여 받던 세(稅). 『續大典 2, 戶典, 收稅』(諸道田稅上納時 每石加升三升 斛上三升 倉役價六升) 참조.

242) 헤아릴 방도도 받지 않고. 즉, 이익을 남길 여지도 없이.

243) 논밭의 결복(結卜)에 따라 환곡을 분배하여 억지로 꾸어주던 일. 또는 그렇게 꾸어주던 환곡.

244) 세종조의 정승 황희(黃喜).

245) 나락마다 힘 들여.

246) 덮어놓고.

247) 옷소매나 호주머니에 넣게 된 쌈지.

248) 망석중놀이의 주인공인 파계승.

249) 아전들이 떼먹은 것을 백성에게 징수함.

250) 읍 바깥에 있는 창고의 부족한 양을 추후로 보충함.

251) 지방의 이속(吏屬)들이 쌓아둔 환곡(還穀)에 겨나 쭉정이를 섞어 한 섬을 두 섬으로 만듦으로써 정곡(正穀)을 도둑질하던 일 또는 그 쭉정이. 임진왜란 이후의 혼

분석分石도 하려니와 허각공각虛殼空殼252) 더욱 분타

백주白晝의 분급分給하기 저도 또한 무렴無廉하여

간사奸邪한 꾀를 빚어 백성의 눈을 속여

환상분급還上分給 하는 날에 재인광대才人廣大 불러들여

노래하고 재주시켜 온갖 장난 다 시키며

전첨후고前瞻後顧하는 거동 이매망량魑魅魍魎 방사倣似하다

아깝도다 사모관대紗帽冠帶 우리 인군 주신 바라

이런 장난 다 한 후에 일락서산日落西山 황혼이라

침침칠야沈沈漆夜 분급하니 허각공각 분별할까

아전관속 현란중眩亂中에 장교사령將校使令 독촉督促하니

삼사십리三四十里 먼데 백성 종일 굶어 배고파라

환상 잃고 우는 백성 열에 일곱 또 셋이라253)

공사公事도 명결明決이요 글도 또한 문장이라

하빈이씨河濱李氏 산송제사山訟題辭254) 고금에 희한할 사

위석방분委席放糞255) 칭탈稱頉256)하여 부지천지不知天地 일렀으니

천지를 모르거든 군신유의君臣有義 어이 알리

민간폐단民間弊端 다 못하여 학궁學宮257)폐단 지어내니

향교서원 각 학궁의 색장色掌258)고자庫子259) 잡아들여

유건도포儒巾道袍 둘 씩 둘 씩 차례차례 받아내되

없다고 발명發明하면 속전贖錢 두 냥兩 물려내니

신축년260) 윤사월에 재가자제在稼子弟 경시京試 볼 제

. . . .

란을 틈타 자행되었음.

252) 주 251)의 분석(分石) 참조.

253) 모든 백성이 환상을 잃어버린다는 말.

254) 묘지에 관한 소송과 그에 관한 판결문.

255) 자리에 누워 일어나지 못하고 똥을 쌈.

256) 사고가 있다고 핑계함.

257) 향교(鄕校)의 별칭.

258) 성균관·향교·사학(四學) 등에 있던 유생(儒生)들의 소임 중 하나.

259) 관아에서 창고를 맡아보던 사람.

유건도포 받아다가 관노사령官奴使令 내어주어

장중場中에 접정接定할 제 노奴선비 꾸며내니

공부자孔夫子 쓰신 유건儒巾 노령배奴令輩 쓰단 말가

전후소위前後所爲 생각하니 분한 마음 둘 데 없어

초이경初二更에 못 든 잠을 사오경四五更에 겨우 들어

사몽似夢이듯 비몽非夢이듯 유형有形한 듯 무형無形한 듯

영검타 우리 부자夫子 대성전大聖殿261)에 전좌殿坐262)하사

삼천제자 나열 중에 안증사맹顔曾思孟263) 전배前陪264)서고

명도이천明道伊川265) 후배後陪266)서니 예악문물 빈빈하다

자하267)자공268) 청사請事할 새 자로269)의 거동擧動보소

사문난적斯門亂賊270) 잡아들여 고성대책高聲大責 이른 말씀

• • • • • • • • • • • •

260) 헌종 7년(1841).

261) 문묘(文廟) 안에 있는 공자(孔子)의 위패를 모신 전각.

262) 진압하듯 눌러 앉음.

263) 안회(顔回)·증자(曾子)·자사(子思)·맹자(孟子) 등 공자의 법통을 이은 네 사람.

264) 벼슬아치의 행차 때나 상관에의 배견(拜見) 때 앞을 인도하던 관예(官隸).

265) 정호(程顥)와 정이(程頤). 정호는 북송의 대유(大儒)로서 자는 백순(伯淳), 호는 명도(明道). 아우 정이(程頤)와 함께 주돈이(周敦頤)의 문인(門人). 우주의 본성과 사람의 성(性)이 본래 동일한 것임을 주장하였고 역(易)에 조예(造詣)가 깊었으며, 저서에 『식인편(識人篇)』, 『정성서(定性書)』 등이 있음. 정이도 북송의 대유. 자는 정숙(正叔), 호는 이천(伊川)이며 호의 아우임. 이천백(伊川伯)을 봉한 까닭에 이천선생이라 불렸다. 처음으로 이기(理氣)의 철학을 제창하여 유교 도덕에 철학적 기초를 부여하였으며, 저서에 『역전(易傳)』, 『춘추전(春秋傳)』, 『어록(語錄)』 등이 있다.

266) 관원의 행차에 뒤를 따르는 하인.

267) 춘추시대 위(衛)나라 사람. 성은 복(卜), 이름은 상(商). 자하(子夏)는 그의 자. 공자의 문인으로 자유(子游)와 함께 문학에 뛰어나 위문공(魏文公)의 스승이 되었다. 「시서(詩序)」, 『역전(易傳)』 등은 그의 저술이라 한다.

268) 위(衛)나라 사람으로 공자의 제자. 성은 단목(端木), 이름은 사(賜), 자공(子貢)은 그의 자. 구재(口才)가 있고 화식(貨殖)에 능하여 누천 금을 모았다 한다.

269) 노(魯)나라의 변(卞) 사람으로 성은 중(仲), 이름은 유(由), 자로(子路)는 그의 자. 계로(季路)라고도 하며 공자의 제자 가운데 정사(政事)에 뛰어났다.

270) 유교의 교리에 어긋나는 행위를 하는 사람.

우리 입던 유건도포 군로사령軍奴使令 당탄 말가

진시황271) 갱유분서坑儒焚書272) 네 죄목罪目에 더할 소냐

수족이처手足異處273) 나중하고 우선명고于先鳴鼓274)출송하라

우리 골 도산서원道山書院275) 학궁 중學宮中의 수원首院이라

한훤276)일두277) 동계선생278) 삼대현三大賢 배향配享하니

- - - - - - - - - - - - - - -

271) 진나라의 황제. 육국을 멸하여 천하를 통일하고 봉건제를 고쳐 천하를 군현(郡縣)으로 나누었으며 흉노 및 남월(南越)을 쳐서 강토를 확장한 후 만리장성을 쌓았다.

272) 진시황이 학자들의 정치비판을 금하기 위하여 경서(經書)를 태우고 학자들을 구덩이에 생매장한 고사(故事).

273) 허리를 베어 몸이 두 동강 남.

274) 명고(鳴鼓)는 성균관(成均館)의 유생 가운데 죄를 범한 자가 있을 때 그 자의 이름을 적어 붙인 북을 관(館) 안으로 치고 돌아다니며 널리 알리던 일.

275) 경남 거창군 가조면 일부리에 있던 서원. 1661년(현종 2) 문경공(文敬公) 김굉필(金宏弼)·문헌공(文獻公) 정여창(鄭汝昌)·문간공(文簡公) 정온(鄭蘊)·문원공(文元公) 이언적(李彦迪) 등 네 분의 학문과 덕행을 추모하기 위해 지방 유림의 발의로 창건하여 이 분들의 위패를 모셨다.

276) 단종 2(1454)~연산10(1504). 김굉필(金宏弼). 한훤(寒喧)은 호, 시호는 문경공(文敬公). 일두(一蠹) 정여창(鄭汝昌)과 함께 김종직(金宗直)의 문인으로 동방 5현의 한 사람. 무오사화 때 영남사림파의 거두로서 화천에 유배되었다가 갑자사화 때 사사(賜死)되었음. 정여창과 함께 가조면 도리(道里) 수포대(水瀑台)에서 성리학을 강론하여 향토문화의 발전에 크게 기여하였음.

277) 세종 32(1450)~연산 10(1504). 이름은 정여창(鄭汝昌), 호는 일두(一蠹), 시호는 문헌공(文獻公)으로 무오사화에 희생되었다. 일두는 33세에 진사, 40에 문과급제를 하여 안음현감을 지냈으며, 이 때 야로면에 우거하고 있던 동문수학 김굉필을 만나 가조면 도리 수포대에서 성리학을 강론하였다.

278) 선조 2(1569)~인조 19(1641). 조선 중기의 문신 정온(鄭蘊). 본관은 초계(草溪), 자는 휘원(輝遠), 호는 동계(桐溪)·고고자(鼓鼓子). 선조 39(1601년)에 진사가 되고, 광해 2년(1610) 별시문과에 을과로 급제하여 시강원설서·사간원정언 등을 역임하였으며 인조반정 후 사간·이조참의·대사간·대제학·이조참판 등 요직을 역임했다. 그의 현실대응 자세는 조식(曹植)에서 정인홍으로 이어지는 강개한 기질을 이어받아 척화론에서 유감없이 발휘되었고, '이황(李滉)-정구(鄭逑)-허목(許穆)'으로 이어지는 기호남인 학통 수립에도 큰 역할을 했다. 광주(廣州)의 현절사(顯節祠), 제주의 귤림서원(橘林書院), 함양의 남계서원(藍溪書院), 거창의

어떻게 소중하며 뉘 아니 공경할고
신축 팔월 추향 시에 각원유생各院儒生 입궁入宮할 제
각색 제물 타낼 적에 제물대구祭物大口279) 없다 커늘280)
없는 연고 책문責問하니 예방아전禮房衙前 고한 말씀
본관사또本官使道 어제 날로 뇌인댁에 봉물封物281)할 제
제물대구 없다하니 듣기조차 놀라워라
막중한 회감제물會減祭物282) 봉물 중封物中에 든단 말가
줄리 말리283) 힐난詰難타가 일락황혼日落黃昏 도라 올 제
질풍폭우疾風暴雨 산협 길에 제물원복祭物院僕 죽단 말가
회감제수 치패致敗되고 백주횡사白晝橫死284) 어인일고
사문에 얻은 죄를 신원伸寃할 곳 있을 소냐
전후폐단前後弊端 헤아리면 일필一筆로 난기難記로세
천리구중千里九重 깊고 깊어 민간질고民間疾苦 알 길 업다
아대부阿大夫 기운인가 청주목사淸州牧使 이배移拜로세285)
학민탐재虐民貪財 해다가 사상事上하기286) 일삼으니
불상타 청주백성淸州百姓 너의 골도 불행不幸하다
불측不測하다 이방우李芳佑야 앙급殃及할 놈 너 아니냐
말별감末別監이 벼슬이며287) 오십 냥이 천 냥이냐
의송議送288)쓴 정자육鄭子育을 구태어 잡단 말가

· · · · · · · · · · · · · · · · ·

도산서원(道山書院) 등에 배향되었다.

279) 제물로 쓸 대구어.
280) 없다고 하거늘.
281) 옛날 시골에서 서울의 벼슬아치에게 바치던 물건.
282) 나라에서 내려 보내던 제물.
283) 주느니 마느니.
284) 뜻밖의 재앙으로 죽음.
285) 거창부사로 있던 이재가는 신축년(헌종 7년, 1841) 하반기에 청주목사로 이배되었다.
286) 중앙에 있는 고관들 섬기기.
287) 말별감(末別監), 즉 좌수 밑의 별감들 가운데 가장 하급직이 벼슬이라고 할 수 있으며.

잡기도 심하거든 의송초議送草289)를 앗아다가
관가官家로 촉도捉導하니 그 포악暴惡이 오죽할까
거창 일경居昌一境 모든 백성 상하남녀 노소老少없이
비나이다 비나이다 하늘님께 비나이다
의송 쓴 저 사람을 무사방송無事放送 내어주소
살리소서 살리소서 일월성신 살리소서
만백성 위한 사람 무슨 죄 잇단 말가
장하다 윤치광尹致光290)아 굳세다 윤치광아
일읍폐단 고치자고 연년정배年年定配 절통切痛하다
청천靑天의 외기럭아 어디로 향하느냐
소상강瀟湘江291)을 바라느냐 동정호洞庭湖292)를 향하느냐
북해상北海上에 높이 떠서 상림원上林院293)을 향하느냐
청천일장靑天一張 지어다가 세세민정細細民情 그려내어
인정전仁政殿 용상龍床앞에 빨리 내려 노니다가
우리 성상聖上 보신 후後에 별반처분別般處分 내리소서
더디도다 더디도다 암행어사 더디도다
바라노니 바라노니 금부도사禁府都事 바라노니
부대 쌈에 잡아다가 노방가에 버리소서
어와 백성들아 연후然後에 태평세계太平世界라
만세만세萬世萬世 억만세에 여민동락與民同樂하오리라

288) 사인(私人)이 관찰사·순찰사 등에게 올리는 소장(訴狀)·청원서·진정서로서 소
지류(所志類)에 속하며, 서식 상 등장·단자·상서 등과는 차이가 있으나 소지와
는 가깝다. 대개 수령에게 소지를 올렸다가 관철이 되지 못하면 관찰사에게 의송
을 올리는데 때로는 수령이 사사(私事)로 호노(戶奴)를 통하여 관찰사에게 올리
는 경우도 있었다.
289) 의송(議送)의 초고(草稿).
290) 「폐장」에는 조장자(造狀者)로 되어 있음.
291) 소수(瀟水)와 상수(湘水) 등 두 강을 함께 이르는 말. 호남성(湖南省) 동정(洞庭
湖)의 남쪽에 있는데 그 부근은 경치가 좋아 팔경(八景)이 있음.
292) 중국 호남성 북부에 있는 중국 제일의 호수.
293) 천자의 동산 이름으로, 여기서는 임금이 있는 궁궐을 말함.

3. 「거창부폐장 초」원문

「居昌府弊狀 抄」

巡相國閤下 伏以凡物不平則鳴 鳴之雖哀 聽之者不哀 則其鳴也虛也 昨年 本邑吏逋一萬六千石 以四錢式分給全米一石式 徵民是白遣 又至今年所謂放債錢二千四百兩卽吏逋也 而報營以民弊 謂之革弊 付之結役 使民替徵 則夫王稅何等所重 幺麼之吏逋 濫徵於國結者 此乃忍人之不忍也 敢法之不敢也 前年亦以結定太高 至于會哭之擧 而見欺於從民 願更結定之 今矣至晚 結未更定 弊亦未祛 而鄉員中四爲刑配 三爲收贖 以至蕩産亡身之境是乎矣 徵民之逋吏 不受一杖 雪冤之狀民 箇箇刑配 則其恤民去弊之誼 固不如是 而以此爰呈營門 每承査報之題敎是乎矣 其査報文字 皆吏之操縱 則此眞問佛西洋 而吏習難以洞實是乎彌 民弊無時可祛 前後狀辭 玆敢帖連仰籲二天棠陰之下 伏乞更勿下査報之題是白遣 發關該府三狀頭及知事鄉員中 各一人式與首吏鄉 卽爲上使于營下 使爲同庭 頭査後 如有一毫誣訴 則特加斧鉞以徵生等誣上之罪是白遣 民情果係冤枉 則洞革諸般弊 使將散之民 以之而保 使將弊之邑 以之而全 千萬血祝之地

題曰 民訴若是累有不已矣 有委各色報民狀 每每相左 不可不一番査實後 乃可歸正 到付卽日三狀頭與犯逋諸吏 一一上使于營下 以爲嚴處之向事

巡相國閤下 夫士夫有爭臣 則不失其家 父有爭子 則身不陷於不義 官有爭民 則政不至於弊瘼 其義一也 前呈已承頭對之嚴題是乎彌 前呈只以還弊放債二件而已是乎矣 今則許多弊瘼一一枚擧爲去乎 更伏以勿以煩瀆爲嫌 而留神採納焉 夫大孝子事親之道 小杖則受之 大杖則避之 本邑民情 不可以大杖比也 諸葛公之相蜀也 罰二十以上 皆親覽焉 誠出於憂國恤民 而無辜之民或被其濫杖也 今閤下之按節嶺外 卽武侯之相蜀也 嶺民之仰視閤下 亦蜀民之望武侯也 今生等腰不足以待斧鉞 豈敢誣上 而自陷於亂民之科哉

本邑民事爲弊者六也 爲痛者三也 爲冤者二也 爲變者一也 其不敢言者一也 玆敢條列于左 伏惟這這親覽敎是後 狀內諸民 一一上使于營下 逐條嚴査 如有一毫誣訴 則極正生等誣上之罪 如繫冤枉 則革諸般弊瘼 使塡壑之民 復見天日之地 謹冒死以陳

一則還弊也 夫還上者 惟正之穀也 若民所不食之還 使之替徵 則豈可謂惟正之名哉 昨年 吏逋一萬六千石 以四戔式 分給全米一石式徵民 則所以非惟正之義也 其憂國之道 期以充庫爲主 則其犯逋之吏 自五百石以上 依法定刑是白遣 五百石

以下 亦勘配律 而蕩滌其家庄 然後徵用 則可以慰民情 可以懲吏習是乎矣 本邑則非但五百石 雖二千石逋吏良置 不受一杖 勘罪不合 徵當納 晏然自在 使民替徵則其餘不逋諸吏 私自謂曰 早知若此 吾等恨不逋五百石 生等 恐日後之逋 不知幾倍於已徵之逋 而不出十年 又不知幾萬石 徵民是乎 則到此民情當如何哉 且去年十二月十七夜 有盜犯庫是如 本城主 卽夜巡倉開庫摘奸 則有炬火新滅處 又有空石箕菉分石等物是去乙 拿入倉色 其枷嚴囚是如可 纔徑一夜 因卽放送 夫暮囚朝放 不知其意之那居也 吏之爲奸 還之爲弊 莫過於此邑 則此其一弊也.

一則結還也 本邑則東南三嘉陜川 西北安義知禮 而每年結定之時 接境四邑則每結十二三兩爲捧 本邑則必以十五六兩加徵 夫三安知陜 皆木納 而戶惠兩司之所納也 本邑亦木納 而戶惠兩司之所納 則木無異納 稅無異所 以一王之土民 共一王之貢賦 而奈之何 本邑則處於四邑之中 稅加於四邑者 不知其故之安在 其利之何歸 而又有至冤者 沙場之徵稅也 大抵 災結有減 自是廟堂處分 營門亦災報之關文 則雖有十數結蒙減 營關終無一把束免頉之官令也 夫結役太高莫過於此邑 則此其二弊也

一則軍政之弊也 夫軍伍者 入則侍衛 出則防禦 有國之不可無 爲政之不可濫 二三四年來 樂生一布侵編一鄕之饒民 而大戶則必一二百金而免焉 小戶則乃至七八十兩頉焉 以此一布不知幾人蕩産是乎彌 其餘水軍也 陸軍也 人吏保令奴保許多雜布 不一其端 而虛戶出 秩以金爲全 以柳爲權之弊 幻弄捧疤 有大岳只小岳只之名 先自饒居之常民 次及寒微之兩班 其爲民情 果復如何 自是以來 遂成繼養之俗 不計氏族 徒以姓字之同 呼父於楚越不當之人 取子於貴賤絶緣之處 本根旣違 昭穆何論 是故 父或私賤子 參兩班之俗 兄編軍伍 弟稱生員之號 裂帛繼錦 塼土渾殊 而人倫之敗絶 名分之紊亂 無以過此 而若此不禁 則朝無編伍之軍 野無仰役之民 率養乃朝家繼絶存亡之恩典 而如其八寸外 則亦是禁法也 爲今計之 取考帳籍 如其八寸外 則依朝令 罷養渾歸於軍伍 則朝家兵强之策 殘民歇役之方 無以加此 而若其白骨之布 則尤萬千寒心 今春習操行關後 稱以軍政充代 自甲乙年後 身死之布 這這還錄 則夫身死於二十年前 徵布於二十年後者 此乃忍人之不忍也 敢法之不敢也 月落參橫 白骨互弔 天陰雨濕 冤魂相隨 則本邑吏毒 非但遺於居世之生靈 抑將結於泉下之枯骨 夫軍政幻弄 莫過於此邑 則此其三弊也

一則放債之弊也 夫放放債之錢 本以民庫上下取殖 吏奴大小供饋 與許多官用隨處用下矣 近來則逋多難捧如是 報營以民弊 謂之革弊 付之結役 使之替徵 則外托革弊之名 內實莫大之弊 而同以二千四百兩 加徵於國結者 此非但爲政之所不

敢爲 而其將見聞之 所痛恨者也 不獨今年솖所徵 而明年又明年 使角山如礪 漢江 若帶 不知幾千年 民徵之本 則其爲寃徵 果是如何 此其四弊也

一則倉役租之弊也 夫吏有各色 至於倉色 則吏之厚任也 雖無元定之食 自有刀 筆之債1) 而小升色 落其利不少也 放虎穡狗 雖欲活狗 是可得乎 使鼠處穀 雖欲全 穀 勢必然也 至於吏之掌穀 利在其中是去乙 昨年逞還收殺 而仍爲結還 則無不受 之例 而謂倉色之無利是如 每結十斗式加斂是乎 則本邑結數言之 爲三千六百餘 結也 每結十斗租計之 合爲四百二十餘石 年年白徵於民戶者 此非徒本邑全無之 例 而通八路未有之弊也 哀 此辛苦之粒穀充彼 去去無窮之徵 則其爲民寃徵 孰大 於是 自是而里有童謠曰 遂令擧世科擧士 不重仕宦願爲吏 惟此可知其爲民情 果 是寃枉 故 此其五弊也

一則遮日之弊也 夫大小賓行次時 擧行帷帳鋪陳等具 自有邑用 而藏之于軍器 與工庫以爲擧行矣 三四年來 則巡使道到府之日 必收民間遮日之洞 則收贖二兩 式是乎 則本邑三百三十餘洞內 三十洞則收納遮日 三百餘洞則贖錢徵出 而合爲 五六百兩也 竟爲該色任味 則凡爲政一遵舊制 勿作新弊 夫洞之寃徵 莫如遮日 則 此其六弊也

一則濫杖之痛也 夫刑具者奴令所使也 奴令之爲心 則幸人之犯罪 利人之行刑 含嫌於動鈴之不滿 其所生頗於盃酒之不充其腹 或推拷也 受罪也 以去去年 蟻虱 之嫌 肆來來時 蛇蜿之毒 本邑韓有宅鄭致光金夫大之等 皆無辜杖殺 其餘受杖一 月死 一念而死亦五六人也 則夫朝家恤民何等所重 而雖堂下殺人者 渠若不服 則 初檢復檢 至有査官尋理之擧者 憂民之深 故 有若是之丁寧 本邑杖殺無辜 有若刈 草 空山片月 可憐索命之魂 白楊靑莎凄凉之啼血之鬼 其死非命 情當如何 又於昨 年會哭之役 提致李尋錫 其所惡刑 無所不至 則其老母 以其獨子之惡刑 不忍可見 結項先死 此何等怨也 此其一痛也

一則婦女寃死之痛也 去丁酉冬 赤火面面任公納收殺之際 扶接士人金光日之 妻 曳其髮把其手 而其家夫則適仍出他 其餘陝民 則不知班常之名分 男女之等別 素畏官令任掌之威權 環立戰慄 不一言禁斷 則吁嗟 婦女此際 必事當如何哉 結心 於萬死之際 歸身於寸鐵之餘 以劍斷手 立地卽死 于斯也 白日無光 靑山欲裂 百 年緣三生約等浮雲 而流水一劍下 千秋恨與天長而海活 貞魂義魄哀無人兮闡揚

至冤極痛 悵有誰而滌雪 其家夫累呈營邑 至有面報儒杖之擧 而使其任掌 徒懲刑
配之律 則其等班常別男女褒貞烈罪亂民之法 果安在哉 今年四月 本邑雨雹 安知
非緣此而誰歟 此其二痛也

一則名分之紊亂也 一自赤火婦女冤死未雪之後 各面任掌輩 尤無忌憚 自謂奉
官令者 雖殺兩班之妻良置 罪不過刑配 每於督還也 收稅也 突入兩班之內庭 行之
如尋常 赤奪兩班之衣冠 爲之若擧飯 而籍其公納之收殺 奪其有主之家庄 私自放
賣 百金本價 則放賣七八兩 四五十兩其價 則斥之三四兩 其所狂暴 罔有紀極 而
上無禁制之人 下無防塞之道 遂令禮義之方 反爲蔑倫之域 嗟乎 嶠南七十餘州 莫
非宣化所及 而如何本邑 則未沾德化 吏習若此 民情若彼 則此其三痛也

一則牛政之弊也 夫牛禁者 爲農家先政之本也 民牛或致斃與折脚 則民有立旨
呈官 有許屠之題 而本邑則三四年內 或民牛之致斃與折脚 則題有負來出給官隷
使牛主不能立本 則近年牛價 罕年太高 而大牛則某兩 免犢者亦爲某金 古有賣
劒買牛賣刀買犢之政矣 以此方之 孰賢孰愚 苟變衛之大夫 食人雞子 猶有其責 本
邑之官 奪人全牛 以此方之 孰輕孰重 夫農家致敗 莫如失牛 此其一冤也

一則面任冤徵之冤也 夫面有上有司之任 而還上也 結役也 軍布也 皆上有司之所
以收殺 而一年所納 皆有月當 從民序力矣 三四年來 則秋等所納 出秩於正初 冬
等所納 豫督於夏間 所捧依舊稽緩 官促如前星火 而發令五日 有別檢之督 若過旬
望 則有捉來之令 烹雞也 殺狗也 善待而將避遞禩也 月利也 先物而免毒 其外各
所責應不一其端 而渠無生財之穴 自有浪費之恨 及至歲末收殺也 多者負三四百
金 少者逋一二百金 先蕩自己之家庄 次斥兄弟之田土 而尙此不足 則乃徵於曾曾
外外之家 次侵査査頓頓之人 則此年彼年 一面任之害 不知幾人蕩産 而已成弊風
莫之能禁 則此其二冤也

一則鄕所爭任之變也 鄕廳者邑之重要也 而處於官民之間 上以補官政之得失
下以察民事之疾苦 其於正俗之綱 亦皆由此 則鄕任苟非其人 民事不治矣 近來則
鄕風頹弛 士習駭然 是故 以成爭任之俗 及至於歲末 則武斷閭里者 黨入邑邸者
暮往晨來 而仍作豪吏之奸臣 探頭電眼之權拔 百態具備 恬不爲恥 其望座首者十
餘人也 望別監者數十人也 而及至差任 則不過三人也 其不得者 扶曳拔劍 漁陽風
雨 頭觸拳撞 長板暮塵 而此漢彼漢 辭出不敢 爾祖爾父 語到不忍 遂使立綱正俗
之所 竟爲列肆販物之場 其爲寒心 不可使聞於隣邑也 盖得一任 出於萬死之力 則
患失之情 勢所必然也 所以昨年逋還之徵民 今年放債之情 徵稅許多民瘼 不一言
告官 而匡救者 盖出於患失之情 則邑之置鄕所 是誠何爲 鄕之爭任 莫如此邑 此

其一變也

一則廉問也 夫廉問之法 古之君子 明目達聰 以探民情之政也 大抵 廉使弊衣間
行 村宿民食是良置 民間疾苦 猶不可盡得是乎等 況近來廉使 則冒昏入邑 先訪豪
吏與柳校 則同吏校輩進水陸珍腥 騁儀奏之雄辯 而竟有苞苴之所及 則渠非石面
鐵腸 自有甘心悅意 公不爲公 罪不爲罪 前使然後使然 莫非毀墨之人 左者亦右者
亦 盡是譽阿之人 然則營門何以燭民情是乎於 民情何以達營門乎 白日之照 未及
於伏盆 陽春之布 難及於陰崖也 所以本邑之許多民瘼 一不聞於宣化按節者 盖廉
使之受賂行私也 此乃上營之事也 故 其不敢言者 一卽此也

已上十三弊瘼 未呈上營之前 先爲見捉於本官 則其狀頭與書寫之人 忍當不忍
當之刑耳 本官則李在稼 追入大弊一件 在下

一則學宮之弊也 夫我東方 自其聖賢以來 禮義名號 慕倣中朝 而文物之粲然
未有盛於我朝也 國有學 州有序 及至閭里 亦皆置塾 十室殘洞 猶聞弦誦矣 七歲
孩童尙講孔孟 而其於愛親忠君之心毋論朝野 而通禮也 尊賢敬長之道 不別知愚
而一體也 本邑則三四年來 本衙子弟 京試之行 必收鄉校與各院祠之儒巾道袍 而
如無巾服 則徵贖四兩 巾服所用入場屋接之時 卽奴隸之所着 此皆一時校任者
不能禁 禮吏輩不善告 而致此學宮前無弊也 且夫額院奠獻之需 則朝家之會減 則
孰不敢肅敬之奉行哉 本邑陶山書院 卽寒暄一蠹沙溪三先生應享之所 則何等所
重 而今年八月秋享 各院儒生入官封需之時 元不封大口魚需 故 詰問其由 則該色
所告 日前盡入於官家封物 而更無祭物大口云 則此爲是該色之操縱 故 以此詰問
是如可 自院至邑 爲一舍之路 而冒昏歸來 風雨暴至 陜川漲溢 以至祭物僕溺死之
境 又至賜額院享 闕祭之變 此何等綱常之大變者乎

巾服者乃孔氏之遺制也 而今爲奴隸之所着 享需者 卽朝家之會減 而今爲祀門
之封物 此眞所重者輕 所輕者重 所重者忽 所忽者輕 以此非徒本邑儒林之憤鬱
實爲一道士類之所痛恨也 抑亦斯文之所共憤者也 則溺死之院僕 必然死得其所
窃需之禮色 丁寧無容地 而其所尊賢敬長之道 顧安在哉

4. 「거창부폐장 초」 역주

순상국2)巡相國 합하, 엎드려 생각건대 무릇 물건이란 불평이 있으면 우는 법입니다.3) 그러나 울음이 비록 슬프다 해도 이를 듣는 자가 슬퍼하지 않으면 그 울음은 헛된 것입니다. 작년 본읍의 아전이 16,000석을 포탈逋頉하고 4전씩을 전미全米 1석마다 분급分給하여 백성들에게 징수했고, 금년에 이르러 이른바 방채전放債錢4) 2,400냥도 곧 아전들이 포탈한 것입니다. 그런데 영에 보고하기를 민폐民弊라 하고 혁폐한다 하면서도 이를 결역結役5)에 붙이고 백성으로 하여금 체징替徵케 하였습니다. 무릇

• • • • • • • • • • •

2) 순찰사(巡察使)의 약칭. 순찰사는 임금의 명으로 지방의 군무(軍務)를 순찰하던 임시 벼슬이나 또는 그 벼슬아치를 말함. 그 품계가 정1품이면 도체찰사(都體察使), 종1품이면 체찰사(體察使), 정2품이면 도순찰사(都巡察使), 종2품이면 순찰사(巡察使)라고 불렸으나, 세조 2년(1456)부터 순찰사로 통일했다가 다시 성종 19년(1488)에 예전대로 환원되었다. 이와는 달리 한 도(道)의 군무를 순찰하던 벼슬이나 그 벼슬아치를 말하기도 하며 이 경우는 대개 관찰사(觀察使)가 겸임했다.

3) 이 내용은 한퇴지(韓退之)의 "송맹동야서(送孟東野序)"(原本備旨『古文眞寶 後集』卷之三, 世昌書舘, p.66)의 첫 부분(大凡物不得其平則鳴)에서 따온 것이다.

4) 지방관청의 예상치 못한 대사(大事)에 쓰기 위해 마련한 지칙전(支勅錢)가운데 필요한 액수만 남겨 놓은 다음 나머지를 백성들에게 빌려주고 이자를 받던 돈을 말한다. 그러나 『목민심서(牧民心書)』에 의하면 황해도 지방에 이른바 상채미(償債米)라는 것이 있었는데, 이는 본래 감영 소속 이교(吏校)들의 포흠(逋欠)을 상환(償還)하려는 목적으로 마련한 것인데, 문권(文劵)을 태워버리고 포흠을 탕감해 준 뒤에는 민채(관청에서 백성에게 방채하는 돈)로 되어 매년 4월에 돈 2냥 4전을 방채하여 불과 7개월 만에 강제로 징수한 것이 4냥에 가까울 정도였다고 한다.〈茶山硏究會 譯註,『역주 목민심서 Ⅲ』, 창작과 비평사, 1981, p.292.〉이로 미루어 본다면 애당초 좋은 취지로 출발한 방채전 역시 백성들을 착취한 또 하나의 방편으로 전락되었음을 알 수 있다.

5) 결역가(結役價). 조선 후기 전결(田結)에 부과되던 잡부(雜賦)로서 부가세의 일종. 전세(田稅)·대동미(大同米)·삼수미(三手米)·결전(結錢)과 그에 따르는 수수료 등 법정 세금 이 외에 지방관아의 다양한 비용을 마련한다는 명분으로 징수되던 부가세였다. 대부분 지방 수령의 임의대로 그 액수를 매겼기 때문에 백성들의 부

왕세王稅가 얼마나 소중한 것입니까? 그런데도 요마幺麼한 아전들의 포탈을 국결國結에서 남징하는 것은 곧 사람을 잔인하게 대하는 중에도 차마 하지 못할 짓이요, 감히 할 수 없는 일을 감히 본 받는 것입니다. 전년에도 결정結定이 너무 높아 회곡會哭[6]의 거사에까지 이르렀습니다. 종민從民에게 속임을 당했으니 원컨대 다시 결結을 정하소서.

이제 때가 몹시 늦었으나 결이 아직 갱정更定되지 못했고 폐단 또한 아직 없어지지 아니하였습니다. 그리하여 향원鄕員들 가운데 넷은 형배刑配를 당하고 셋은 속贖[7]을 거두어 탕산蕩産·망신亡身의 지경에 이르렀으되 백성에게 남징濫徵한 포리逋吏는 곤장 한 대 맞지 않고 억울함을 씻으려는 장민狀民들은 모두 형배에 처해졌으니 그 백성을 가엾이 여기고 폐단을 없애려는 의의가 실로 이래서는 안됩니다. 그런데 이로써 영문營門[8]에 소장訴狀[9]을 드리면 매양 사보查報[10]의 글을 받았다 하옵시되 그 사보의 문자는 모두 아전들의 조종操縱인즉 이것이 진실로 부처를 서양에 묻는 격이니 아전들의 습성은 실정을 꿰뚫기 어려우며 민폐는 없어질 때가 없습니다. 전후 장계의 말을 이에 감히 첩련帖連하여 하늘같은 은혜

<hr />

담이 무거웠고, 특히 조선조 말기로 갈수록 그 액수는 커져 국가에 바치는 정공(正供)과 맞먹을 정도가 되었다. 이 제도는 전정(田政)의 문란을 가속화시켜 백성들을 도탄에 빠지게 만들었다.

6) 회곡관문(會哭官門), 즉 여러 사람이 관문에 몰려가서 곡을 하던 일. 지방의 유생들이 수령에게 불만이 있을 경우 몰려가 곡을 함으로써 시정을 요구하던 일종의 시위 행위였다. 『秋官志 4, 掌禁部 官門會哭』(堤川崔廷煥 稱以鄕有司 欲爲釐正糴弊 肆惡官前 會哭關門 大典通編 儒生發怒於主 會哭聖廟或官門者 杖一百流三千里 崔廷煥據律定配) 참조.

7) 속전(贖錢), 즉 죄를 벗기 위하여 바치는 돈.

8) 관찰사, 병마절도사, 수군절도사 등이 집무하던 관아, 또는 그 구역 안.

9) 소지(所志), 등장(等狀), 원정(原情), 상서(上書), 의송(議送) 등 관부(官府)를 상대로 자신들의 억울함을 호소하기 위해 작성하던 사인문서(私人文書).

10) 소장(訴狀)에 기록된 사건을 조사하여 관찰사에게 보고하는 글.

내리시는 상국 아래 우러러 호소합니다. 엎드려 바라건대, 다시는 사보의 글제를 내리지 마시고 해당 관부에 관문(關文)11)을 발송하여 3명의 장두(狀頭)12) 및 일을 아는 향원(鄕員)13)중 각 1인씩과 수리향(首吏鄕)14)을 즉시 영하(營下)로 올려보내소서. 법정을 함께 하여 맨 먼저 조사한 후 만약 한 낱이라도 무소(誣訴)가 있으면 곧 특별히 형벌을 더하여 생 등이 위를 속인 죄를 징계하소서. 민정(民情)이 과연 원통하고 억울함에 관계되었다면 곧 제반 폐단을 통혁(洞革)하여 장차 흩어질 백성들을 보존토록 하시고 장차 폐휴(弊虧)될 읍으로 하여금 온전하게 하시기를 천만 혈축(血祝)하는 터이옵니다. 제사(題辭)15)에 가로되 "백성들의 호소가 이와 같이 누차 그치지 않는지라, 각 색(各色)에 맡겨 백성들의 정상(情狀)을 보고하게 하였으나 매양 서로 어긋나 하는 수 없이 한 번 실정을 조사한 뒤에야 가히 바로잡을 수 있겠다. 즉일로 삼장두(三狀頭)와 포탈을 범한 모든 아전들을 일일이 영하에 올려 엄히 처리하도록 할 일." 이라고 하셨습니다.

순상국 합하, 대저 사대부에 쟁신(爭臣)이 있으면 그 집을 잃지 않고 아

---

11) 조선시대 상급관청에서 하급관청에 시달하던 공문서 혹은 상급관청에서 하급관청에 내리던 허가서(許可書). 당나라 때부터 쓰인 용어로서 각 관청 상호간에 질의·조회하는 내용의 왕복하던 문서나 특별사항을 관청 간에 상호 전달하던 문서이며 관(關), 관자(關子)라고도 한다.

12) 연명(聯名)할 상소나 소장(訴狀)의 첫머리에 이름을 쓴 사람.

13) 좌수(座首)나 별감(別監) 등 향청(鄕廳)의 직원.

14) 향수리(鄕首吏), 즉 향리 가운데 으뜸이라는 뜻으로 호장(戶長)을 지칭함. 『經國大典 3, 禮典, 朝儀』(每歲正朝則諸邑首吏 遇慶事則御鄕首吏各一人 詣闕門外肅拜)와 『增補文獻備考 77, 禮考, 朝儀』(英祖二十年 臺臣請去肅拜之法 各邑戶長 書其姓名及世系來納 謂之陳桂 禮曹管之) 등 참조.

15) 관아에서 공문서나 백성들의 소장(訴狀), 청원서(請願書) 같은 데에 기록하던 지령(指令)·제사(題詞)·제김(題音)·제지(題旨) 등을 말한다. 『昌慶宮營建都監儀軌, 來關, 辛卯八月』(江原道觀察使爲相考事 卽因關辭 東關改建所用法油三十斗 分定各邑後 成冊修上送事 據題辭憑考 次成冊捧上) 참조.

비에게 쟁자爭子가 있으면 몸이 불의에 빠지지 않고 관官에 쟁민爭民이 있으면 정치는 폐막弊瘼에 이르지 않는 것16)은 그 뜻이 한 가지입니다. 앞의 정소呈訴는 이미 두대頭對하라는 엄제嚴題를 받들었사오며 전정前呈은 다만 환폐還弊와 방채放債 두 건 뿐이지만 지금은 즉 허다한 폐막을 일일이 매거枚擧하였으므로 다시 엎드려 생각건대 번독煩瀆으로 혐혐嫌嫌을 삼지 마시고 유신留神하여 채납하소서. 대저 큰 효자의 사친지도事親之道는 작은 매는 받고 큰 매는 피하는 것입니다.17) 본읍의 민정은 큰 매에 비할 수 없습니다. 제갈공諸葛公이 촉나라에 재상으로 있으면서 벌 이십 이상은 모두 친히 감독하였으니 그것은 진실로 나라를 근심하고 백성을 사랑하여 무고한 백성이 혹 지나친 매질을 당할까 걱정한 데서 나온 일입니다. 지금 합하께서 영외嶺外를 안절安節하심은 제갈량諸葛亮이 촉나라에서 재상노릇한 것과 같습니다. 영남의 백성이 합하를 우러러보는 것 또한 촉나라 백성이 무후武侯를 바라본 것과 같습니다. 지금 저희들은 부월斧鉞

• • • • • • • • • • • •

16) 옛날에 천자가 간쟁(諫爭)하는 신하 일곱을 두면 아무리 무도(無道)해도 천하를 잃지 않고 제후(諸侯)가 간하는 신하 다섯을 두면 아무리 무도해도 그 나라를 잃지 않고 대부(大夫)가 간하는 신하 셋을 두면 아무리 무도해도 그 집을 잃지 않고 사(士)가 간하는 벗을 두면 몸이 불의(不義)에 빠지지 않았다는 『孝經』의 한 대문을 차용하여 자신들을 '쟁민(爭民)'으로 가차했다. 『孝經大義 傳之十三章 諫爭章 第十五』(昔者 天子有爭臣七人 雖無道 不失其天下 諸侯有爭臣五人 雖無道 不失其國 大夫有爭臣三人 雖無道 不失其家 士有爭友 則身不離於令名 父有爭子 則身不陷於不義 故當不義 則子不可以不爭於父 臣不可以不爭於君 故當不義則爭之 從父之令 又焉得爲孝乎) 참조.

17) 효자가 어버이에게 질책을 받을 때, 작은 매는 맞지만 큰 매의 경우는 죽을지도 모름으로 도망하여 어버이로 하여금 불의(不義)에 빠지지 않도록 한다. 『韓詩外傳 卷八』에는 "大杖則逃" 한다고 되어 있고 『說苑 建本篇』에는 "大箠則走"한다고 되어 있으며 『孔子家語 卷第四 六本 第十五』에는 "大杖則逃走"한다고 되어 있다. 『後漢書』「崔實傳」(崔烈問其子鈞 曰 吾居三公 於議者何如 鈞 曰 論者嫌其銅臭 烈怒 擧杖擊之 鈞狼狽而走 烈罵 曰 死卒 父榲而走 孝乎 鈞 曰 舜之事父 小杖則受 大杖則走 非不孝也) 참조.

의 형을 받아도 족하지 못합니다. 어찌 감히 위를 속여 스스로 난민亂民의 구덩이에 빠지겠습니까?[18]

본읍 민사의 폐단은 여섯, 고통은 셋, 억울한 일은 둘, 변고는 하나이며 그 감히 말할 수 없는 것이 하나입니다. 이에 감히 왼쪽에 조목으로 나열하오니 엎드려 생각건대 일일이 친람하신 뒤에 장내狀內의 모든 백성들을 일일이 영하營下에 올리시고 축조엄사逐條嚴査하시어 만약 한낱이라도 거짓이 있으면 저희들이 위를 속인 죄를 지극히 바로잡으시고, 만약 억울한 죄에 걸려 있다면 제반 폐막을 바로잡으시어 전학지민塡壑之民으로 하여금 다시 해가 비치는 땅을 볼 수 있게 해주십사 삼가 죽음을 무릅쓰고 말씀드리나이다.

하나는 환곡[19]의 폐단입니다. 대저 환상還上이란 유정惟正한 곡식[20]입

---

18) 『全釋 漢文大系 23: 戰國策 上』 「秦 三」(近藤光男, 集英社, 1981), pp.250~251(語曰 人主賞所愛 而罰所惡 明主則不然 賞必加於有功 刑必斷於有罪 今臣之胸 不足以當 椹質 要不足以待斧鉞 豈敢以疑事 嘗試於王乎)에 나오는 구절. 즉 범수(范雎)가 진나라 소왕(昭王)에게 올린 편지글 가운데 한 문장이다. 범수가 자신을 알아주지 않는 소왕에 대한 불만을 털어놓으면서 어진 임금이라면 능력 있는 자에게 벼슬을 주고 능력에 따라 직급도 봉급도 올려주어야 한다고 하였다. 그러면서 만약 자기가 정말 능력이 없다면 이대로 썩어도 좋다고 하였다. 이런 말을 하는 자신이 만약 거짓으로 임금을 시험한다면 감지(椹質) 즉 허리를 자르는 형구나 부월(斧鉞) 즉 도끼와 같은 형구로 벌을 받아도 부족하다고 하였다. 여기서 조장자(造狀者)는 범수의 말을 차용하여, 순상에게 자신들의 진심을 알아줄 것을 간청하고 있다. 「거창부 폐장 초」에서는 『전국책』의 내용을 따오기보다는 순상에게 만약 거짓말을 하고 있다면 어떤 처벌도 받을 수 있다는 자신들의 진심을 강조하기 위하여 이 글을 인용한 듯 하다.

19) 흉년 또는 춘궁기에 곡식을 빈민에게 대여하고 풍년이나 추수기에 이를 거두어들이는 진휼(賑恤)제도로서 환상(還上)이나 환자(還子)로 부르기도 함. 임병양란으로 국력이 극도로 피폐해지고 세제(稅制)가 문란해져 국고 수입이 감소되자 환곡의 이식을 국비에 충당하고자 매관(賣官)・이곡(移穀) 등의 방법으로 곡식을 확보하여 그 이식(利殖)으로 경비 충당의 방법을 취하였다. 따라서 각 관청과 군영 역시 자신들이 보유한 곡식을 어려운 백성들에게 대여해 줌으로써 그들을 구제하기 위

니다. 만약 백성으로 하여금 먹지 않은 환곡還穀을 체징替徵21)케 한다면 어찌 가히 유정惟正의 명분을 말할 수 있겠습니까? 작년 이포吏逋 16,000 석을 4전씩으로 전미全米 1석마다 분급分給하여 백성들에게 징수한 것은 곧 유정惟正의 의리가 아닌 것입니다. 그 우국憂國의 도는 곳간 채우는 일을 주된 것으로 기약하니 곧 그 포탈을 범한 아전은 5백석 이상부터 법에 의해 형을 정하고 5백석 이하도 율律을 살피고 배려하여 그 가장家庄을 탕척蕩滌한 연후에 징발하여 쓴다면 가히 민정을 위무할 수 있고 아전의 습속을 징계할 수 있을 것입니다. 본읍은 5백석 뿐 아니라 비록 2천석 포리逋吏라도 매 한 대 맞지 않고 죄를 살핀 것이 합당치 않아 마땅히 징납徵納해야 함에도 안연晏然히 자재自在하고 백성으로 하여금 체징케 하니 그 나머지 포탈하지 않은 모든 아전들은 사사로이 말하기를 "이와 같을 줄 일찍 알았더라면 우리들은 5백석을 포탈하지 않은 것이 한스럽다."고 합니다. 저희들이 두려운 것은 일후의 포탈이 이미 징수한 포탈분의 몇 배에 달하고 십년이 지나지 않아 또 몇만석이나 백성에게 징수

. . . .

한 방편으로 삼은 것이 아니고, 징세(徵稅)나 이식을 위한 수단으로 삼았다. 자연스럽게 백성의 필요 여하를 불문하고 강제로 대부를 하게 되었고 그 이식 또한 높아 점점 백성들로부터 원망을 사게 되었다. 이 일로 탐관오리의 횡포가 심해져 조선 중기 이후 문란해진 삼정(三政) 가운데 환곡의 폐단이 가장 심했다. 1867년(고종 4) 대여 양곡의 회수 규칙을 한층 엄하게 하여 이식을 1할로 고정시키고 사창을 다시 두었으며 1895년 다시 이를 사환미(社還米)로 개칭하였다. 뿐만 아니라 조례(條例)를 발표하여 자치적 색채를 명백히 하고 이식을 종전보다 매 섬당 5되씩을 감하여 환곡제도의 완벽을 꾀했으나 도식(盜食)·유용(流用)·횡령(橫領)이 계속되어 백성들에게는 아무 도움도 되지 못하고 도리어 벗어날 수 없는 고통만 안겨주게 되었다.

20) 유정지공(惟正之供) 혹은 유정지곡(惟正之穀). 해마다 정례(定例)로 국가에 바치는 공물(供物) 혹은 곡식으로 직접세를 말함. 『六部 成語補遺, 戶部, 惟正之供, 注解』(民人所輸納錢糧等供 國家之正項也) 참조.

21) 대신 징수함. 『續大典 5, 刑典, 雜令』(各邑身役錢布 京主人處 毋得替徵) 참조.

할지 알 수 없는 것입니다. 이에 이르러 민정이 마땅히 어떠하겠습니까?
또한 지난해 12월 17일밤 어떤 도둑이 창고를 범했는데, 본 성주가 그날
밤 창고를 순찰하다가 곳간을 열어 적간摘奸하니 횃불이 막 꺼진 곳이
있고 또한 공석空石,22) 기록箕簏,23) 분석分石24) 등의 물건들이 있거늘 창색
倉色25)을 나입拿入하여 칼을 씌우고 엄히 가두었다가 겨우 한 밤을 지나서
곧바로 풀어주었습니다. 대저 저녁에 가두고 아침에 석방함은 그 뜻이
어디에 있는지 알 수 없습니다. 아전의 간사함과 환곡의 폐됨이 이 읍보
다 더한 곳이 없으니 이것이 그 첫 폐단입니다.

　또 하나는 결환結還26)입니다. 본읍은 동남으로 삼가三嘉·합천陜川에 접

---

22) 아무것도 담지 않은 빈 섬.
23) 키 등 곡식을 다듬거나 정제하는 데 쓰이는 농기구.
24) 지방의 이속(吏屬)들이 쌓아둔 환곡(還穀)에 겨나 쭉정이를 섞어 한 섬을 두 섬으
　로 만듦으로써 정곡(正穀)을 도둑질하던 일 또는 그 쭉정이. 임진왜란 이후의 혼란
　을 틈타 자행되었다. 『목민심서 호전(戶典) 육조(六條』(『역주 목민심서 Ⅲ』, 24쪽
　: "분석이란 흘러내려온 구법이다. 내가 처음에 강진으로 귀양 가서 읍내 주막에
　거처를 정하고 있었는데 주모가 키질한 데서 나온 겨와 쭉정이를 따로 모아서 한
　곳에 쌓아두는 것을 보았다. 내가 무엇에 쓸 것이냐고 물었더니, 주모는 '창리가
　민가에 미리 돈을 나누어주고 이것을 거두어 갑니다. 어디에 쓰는지는 새삼스럽게
　말해서 무얼 하겠습니까?'라고 말하고는 마침내 낄낄대고 크게 웃는 것이었다. 또
　다산에 있을 때에 창리의 아우가 갯마을을 두루 돌아다니면서 돼지먹이 겨 수백
　섬을 사간다는 말을 들었는데 이것도 또한 분석하려는 것이다. 아전이 곡식을 거
　두는 날에, 까불고 불린 알곡을 멱서리가 불룩하도록 받고 창고에 넣어 봉한 뒤에
　밤이 되면 촛불을 들고 창고에 들어가서는 곡식을 꺼내어 겨를 섞어서 드디어 1석
　을 나누어서 2석으로 만들고 심한 경우에는 3석, 4석을 만들어서 원래의 숫자를
　채우고 온전한 알곡 섬은 훔쳐서 그의 집으로 가져간다. 이것을 일컬어 분석이라
　한다. 그러나 큰 도둑놈들은 바로 온전한 알곡 섬 채로 팔아서 입본을 하고 반드시
　분석하지도 않으며 도리어 분석하는 자를 좀도둑이라 하여 비웃는다.") 참조.
25) 지방 관아에 딸린 국가 창고의 일을 맡아보는 직책.
26) 논밭의 결복(結卜)에 따라 환곡을 분배하여 억지로 꾸어주는 일. 또는 그렇게 꾸어
　주던 환곡. 『목민심서 5, 호전, 곡부』(『역주 목민심서 Ⅲ』, 28~29쪽: 요합이란 무엇
　인가. 민고의 요역은 모두 조로 징수한다. 결환〈전결을 기준으로 배당하는 것을

해 있고, 서북으로 안의^{安義}·지례^{知禮}에 접해 있습니다. 그런데 매년 결^結을 정할 때 접경의 네 읍은 매 결당 십이 삼 냥을 거두어들이는데, 본읍은 반드시 십오륙냥으로 가징^{加徵}합니다. 대저 삼가·안의·지례·합천은 모두 광목^{廣木}으로 납부하고 호조와 선혜청 양사에서 받아들입니다. 본읍 또한 광목으로 납부하며 호조와 선혜청 양사에서 받아들입니다. 곧 광목은 이납^{異納}이 없고 세금은 이소^{異所}가 없는데, 한 임금의 토민^{土民}으로서 한 임금의 공부^{貢賦}를 함께 하거늘 어찌하여 본읍은 네 읍의 가운데 처해 있으면서 세금이 네 읍보다 더한 것은 그 까닭이 어디에 있으며 그 이익이 어디로 돌아가는지 알지 못하겠습니다. 또한 지극히 억울한 일은 모래사장의 징세입니다.[27] 대저 재난에 결을 감하는 것은 묘당의 처분이고 영문^{營門} 또한 재보^{災報}의 관문^{關文}이 있기 마련인데 비록 십수 결의 몽감^{蒙減}이 있어도 영관^{營關}에는 끝까지 한 주먹 면탈^{免頉}의 관령^{官令}도 없습니다. 대저 결역^{結役}이 태고^{太高}함으로 이 읍보다 더한 곳이 없으니 이것이 그 두 번째 폐단입니다.

또 하나는 군정^{軍政(28)}의 폐단입니다. 무릇 군오^{軍伍}란 들어오면 시위^侍

결환이라 하여 매 결에 4, 5두, 많은 경우에는 7, 8두이다: 원주)의 읍에서는 매 결에 몇 두, 통환(호구 총수로서 나누어주는 것을 통환이라 한다: 원주)의 읍에서는 매호에 몇 두씩을 징수한다. 용도에 따라 징수하기도 하고 환자에 혼합하여 같이 내도록 하기도 한다. 환자와 함께 내는 경우에는 곧 색락이 있어서 이것이 벌써 지나친 것이니 백성을 크게 괴롭히는 병폐가 되는 것이다.) 참조.

27) 수재(水災)를 당하여 제방이 무너지거나 범람할 경우 성천복사(成川覆沙), 즉 전지(田地)에 모래가 덮여 모래사장으로 변하게 된다. 이럴 경우는 구진전(舊陳田)·금진전(今陳田)·미이앙(未移秧)·재감전(災減田) 등과 함께 면결(免結)되었다〈『역주 목민심서 II 제6부 호전 6조』참조〉. 그럼에도 불구하고 당시의 수령과 아전들은 수재로 인하여 모래사장이 되어버린 전지에 결복(結卜)함으로써 원징(冤徵)의 폐단을 만들어 냈던 것이다.

28) 조선시대 전정(田政)·환곡(還穀)과 함께 삼정(三政)의 한 축으로서 정남(丁男)으로부터 군포(軍布)를 받아들이던 정책. 조선조 후기로 접어들어 많은 폐단을 빚어

衛하고 나가면 방어하는 것이니 나라에 없어서는 안될 것이로되 이를 다스리는 것은 넘치게 할 수 없습니다. 2, 3, 4년래 악생樂生29) 한 가포價布30)를 한 고을의 요민饒民에게 편침編侵하되 큰 집은 반드시 일이백금으

········

넘으로써 사회 붕괴의 한 원인이 되기도 했다. 정부가 군포를 수입증대의 한 방편으로 간주하면서 백성들의 부담은 더욱 가중되었다. 19세기에 접어들면서 가속화된 신분제의 동요와 붕괴는 군포 부담계층인 양인의 숫자를 감소시켰고, 그에 따라 무력한 농민들은 집중적인 부담을 안게 되었다. 군포 액은 미리 결정되어 각 군현에 할당되었고, 지방의 수령과 아전들은 수납을 완수할 뿐 아니라 자신들의 축재 액까지 얹어 농민들에게 가렴(苛斂)하였다. 종래부터 있어왔던 백골징포(白骨徵布) · 황구첨정(黃口簽丁) · 족징(族徵) · 인징(隣徵) · 강년채(降年債) · 마감채(磨勘債) · 군정수(軍政修) · 신입례(新入禮) 등 군정의 문란이 이 시기 극에 달했으며, 전정 · 환곡과 함께 임술민란(壬戌民亂)으로 대표되는 이 시기 농민반란의 원인을 제공하였다.

29) 조선시대 음악을 연주하던 장악원(掌樂院)의 잡직(雜織)으로 서민 중에서 선발하였다. 초기에는 297명이었다가 후에 100여명이 더 증원되었으며, 아악 가운데 삼성(三成)과 등가무(登歌舞) · 문무(文舞) · 무무(武舞)를 시험하여 선출했다.

30) 악생보포(樂生保布), 즉 악생보(樂生保)(조선시대 악생에게 급여된 보인)가 바치는 베나 무명으로 악생들에게 급료를 주었음. 『조선왕조실록 현종개수실록 11, 5년 5월 己卯』(장악원 제조 김우명(金佑明)과 이일상(李一相) 등이 상소하기를, "나라의 큰일은 사전(祀典)이 우선이기 때문에 본원에 악공(樂工)과 악생(樂生)을 둔 것은 오로지 향사(享祀)를 위해서입니다. 악공은 외방의 관노(官奴)로 정원을 채우고 악생은 경외의 양인(良人)으로 정원을 채우되 각각 4보(四保)를 지급하여 현재의 악공과 악생들을 유지합니다. 그런데 악공은 도망가거나 죽더라도 다른 사람으로 채우기가 어렵지 않으나 악생은 정원이 76명인데 보인(保人)을 얻은 자가 겨우 25명뿐이고 보인을 얻지 못한 자가 51명이나 되며 의상이 초라하여 위의를 갖출 수가 없습니다. 듣건대, 병조의 여정(餘丁)이 그 숫자가 매우 많고, 관상감 · 양의사(兩醫司)의 생도(生徒), 군기시의 별파진(別破陣), 의정부 · 중추부의 녹사(錄事), 교서관의 창준(唱准), 이조의 유조 서리(留曹署吏) 등 가벼운 역에 투속된 자가 또한 많다고 합니다. 각처에서 약간 명씩을 뽑아다가 악생의 보인에 충정하소서." 하였는데, 상이 묘당에 내렸다. 묘당이 청하기를, "여정 51명을 보인을 얻지 못한 자들에게 1보씩 먼저 지급하고 그 나머지 3보는 응당 1백 53명이 있어야 하니 여러 양역(兩役) 가운데에서 정원 이외의 노는 자들의 실제 숫자를 조사해 내어 처리하소서." 하니, 상이 따랐다.)와 『續大典 2, 戶典, 解由』(京納米布未準數者 軍丁充定 未準額者 多則拘解由 少則越錄(訓局砲保 軍餉保米布 開城府軍保米布 禁衛保 御營保米 掌樂院樂工 樂生保布 …… 毋論大小邑 等內每十名 一名未納拘碍 往來捧 每年

로 면하고 작은 집은 칠팔십냥으로 면탈하니 이 한 가포로써 몇 사람이
나 가산을 탕진했는지 알 수 없사옵니다. 그 나머지 수군입네 육군입네
하여 인리보포人吏保布31) · 영노보포令奴保布32) 등 허다許多 잡포雜布는 한 두
가지가 아니며 빈 집이 나오면 번갈아 김씨金氏로 전씨全氏를 삼고 유씨柳
氏로 권씨權氏를 삼는 폐단을 빚기도 합니다.33) 봉파捧疤를 환롱하고34)

五分之一未捧 拘碍) 등 참조.

31) 인리보(人吏保)가 바치는 베나 무명. 보포(保布)는 조선시대 군대의 경비를 지급하
기 위하여 거두어들인 베나 무명. 정규적인 병역에 참여하는 군대의 경비를 지출
하기 위하여 1404년(태종 4)부터 봉족(奉足)이라는 호(戶) 단위의 경비 부담이 있
었으며 1458년(세조 4) 개정하여 정(丁)수를 단위로 시행하다가 1464년(세조 10년)
봉족세로 개편하여 2정을 1보로 하는 보제로 개편하였고, 보 단위의 병역세를 포
(布)로 수납하게 됨에 따라 보포(保布)가 생겼다. 1594년(선조 27) 오영(五營)을 설
치하여 용병제(傭兵制)를 실시함에 따라 재정의 유지를 위하여 여러 종류의 군보
(軍保)를 증설하고 보포를 징수했다. 훈련도감(訓鍊都監)에서 포보(砲保) · 군향보
(軍餉保) 등을, 병조(兵曹)에서 금군보(禁軍保) · 보직보(洑直保) · 호련보(扈輦
保) · 내취보(內吹保) · 기병보(騎兵保) · 보병보(步兵保) · 별기병보(別騎兵保) · 유
청군보(有廳軍保) · 역보(驛保) 등을, 금위영(禁衛營)에서 자보(資保) · 관보(官
保) · 별파진보(別破陣保) · 정번보(停番保) · 강작보(强作保) · 감번보(減番保) · 제
번보(除番保) 등을, 수어청(守禦廳)에서 별파보(別破保) · 어인보(漁人保) · 군수보
(軍需保) · 궁인보(弓人保) · 아병보(牙兵保) 등을, 어영청(御營廳)에서 자보 · 관
보 · 별파진보 · 정번보 · 기사보(騎士保) · 감번보 · 제번보 등을 각각 징수했다. 보
포는 1751년(영조 27) 균역법(均役法) 실시 이후 반감하여 매인당 포 1필 또는 쌀
5말로 하고 전납(錢納)은 2냥으로 하였으며, 조 · 콩 등으로도 납부할 수 있었다.
또한 수납물의 내용에 따라 보포는 목보(木保) · 포보(布保) · 미보(米保) · 속보(粟
保, 田米保) · 태보(太保, 大豆保)라 칭했으며, 그 후 1871년(고종 8) 이를 폐지, 일
반 민호(民戶)에 호세(戶稅)로서 일률적으로 부과하게 되었다.

32) 노령보포(奴令保布), 즉 지방 관아의 관노(官奴)와 사령(使令)에게 급여된 보인(保
人)들이 바치던 베나 무명.

33) 군정(軍政)의 폐단을 빚어내던 가명(假名)과 허록(虛錄)의 예를 지적한 경우. 당시
군적에 올라있던 대부분이 실제 인물과 다른 허록이었다 한다.

34) 군보(軍保)를 첨정(簽丁)하는 과정에서 한 마을에 척추 장애인이 와서 살거나 얼굴
에 마마흉을 지닌 사람이 있으면 먼저 그 파기(疤記)를 작성한다. 파기란 16세~60
세의 군역(軍役) 의무자 명단인 군안(軍案)에서 각자의 얼굴 등 신체적 특징까지

큰 아기 작은 아기라는 이름이 있기도 합니다.[35] 먼저 상민중의 요민饒民으로부터 한미한 양반에 이르기까지 그 민정이 과연 다시 어떠합니까? 이로부터 계양繼養의 풍속을 이루어 씨족을 헤아리지 않고 한갓 성자姓字의 같음으로 초楚·월越만큼이나 당치 않은 사람을 아비라 부르며 귀천이 절연한 곳에서 아들을 취하여 근본과 뿌리가 이미 어그러졌으니 소목昭穆[36]을 어찌 논하겠습니까? 이런 까닭에 아비는 혹 사천자私賤子라도 양반의 축에 들고 형이 군오에 편입되었어도 아우는 생원의 칭호로 불리기도 합니다. 명주를 찢어 비단에 잇기도 하고 전토塼土에 잡다한 것이 섞인 듯 인륜이 패절하고 명분이 문란하기가 이에서 지나침이 없거늘, 만약 이것을 금치 않으면 조정에 편오의 군대가 없고 재야에 앙역지민仰役之民[37]이 없을 것입니다. 솔양率養[38]은 조정의 계절존망繼絶存亡[39]의 은

기록했는데, 이것을 말한다. 이들로부터 군전(軍錢)과 부전(賦錢)을 거두어 포흠(逋欠)하고 그 액수가 무거워지면 다시 민간에서 늑징(勒徵)하는 수법을 사용했다.

35) 어린아이가 새로 태어나면 그 이름이 이미 군적(軍籍)에 오르던 일, 즉 황구첨정(黃口簽丁)을 말한다. 『목민심서』「병전 육조」(『역주 목민심서 Ⅳ, 123쪽』)에 다음과 같은 사례가 기록되어 있다. "어느 한 마을의 백성이 한 갓난아기를 안고 관청에 들어와서 하소연하기를 '아기〈阿只: 우리나라 풍속에 어린애를 아기라고 한다-원주〉의 이름이 지금 주첩에 올랐는데, 우리 집 아기는 오직 이 아이 하나뿐입니다. 태어난 지 겨우 수개월 만에 선무군관(選武軍官)이 되어 이미 차첩(差帖)을 받고 제번(除番)의 군포(軍布) 2년 치를 납부하였으니, 한 몸으로 두 가지 군역을 지는 것은 또한 억울하지 않습니까? 라고 한다. 아전이 수령에게 보고하기를 '선무는 가벼운 군역이요, 보미(保米)는 무거운 군역이다. 지금 저 아이를 선미를 내는 군역으로 옮겨버리면 선무의 대신 충당하는 것은 어렵지 않습니다.'라고 한다. 수령이 말하기를 '좋다' 고 하고, 드디어 파기를 올리라고 한다. 이 이후부터 이 백성은 첩역(疊役)하게 되었다. 당학(唐瘧)은 뗄 수 있으나 첩역은 벗어나기 어려우니, 일생 동안의 고생이 이날부터 시작되는 것이다." 참조.

36) 사당(祠堂)에 조상의 신주(神主)를 모시는 순서. 시조를 가운데 모시고 이하 부(父)는 왼쪽에, 자(子)는 오른쪽 등으로 모셔 왼쪽 줄을 소(昭), 오른쪽 줄을 목(穆)이라 했다. 천자는 3소(昭) 3목(穆)의 7 묘(廟), 제후는 2소(昭) 2목(穆)의 5묘(廟), 대부는 1소 1목의 3묘(廟)로 했다고 한다.

전恩典이오나 만일 그 8촌 밖은 또한 금법입니다. 지금 이것을 헤아리고 장적帳籍을 취해 상고하여 만일 8촌 밖인즉 조령朝令에 의존해서 파양罷養하고 군오로 돌려보내신다면 국가의 병역정책과 불쌍한 백성의 헐역지방歇役之方40)으로 이에서 더할 것이 없을 것입니다. 그런데 그 백골지포白骨之布41)와 같은 것은 더욱 말할 수 없이 한심합니다. 금년 봄 습조習操42)의 행관行關43) 후에 군정軍政으로 충대充代44)하여 갑을년甲乙年 이후로 죽은 이의 포布를 일일이 환록還錄하였으니, 곧 대저 20년 전에 몸이 죽고 20년 후에 포를 징수하는 것은 사람을 잔인하게 하는 것 가운데 차마 할 수 없는 것이고 감히 할 수 없는 일을 감히 본받는 것입니다. 달이 서쪽으로 지고 삼성參星이 동쪽에 떠올라 빗겨있는 어두운 밤에 백골이 서로 조곡弔哭하며 하늘이 흐리고 비가 내리면 원혼들이 서로 따르니 곧 본읍 아전들의 혹독함은 다만 세상의 살아있는 사람들에게만 끼치는 것이 아니고 문득 장차 지하의 고골枯骨들에게도 미치는 일입니다. 대저

- - - - - - - - - - -

37) 앙역(仰役)은 윗사람을 위하여 일하는 것. 앙역지민(仰役之民)은 임금과 나라를 위하여 헌신하는 백성.『秋官志 2, 詳覆部, 審理, 獄案』(同年京人李彛永 刺殺雇婢仲連 承服照律 三覆時 判內府 聞其所爲 與常性之人有異 且仲連與他人有間 以失性之事 及於仰役之人者 亦與常性之人殺不干之人 宜有分別 減死嚴刑三次 絶島定配.)참조.
38) 양자로 데려옴.
39) 계절존망지공(繼絶存亡之功), 즉 후사가 없는 백성의 끊어진 대(代)를 이어주고 망한 나라를 다시 일으켜 세운 공.『穀梁, 僖, 十七』과『公羊, 僖, 十七』의 같은 내용 (桓公嘗有繼絶存亡之功) 참조.
40) 역무(役務)를 가볍게 해주는 방도, 즉 공헐군역(空歇軍役)의 방도.
41) 백골징포(白骨徵布)와 같은 말. 조선시대 삼정(三政)의 폐단 가운데 하나. 세리(稅吏)들이 죽은 사람을 군적에서 빼지 않고 살아 있는 것으로 간주하여 군포(軍布)를 받아가던 일.
42) 군사의 습진(習陣)과 조련(操鍊).
43) 동등(同等) 또는 그 이하의 관사(官司)에 보내던 공문.
44) 실제 군역(軍役) 대신 포(布)로 징세하던 일.

군정의 환롱幻弄이 이 읍보다 더한 곳이 없은즉 이것이 그 세 번째 폐단입니다.

또 하나는 돈놀이의 폐단입니다. 대저 방채放債의 돈은 본래 민고民庫에서 받아들이고 내줌으로써 취식取殖하는 것인데 이노吏奴의 대소大小 공궤供饋와 허다한 관용官用을 위해 곳에 따라 내려쓰이는 것입니다. 이처럼 근래 포탈은 자못 거두어들이기 어려운지라 영문에 보고하기를 민폐라 하여 혁폐한다 했으면서도 이를 결역에 부쳐 체징케 하였으니 밖으로는 혁폐의 명분을 의탁했으나 내실은 폐단이 막대합니다. 마찬가지로 2,400 냥을 국결國結에 가징한 것은 이것이 위정爲政의 감히 할 수 없는 일일 뿐만 아니라 그 장차 이를 보고 들을 때 통한스러운 것은 그것이 올해만 징수하는 것이 아니고 명년 내명년 삼각산이 숫돌이 되도록 한강이 띠처럼 되도록 몇천년이나 민징民徵의 근본으로 억울한 징세가 될지 알지 못하기 때문이니 과연 이것이 어떠합니까? 이것이 그 네 번째 폐단입니다.

또 하나는 창역조倉役租45)의 폐단입니다. 대저 아전에는 각 색色이 있는데, 창색倉色46)은 아전 가운데 도타운 임무입니다. 비록 원래 정해진 녹봉이 없으나 스스로 낮은 관리의 직분이나마 있어 보잘 것 없는 승색升色이면서도 그 이익을 떨구는 것이 적지 않습니다. 호랑이를 풀어 개를 잡게 하는 형국이니 비록 개를 살리고자 하나 이것이 가능하겠습니까? 쥐를 곡식에 두면 비록 곡식을 온전케 하고자 하나 형세가 반드시 뻔합니다. 아전이 곡식을 관장함에 이르면 이익이 그 속에 있거늘 작년에

---

45) 창역가(倉役價), 즉 전세(田稅)를 징수할 때 창고에 들여쌓는 품삯의 명목으로 덧붙여 받던 세(稅).『續大典 2, 戶典, 收稅』(諸道田稅上納時 每石加升三升 斜上三升 倉役價六升) 참조.

46) 창고의 일을 맡아보던 아전의 직책.『義禁府謄錄, 正祖 己亥 6月 15日』(其給代昨年 軍餉米一百二十九石 發賣立本後 反作於分給中 大同米一百石 稱以需米 餘儲船運 發賣釜山市場 現發於本營倉色及鎭撫吏房輩 捧招則不法之狀) 참조.

포탈한 것을 도로 거두어 들이고 이에 결환하면서 받지 않은 예가 없었으니, 그럼에도 창색이 이득 없다 이르고 결당 열말씩을 덤으로 받은즉 본 읍의 결수로 말하면 3,600여결이므로 매 결에 10말조로 계산하여 합하면 420여석이 됩니다. 해마다 민호民戶에 백징白徵47)하는 것이 본읍 외에는 전무한 일이며 8도를 통틀어 아직 있지 아니한 폐단입니다. 슬프다, 이렇게 신고辛苦하여 생산한 알곡이 저들을 채우기 위해 갈수록 징수가 끝이 없으니 그 백성들의 원징寃徵됨이 이보다 무엇이 더 크리요? 이로부터 마을에는 동요童謠가 있어 가로되 "온 세상의 과거 보는 선비로 하여금 벼슬자리를 중시하지 않고 아전 되기 원하게 한다네."48) 라고 합니다. 이를 생각하면 그 민정이 과연 억울하다는 것을 알 수 있습니다. 그러므로 이것이 그 다섯 번째 폐단입니다.

또 하나는 차일의 폐단입니다. 대저 대소빈大小賓의 행차 때 펼치는 유장과 포진 등의 도구는 원래 읍용邑用이 있어 군기軍器와 공고工庫에 두었다가 거행합니다. 3, 4년전부터 순사또가 부에 도착하는 날 반드시 민간의 차일을 거두는데 각 동에서 두냥씩을 속전贖錢으로 거두온즉 본 읍 330여동 안에서 30동은 차일을 수납하고 300여동에서는 속전을 징출하니 합하면 오륙백냥으로 마침내 해당 색임色任의 맛보기가 됩니다. 무릇 정치에는 한결같이 옛 제도를 준수하고 새로운 폐단을 짓지 말아야 하는데, 대저 동의 억울한 징수로서 차일만한 것이 없은즉 이것이 그 여섯 번 째 폐단입니다.

또 하나는 남장濫杖의 고통입니다. 대저 형구刑具란 관노官奴와 사령司令

---

47) 조세(租稅)를 면제할 땅이나 납세의무가 없는 사람에게 세금을 물리거나, 아무 관계도 없는 사람에게 빚을 물리던 일로 생징(生徵)과 같은 말.
48) 백거이(白居易)가 지은 〈長恨歌〉의 한 구절(姉妹弟兄皆列土/可憐光彩生門戶/遂令天下父母心/不重生男重生女)을 패러디한 표현.

이 부리는 것입니다. 관노 사령의 마음 씀인즉 사람의 범죄를 바라고 사람에게 행형行刑함을 이롭게 여기거늘 동냥動鈴49)에 차지 아니함을 미워하고 그 잔술이 배에 차지 아니함을 탈잡아 혹 추고推拷하기도 하고 죄를 받게 하기도 합니다. 지지난 해에 의슬지혐蟻虱之嫌50)으로 두고두고 사완지독蛇蚖之毒51)을 베풀어서 본읍 한유택韓有宅 · 정치광鄭致光 · 김부대 金夫大 등은 모두 무고하게 장살杖殺되었고, 그 나머지는 매를 맞은지 한달 만에 죽기도 하고, 스무날만에 죽은 사람 또한 5, 6인입니다. 대저 왕실의 백성을 구제하는 일이 얼마나 소중합니까? 그런데 비록 당장 사람을 죽인 자라도 만약 그가 불복하면 검사하고 다시 검사하는 등 사관査官의 심리尋理하는 거동이 있는 것은 대개 백성을 깊이 걱정하기 때문입니다. 그러므로 이와 같이 정녕丁寧함이 있어야 하거늘 본읍은 죄없는 사람 때려죽이기를 이처럼 풀 베듯 하니 공산편월空山片月에 가련하다, 수명이 다한 혼백과 백양청사白楊靑莎에 처량하게 피를 토하는 귀신이여! 그 죽음은 정해진 명이 아니니 정이 마땅히 어떠합니까? 또 작년 회곡지역會哭之役에 이우석李禹錫을 끌어다가 악형을 가한 것이 이르지 아니한 곳이 없은 즉 그 노모는 독자獨子에게 가해지는 악형을 차마 볼 수 없어 목을 매어

● ● ● ● ● ● ● ● ● ● ●

49) 동량(動糧), 즉 구걸(求乞)이나 조곤(釣鯤)과 같은 말. 지방 고을의 아전들이 백성들로부터 거두어 들여 착취하던 세금을 빗대어 이르는 말로도 쓰임.『목민심서 1, 赴任六條, 除拜』(『역주 목민심서Ⅰ』, 19쪽: 신영(新迎)하는 처음에는 고을 아전의 문안드리는 인편이 잇달아 끊이지 않는다. 필경 그들이 왕래하는 잡비는 모두 백성의 힘에서 나오고야 만다. 수령이 취임한 뒤 문예(門隷, 使令: 원주)는 문안드리는 것을 빙자하는 말로 삼아 마을에서 징색하는데 혹은 이것을 동령〈動鈴〉이라 하고 혹은 이것을 조곤〈釣鯤〉이라 했다.)와 『經世遺表 8, 地官修制, 井田議』(今諸邑諸鎭 各有皁隷 或稱日守 或稱使令 或稱軍牢 或稱羅將 其額無定 亦無餼料 於是權以此輩爲村主人 縱其虐斂 以毒下民 羅家釣鯤費斂動糧 各色不一) 등의 기록 참조.

50) 보잘 것 없는(하찮은) 혐의.

51) 독사와 같이 사악하고 심한 괴롭힘.

먼저 죽었으니 이 얼마나 원통합니까? 이것이 그 한 고통입니다.

또 하나는 부녀가 억울하게 죽은 고통입니다. 지난 정유년 겨울 적화면赤火面의 면임面任52)이 공납을 수쇄할 즈음에 사인士人 김광일金光日의 처를 부접扶接하여 그 머리채를 끌고 손을 잡았는데 그 남편은 마침 출타 중이었습니다. 그 나머지 협민陜民은 곧 반상의 명분과 남녀의 등별等別을 알지 못하고 평소 관령官令과 임장任掌의 위권을 두려워 하여 둘러서서 벌벌 떨며 한 마디도 금단禁斷하지 못했으니 아아, 부녀라면 이 때에 사리事理가 마땅히 어떠해야 합니까? 만번 죽을 즈음에 마음을 맺고 몸을 촌철寸鐵의 나머지에 돌려 칼로 손을 잘라 그 자리에서 곧 죽었습니다. 이에 백일이 빛을 잃고 청산은 찢어지려 하였습니다. 백년의 인연과 삼생三生의 약속이 뜬구름과 같이 되었고, 유수流水같은 일검하一劍下에 천추의 한은 하늘처럼 길고 바다처럼 넓었습니다. 곧고 의로운 혼백이여, 슬프도다! 드러내 줄 사람이 없으니 지극한 원통함을 슬프게도 누가 있어 씻어줄 것인가? 그 남편은 누차 영문에 호소하였으며 면보面報·유장儒杖의 거사까지 벌였으나 그 임장任掌을 한갓 형배刑配의 율로 징계토록 하였은즉 반상班常을 등분等分하고 남녀를 구별하고 정렬貞烈을 포장襃章하며 난민亂民을 죄주는 법은 과연 어디에 있습니까. 금년 4월 본읍에 내린 우박53)이 이 일에 연유되지 않았음을 어찌 알겠습니까? 이것이 그 두 번째 고통입니다.

또 하나는 명분의 문란입니다. 적화赤火 부녀의 원사寃死를 설욕하지 못한 이후로부터 한결같이 각 면 임장들의 무리는 더욱 거리낌이 없어져서 스스로 관령을 받든 자라 이르고 비록 양반의 처를 죽이더라도 벌은

• • • • • • • • • • • • • •

52) 지방의 각 면에서 호적 기타의 공공사무를 맡아보는 사람. 임장(任掌)의 하나.
53) 본서 제2부 제2장의 각주 209) 참조.

형배에 지나지 않으며, 독환督還을 합네 수세收稅를 합네 하며 양반집 안뜰에 돌입하여 돌아다니는 것을 심상히 합니다. 양반의 의관을 적탈赤奪하되 이렇게 하기를 밥그릇 들듯하여 공납의 수쇄를 적몰하고 주인 있는 가장家庄을 빼앗아 사사로이 방매하되 100금이 본가本價인즉 7, 8냥으로 방매하고 4, 50냥이 그 가격이면 3, 4냥으로 척매斥賣하여 그 광폭함이 끝이 없습니다. 위로는 금제하는 사람이 없고 아래로는 막아 지키는 방도가 없어 드디어 예의지방禮義之方으로 하여금 도리어 멸륜蔑倫의 지역이 되게 하였으니 아! 영남 70여주에 왕화王化가 미치지 않는 곳이 없건만, 어찌 본읍은 덕화에 젖지 못하여 아전의 습속이 이와 같고 민정은 저와 같습니까? 이것이 그 세 번째 고통입니다.

또 하나는 우정牛政의 폐단입니다. 대저 우금牛禁[54]이란 농가를 위하여 먼저 베풀어야 할 정사의 근본입니다. 백성의 소가 혹 죽거나 다리가 부러진즉 백성이 입지立旨하여 관에 고하면 도살을 허가한다는 제사題辭가 있거늘, 본읍은 3, 4년내에 혹 백성의 소가 폐사하거나 다리가 부러지면 지고 와서 관예官隷에게 내어주라고 제題하여 소 주인으로 하여금 입본立本하지 못하게 합니다. 요즈음의 소 값은 근래 드물게 아주 높아 큰 소인즉 모냥某兩, 송아지를 면한 것도 모금某金이 됩니다. 예로부터 큰 칼 팔아 소를 사고 작은 칼 팔아 송아지를 사는 선정善政이 있습니다.[55] 이로써 견주건대 누가 어질고 누가 어리석습니까? 구변苟變은 위나라의 대부로서 백성의 달걀을 먹고도 오히려 그 책임을 졌는데[56] 본읍의 관

⋯⋯⋯⋯⋯⋯⋯⋯⋯

54) 농우(農牛)를 보호하기 위하여 법으로 소 잡는 것을 금하던 일. 『增補文獻備考 132, 刑考, 諸禁』(李珥平生不食牛肉 曰 非有國法 食其力而噉其肉 非仁也 時 朝家 申明牛禁 犯者至徙邊 珥 曰 國禁如此 尤不可犯 自是雖於祭祀 亦不用焉) 참조.

55) 본서 제2부 제2장의 각주 235) 참조.

56) 구변(苟變)은 전국시대 위(衛)나라 사람. 자사(子思)가 위나라에 있을 때 500승(乘)을 거느릴 수 있는 재주가 있다하여 구변을 천거했지만 위나라 임금은 구변이 일

리들은 백성들의 온전한 소를 빼앗으니 이로써 견주건대 누가 가볍고 누가 무겁습니까? 대저 농가에서 실패하는 일로 소 잃는 것만한 일이 없으니 이것이 그 한 억울함입니다.

또 하나는 면임面任 원징寃徵의 억울함입니다. 대저 면에는 상유사上有司의 직임이 있는데, 환상還上입네 결역結役입네 군포軍布입네 하는 것들은 모두 상유사가 수쇄하는 것들입니다. 매년 납부하는 것들에는 모두 월당月當이 있는데 백성들 능력의 차등에 따릅니다. 3, 4년전부터 가을철 소납所納은 정초에 매기고 겨울철 소납은 여름 동안에 미리 감독합니다. 그런데 거두어들이는 일이 지연될 경우 관부의 독촉이 으레 성화같고 영을 발한지 닷새만에 별검別檢의 독촉이 있으며 만약 열흘이나 보름을 넘기면 잡아오라는 명령이 있게 됩니다. 닭을 삶네 개를 잡네 하며 잘 대접하여 장차 체계遞禊57)와 월리月利를 피하려 하되 선물先物로서 독毒을 면하며58) 그 밖에 각각의 책응責應은 그 한 두가지가 아닙니다. 그러나 저들이 생재지혈生財之穴이 없거늘 스스로 낭비浪費하는 한스러움이 있습니다. 연말에 이르러 수쇄할 때 많은 자는 삼사백금을 빚지고 적은 자도 일이백금을 포탈하게 되니 먼저 자기의 가장家庄을 탕진하고 다음으로

· · · · · · · · · · · · · · · ·

찍이 한 백성에게 계란 두 알을 취해 먹었다고 말하며 쓰지 않자, 자사가 "임금께서는 계란 두 알로 간성(干城)의 장수를 버리게 되시는 것"이라고 간(諫)했으므로 위나라 임금은 마침내 이를 따랐다 한다.

57) 체계(遞禊)는 체계(遞計)와 같은 말. 장진계(場進計) 즉 비싼 변리로 꾸어주고 장날마다 본전과 변리를 받아들이는 일.

58) 선물(先物)은 선물계약(先物契約). 선물계약은 미래의 특정일에 특정한 양의 상품을 사거나 팔기로 한 상업적 계약을 말함. 여기서는 정기적으로 갚아야 하는 원금과 이자를 추수(秋收) 이후에 갚기로 약속함으로써 면임들로부터의 핍박을 일시 모면하는 일을 말함. 그러나 추수 이후에도 갚아야 할 원리금과 이자를 갚을만한 여력이 없기 때문에 대부분 자기 자신은 물론 일가친척들까지도 탕산하는 경우가 많았다.

형제의 전답을 말아먹고 이로써도 채우지 못하면 증증외외지가曾曾外外之家에 징수하고 다음으로 사돈의 팔촌까지 침노하니 이 해 저 해 한 면임面任의 폐해는 몇 사람이나 탕산시켰는지 알 수 없으며, 이미 폐풍을 이루어 능히 금할 수 없은즉 이것이 그 두 번째 억울함입니다.

또 하나는 향소의 쟁임爭任하는 변입니다. 향청이란 읍의 무거운 책임입니다. 관청과 백성의 사이에 처하여 위로는 관정官政의 득실을 보충하고 아래로는 백성의 질고를 살피는 것으로 그 풍속을 바로잡는 대강大綱 또한 모두 이로부터 연유하니 향청의 소임은 진실로 그에 맞는 사람이 아니면 민사民事가 다스려지지 않습니다. 근래 향풍이 퇴이頹弛하고 사습이 해연駭然합니다. 이런 고로 쟁임지속爭任之俗을 이루어 연말에 이르면 여리閭里를 무단武斷하는 자 무리로 읍저邑邸에 들어가는 자 등이 저녁과 새벽으로 왕래하여 호리豪吏의 간신奸臣이 되고 머리를 기웃거리고 눈을 번뜩이며 권모權謀로 발호하는 것이 온갖 추악한 모습을 구비하였으되 부끄러워 하지 않습니다.59) 그 좌수를 바라는 자가 십여인이요, 별감을 바라는 자 수십인이나 직임을 맡게 되는 것은 3인을 넘지 않습니다. 그 얻지 못한 자들은 붙들고 끌고 칼을 빼어 어양풍우漁陽風雨60)에 머리를

---

59) 향청(鄕廳)의 요직인 좌수(座首)와 별감(別監)을 향승(鄕丞)이라 하는데 바로 수령의 보좌인들이다. 향소직(鄕所職)으로서 면(面)·이(里)의 일을 맡아보던 풍헌(風憲)이나 약정(約正)은 이들 향승이 천거하는 자리였다. 그런데 조선조 후기에 들어와 향청의 천거를 둘러싸고 뇌물과 비리가 횡행하여 또 하나의 민폐로 등장하였다. 『목민심서』「이전(吏典) 육조(六條)」(『역주 목민심서 Ⅱ』, 122쪽: "대저 향청의 천거를 오직 뇌물로써만 하니 뇌물을 바치고 천거되기를 꾀하는 자는 반드시 간사한 사람이다. 농사를 철폐하고 술 먹기를 업으로 삼으며 읍내에 출입하면서 오랫동안 농간질하여 백성의 좀이 된 자이다. …… 시골의 미천한 사람들이 흔히 풍헌을 화려한 직임으로 여겨 풍헌·약정에 새로 임명된 자가 비록 쫓겨나더라도 향승의 차첩을 거두지 않으면 먹은 뇌물을 토해내지 않으므로 수령의 명령이 엄할지라도 끝내 옳은 사람을 택할 수 없게 된다.") 참조.

60) 어양(漁陽)은 하북성(河北省) 밀운현(密雲縣)의 동남(東南). 여기서는 당나라 안록

맞부딪치고 주먹질하듯 장판長板의 저녁 싸움[61]에 이놈 저놈으로 말을 내되 꺼리는 게 없으며 네 할아비 네 아비 등 말이 차마 할 수 없는 곳에 이르러 마침내 강상綱常을 세우고 풍속을 바로잡는 장소로 하여금 결국 시장판으로 만드니 그 한심함이 가히 이웃 고을에 들리게 할 수 없을 정도입니다. 대개 한 직임을 얻는 것이 만사萬死의 힘에서 나온즉 잃을까 근심하는 실정이 형세가 반드시 그러합니다. 작년 포환逋還을 백성에게 거두고 금년 방채의 정상과 징세 등 허다한 민폐를 한 마디도 관에 고하여 바로잡고 구제하지 않은 것은 대개 잃을 것을 근심하는 뜻에서 나온 까닭인즉 고을에서 향소를 둔 이유가 실로 무엇입니까? 향의 쟁임이 이 고을만한 곳이 없으니 이것이 그 한 변입니다.

또 하나는 염문입니다. 대저 염문의 법은 옛날의 군자가 밝은 눈과 통달한 귀로 민정을 살피는 정사입니다. 대저 염사가 폐의弊衣로 몰래 다니면서 촌숙민식村宿民食할지라도 민간의 질고는 오히려 모두 알아낼 수 없었거든 하물며 근래 염사들은 어둠을 틈타 고을에 들어와서 먼저 호리豪吏와 향교를 방문하면 그 이교배吏校輩들은 수륙의 진미를 대접하고 소진蘇秦과 장의張儀[62)]의 웅변을 펼치며 마침내 선물까지 바치니 그가 석면철장石面鐵腸이 아니라면 스스로 감심열의甘心悅意가 있을 것이니 공公은 공公이 아니고 죄는 죄가 아닙니다. 앞의 사또가 그러했고 뒤의 사또가 그러하니 훼묵지인毀墨之人 아닌 사람이 없습니다. 좌자左者도 그러하고 우자右者도 그러하여 이와 같이 칭예稱譽와 아부를 다하는 사람들입니다. 그러한즉 영문에서 어찌 민정을 살필 수 있으며 민정을 어찌 영문에

∙ ∙ ∙ ∙ ∙ ∙ ∙ ∙ ∙ ∙ ∙ ∙ ∙ ∙ ∙ ∙ ∙ ∙ ∙

산(安祿山)의 반란을 지칭한 말.

61) 장판(長坂), 즉 호북성(湖北省) 당양현(當陽縣) 동북(東北)의 한 지명. 후한 말 유비 (劉備)가 조조(曹操)에게 패주할 때 장비(張飛)가 다리 위에서 적병을 막아낸 싸움.

62) 본서 제2부 제2장의 각주 107) 참조.

통달할 수 있습니까? 백일의 비춤은 엎어진 동이에 미칠 수 없으며 봄 햇볕의 펴임은 음지의 언덕에 미칠 수 없습니다. 그러므로 본읍의 허다한 민폐는 하나도 임금의 덕을 펴는 안절사에 들리지 않는 것이니 대개 염사가 뇌물을 받고 사사로움을 행하기 때문입니다. 이에 영문에 올리오니 그 감히 말할 수 없는 하나인즉 이것입니다.

이상 13가지 폐막^{弊瘼}을 아직 영문에 올리기도 전에 본관에게 잡혀 그 장두^{狀頭}와 서사^{書寫}한 사람은 차마 당할 수 없는 형을 당했습니다. 본관은 이재가^{李在稼}인데 추후로 대폐^{大弊} 한 건을 아래와 같이 추입^{追入}합니다.

하나는 학궁^{學宮63)}의 폐단입니다. 대저 우리나라는 성현 이래로 예의 명호^{名號}로써 중조^{中朝}를 모방^{摹倣}하여 문물의 찬연함은 우리 왕조보다 더 성대한 때가 없었습니다. 나라에는 학^學이 있고 주에는 서^序가 있으며 여리^{閭里}에도 모두 서당을 두어 십실잔동^{十室殘洞}이라도 오히려 현송^{弦誦}을 들을 수 있습니다. 일곱살배기 아이도 오히려 공맹^{孔孟}을 외우니 그 애친충군^{愛親忠君}의 마음은 조야를 구분할 필요가 없으며 아울러 예에도 통달해 있습니다. 어진이를 높이고 어른을 존경하는 도는 지우^{知愚}를 가리지 않고 한 가지입니다. 본읍은 3, 4년전부터 본 관아의 자제가 경시^{京試}를 보러 갈 때 반드시 향교⁶⁴⁾와 각 원사^{院祠65)}의 유건과 도포를 걷고 만약

---

63) 향교(鄕校)의 별칭. 『조선왕조실록 성종실록 236, 21년 正月 己未』(심회가 아뢰기를, "신이 저번에 개성부(開城府) 학궁(學宮)을 보니, 대성전(大成殿)에 선성(宣聖)과 십철(十哲)의 소상(塑像)이 혹은 팔과 다리가 떨어지기도 하고 혹은 채색(彩色)이 벗겨지기도 하였으니, 만약 중국 사신이 보면 국가에서 존숭하는 뜻이 없다고 할 것입니다. 또 소상은 옛 제도에 맞지 아니하니, 위판(位板)으로 개정하는 것이 어떠하겠습니까?"하였다.)와 『受敎輯錄 5. 刑典, 公賤』(學宮奴婢 依太學奴婢 勿許免賤) 등 참조.

64) 각 주(州)·부(府)·군(郡)·현(縣)에 문묘(文廟)와 함께 병설한 학교.

65) 서원(書院)과 사우(祠宇)를 합쳐 부르는 말. 서원과 사우는 흔히 혼용되기도 하고 성격 또한 비슷하나 원래는 약간 다르다. 서원의 목적은 사문진흥(斯門振興)·인

건복巾服이 없으면 4냥을 징속徵贖해왔습니다. 건복의 소용은 장옥場屋에 들어가 접수할 때 뿐이니 곧 노예奴隷가 입는 것입니다. 이것은 모두 한 때의 교임자校任者가 능히 금하지 못하고 예조의 아전배가 잘 고하지 못하여 학궁에 전에 없던 폐단을 빚어내게 된 것입니다. 또한 대저 액원額院에서 올리는 제사의 제수祭需는 조정의 회감會減이니 누가 감히 엄숙·공경히 봉행하지 않겠습니까? 본읍의 도산서원66)은 한훤寒暄,67) 일두一蠹,68) 사계沙溪69) 세 선생을 제향하는 장소이니 얼마나 소중합니까? 그런데 금년 8월 추향에 각 원 유생이 입관入官하여 봉수封需할 때에 원래 대구어를 제수로 봉하지 아니한 고로 그 연유를 힐문하자 해당 색임色任이 고하되 "일전에 관가 봉물封物70)에 모두 들어왔지만 다시 제물로 쓸 대구는 없었다." 고 하니 곧 이것은 해당 색임該色의 조종입니다. 그러므로 이 문제로 힐문하다가 원으로부터 읍에 이르기까지는 30리길이어서 어둠을 무릅쓰고 돌아오는 길에 풍우가 갑자기 이르고 협곡의 내가 흘러 넘쳐 제물을 나르던 종이 익사하는 지경에 이르고 또한 사액원향賜額院享

∙∙∙∙∙∙∙∙∙∙

재양성(人才養成) 등이고 사우의 목적은 보본숭현(報本崇賢)·교화(敎化) 등이며, 서원의 기능은 장수(藏修)·강학(講學)·사현(祀賢) 등이고 사우의 기능은 사현(祀賢)이다. 서원의 제향인물은 유학자(儒學者)이고, 사우의 제향인물은 충절인(忠節人)이다.(정만조, 「17·18세기의 서원·사우에 대한 시론」『韓國史論 2』, 1975, 참조.) 이와 같이 조선시대의 서원과 사우는 학문연구와 선현의 제향을 위해 주로 지방의 유림들에 의해 설립된 사설 교육기관이자 향촌 자치운영기구였다.

66) 본서 제2부 제2장의 각주 275) 참조.

67) 본서 제2부 제2장의 각주 276) 참조.

68) 본서 제2부 제2장의 각주 277) 참조.

69) 명종 3(1548)~인조 9(1631). 김장생(金長生). 조선 중기의 학자·문신으로 늦은 나이에 벼슬을 시작했다. 과거를 거치지 않았으므로 요직의 기회는 많지 않았으나 인조반정 이후로 서인의 영수가 되었다. 예학을 깊이 연구하여 조선예학의 태두가 되었으며 스승 이이(李珥)가 시작한 『소학집주(小學集註)』를 완성하였으며, 『상례비요(喪禮備要)』 4권 등 예에 관한 저술들과 시문집 등을 남겼다.

70) 선사(膳賜)로 봉하여 보내는 물건.

이 제사를 거르는 변고에 이르렀으니 이 얼마나 큰 강상綱常의 변고입니까?

건복巾服이란 곧 공씨孔氏가 끼친 제도입니다. 그런데 이제 노예가 입는 옷이 되었고 제향하는 음식은 조정이 회감會減71)하여 이제 사문祀門의 봉물이 되었으니 이것이 진정 중히 여겨야 할 바를 경하게 여기고 경하게 여겨도 되는 것을 중하게 여기며 공경해야 할 것을 소홀히 하고 소홀히 여겨도 되는 것을 공경하는 일입니다. 이것은 한갓 본읍 유림만이 분하고 억울하게 여기는 바일 뿐만 아니라 실로 일도一道 사류가 모두 통한스럽게 여기는 것이요, 문득 또한 사문斯文이 함께 분노해야 할 바입니다. 그러한즉 빠져죽은 원복은 필연한 죽음으로 그 마땅한 곳을 얻은 것이며 제수를 절도한 예색禮色72)은 정녕 용서받을 여지가 없으니 그 선현을 높이고73) 어른을 공경하는 도는 돌아보건대 어디에 있습니까?

---

71) 받을 것과 줄 것을 상쇄(相殺)하여 회계·처리하는 것.
72) 제사나 제수 등 예(禮)에 관한 일을 관장하는 색임(色任).
73) 원문에는 '전(奠)'으로 되어 있으나, '존(尊)'의 오기(誤記)라고 보는 것이 타당하다.

5. 「取翁政記」의 원문과 역주

取翁政記(中原亦有醉翁亭記 我東方有取翁政 取之政 雖文字不同 熟讀詳味
乃知其意也)

居昌乃府也 其西南諸邑 風俗淳美 望之 吏民晏然者三安也(三嘉 安義) 州行六
七十里 哭聲咽咽通徹于四隣之間者 娥林也(居昌 古號) 吏豪校强有政虐 然臨于
境上者 取翁政也 作政者誰 邑之吏愼章也 聽之者誰 太守自謂也 太守與吏來莅于
此 飮素輒取 而然又最巧 故 玆號曰取翁也 取翁之意 不在州 在於貨賂之間 貨賂
之樂 取之於民 而圖其官也 若夫令出 而錢路開 隱求而貨穴明 晦明變化者 運筆
之左右也

吏收逋而徵民 放債出而徵稅 徵一布於萬民 侵泉下之白骨 贖民間之遮日 奪民
牛之折脚 殺無辜之良民 蔑班常之分義者 鄕定八痛 去年往今年歸之八痛不同 然
弊亦無窮也 至於貧者哭于途 行者愁于樹 前者呼後者應 老幼提携 往來而不絶者
居人流也(居昌人流離也) 臨界漁 界寬而魚肥 釀錢爲主 錢疾而主多 山撓野騷 然
而幷進者太守政也 政治之效 非德非威 死者衆 刑者配 暴虐制民 起坐而誼譁者
衆吏歡也 小顔黃髮 頹乎其間者 太守醜也 而已 田野荒僻 人心散亂 太守歸而吏
校從 樹林陰翳 鳴聲上下 居民散而禽鳥樂也 然而禽鳥知山林之樂 而不知人之憂
人知從太守政 而國不知太守之樂其樂也 取能與吏樂 成能述而謀者太守也 太守
謂誰 龍仁李在稼也

若夫麒麟之於犬馬 通稱獸也 而善惡分明 鳳凰之於鳥雀 咸曰禽也 而貴賤顯殊
醉翁之於取翁 俱是人也 而賢愚自別 則物之於人 元無不代之理也 古之太守 以詩
酒淸標 流芳於百世 今之太守 以殘虐狼貪 遺臭於百年 與鷄山(居昌 主山)高而高
濚水滋長而長 夫流芳與遺臭 皆是一道 豈偶然哉

역주 「취옹정기」

중원에도 취옹정기醉翁亭記가 있다. 우리나라에 취옹정取翁政이 있는데, '취지정取之政(착취하는 정사)'이 비록 문자는 같지 아니하나 숙독熟讀하고 상미詳味하면 이에 그 뜻을 알 수 있을 것이다.

거창은 부이다. 그 서남쪽의 고을들은 풍속이 순미淳美하다. 바라보니 아전과 백성이 안연晏然한 곳은 삼안三安(삼가三嘉, 안의安義)이요, 고을의 이정里程 6, 70리에 곡성이 울려 네 이웃 사이에 통철한 곳은 아림娥林(거창의 옛 이름이다)1)이다. 아전과 포교는 호강豪强하여 포학한 정사政事를 행하니 그 경상境上에 있는 것이 바로 취옹정取翁政이다. 정사政事를 행하는 것은 누구인가. 고을의 아전 신장愼章2)이다. 이를 듣는 자는 누구인가? 태수 자신이다. 태수와 아전이 이곳에 내림하여 마실 때에는 번번이 취取하나 가장 교묘한 까닭에 호를 취옹取翁이라 했다. 취옹의 뜻은 고을에 있지 않고 화뢰貨賂의 사이에 있으니 화뢰의 즐거움을 백성에게 취하여 그 벼슬을 도모하는 것이다.3) 만약 영令이 나가 돈길이 열리면 은연

---

1) 지금의 거창읍 중앙리와 상림리에 걸친 자리의 관공서 터, 다시 말해 거창초등학교에서 거창세무서까지의 거창읍내 한복판에 아름다운 숲이 있었는데, 아림(娥林: 어여쁜 수풀)이라 불렸고 그 속에 아림사(娥林寺)라는 큰 절이 있었다 한다. 신라에서 고려 말까지는 아림사가 이 고장을 다스렸다고 추측되며 조선조 때부터 그 절터에 관청이 자리하게 된 것이 오늘날까지 이어졌다고 보아진다. 이와 같이 '아림'은 숲과 절 이름에서 비롯되었는데, 이 고장의 별칭으로 널리 불려 왔다.(『문답식 거창역사』(거창문화원, 1995), 36쪽.)

2) 여기서 '신장(愼章)'을 어느 특정 인물의 이름으로 볼 수는 없을 것이다. 오히려 임술민란 때 잡혀 중벌을 받은 포리(逋吏) 신재문(愼在文)과 장복영(章福榮)을 함께 지칭한 말일 가능성이 크다. 그럴 경우 〈거창가〉나 「거창부폐장 초」와 달리 「취옹정기」는 임술민란 후에 쓰인 뒤 합철되었을 것이다. 훨씬 전에 지어진 〈거창가〉가 추후 임술민란에 즈음하여 민중 선동의 한 방편으로 사용되었다는 가설도 여기서 얼마간 타당성을 인정받을 수 있게 된다.

히 구하되 돈구멍이 밝아지게 되니 회명晦明과 변화는 붓 놀리는 데 좌우되는 것이다.

아전이 포흠한 것을 백성에게서 거두고, 방채를 내되 세금으로 징수하고, 만민에게 일포一布씩 징수하고, 저승의 백골을 침노하고, 민간의 차일을 대속代贖받고, 다리 부러진 백성의 소를 빼앗고, 무고한 양민을 죽이고, 반상班常의 분의分義를 없애는 것은 향鄕에서 정한 8가지 고통이다. 지난 해와 금년의 8가지 고통은 같지 않고 폐단 역시 끝이 없다. 가난한 자는 길에서 울고 길 가는 자는 숲에서 근심하며 전자가 부르면 후자가 응하고 노유老幼간에 부축하여 왕래하며 끊이지 않는 것은 거창 사람들의 떠돎(거창인은 유리한다)이다. 경계에 임하여 고기를 잡으면 경계가 넓어 고기가 살졌고, 돈 빚기를 주로 하니 돈은 빠르면서도 많기를 주장한다. 산사람은 소요하고 들사람은 소란하나 함께 나아가는 것은 태수의 정사이다. 정치에 효과가 있는 것은 덕도 아니요 위엄도 아니다. 사자死者는 많고 형자刑者는 유배되어 포학으로 백성을 제압하니 기거에 떠들썩한 것은 아전의 무리가 환호하는 것이요, 벼룩낯짝의 늙은이가 그 사이에 넘어져 있는 것은 태수의 추함이다. 이미 전야는 황벽해지고 인심은 산란해졌다. 태수가 돌아가니 이교吏校가 뒤따르고, 나무숲 그늘진 데 새소리 위 아래로 나는 것은 거민居民이 흩어지매 금조禽鳥가 기뻐하기 때문이다. 그러나 금조禽鳥는 산림의 즐거움만 알 뿐 사람의 근심을 모른다. 사람은 태수의 정사를 따를 줄을 아나 나라는 태수가 그 즐거움을 즐기는 줄을 모른다. 취取하면 능히 아전과 더불어 즐거워하고 이루어지면 능히 지어서 꾀하는 것은 태수다. 태수란 누구를 말함인가? 용인 이재가李在稼이다.[4]

．．．．．．．．．．．．．．．．．．．．．．．．．．

3) 탐학하는 수령은 벼슬길을 더 넓히기 위해 백성으로부터 재물을 탈취하여 중앙의 요로에 바친다는 뜻.

대저 기린과 견마犬馬를 길짐승이라 통칭하나 선악이 분명하고 봉황과
조작鳥雀을 모두 날짐승이라하나 귀천이 분명 다르며 취옹醉翁과 취옹取翁
은 모두 인간이나 현우賢愚가 저절로 구별되니 물건과 사람이 원래 대신
할 수 없는 이치는 없다. 그러나 옛날의 태수는 시주詩酒로 청표淸標를
세워 백세동안 아름다운 이름을 흘렸고 지금의 태수는 잔학낭탐殘虐狼貪
으로 백년동안 악취를 남겼으니 계산雞山5)(거창의 주산)과 함께 높고 높
으며 영수瀯水6)와 함께 길고 길 것이로다.7) 대저 유방流芳과 유취遺臭는
모두 한 길이나 어찌 우연이리오?

---

4) 이상은 구양영숙(歐陽永叔)의 「취옹정기(醉翁亭記)」《『고문진보 후집(古文眞寶 後
   集)』》를 패러디한 부분이다.
5) 『거창군사』에 나오는 '읍면별 연혁'의 필자이기도 한 김태순 선생의 설명에 의하면
   현재 거창읍 중앙리(中央里)는 읍의 중심지로서 하동(下洞)과 죽전(竹田) 등 두 마
   을로 이루어져 있다 한다. 이 가운데 죽전, 즉 대밭 밑은 뒷산의 줄기가 대나무
   마디처럼 생겼고 대밭이 있는 데서 생긴 이름이라 하는데, 풍수설에 암탉이 병아
   리를 품어주는 형국이라 하여 계산(鷄山)이라 했다고 한다. 옛날 이곳에 있던 당산
   (堂山)나무에서 닭 우는 소리가 들렸다 하여 붙여진 '닭원만당'이란 지명도 있다.
   현재 거창의 주산으로 알려져 있는 건흥산(乾興山)에서 동쪽으로 일자(一字) 모양
   의 구릉(丘陵)이 있는데, 이 구릉은 '가지리(加旨里)→상림리(上林里)→대동리(大東
   里)'로 연결된다. 법원, 검찰청, 샛별초·중학교, 거창여중·고교, 거창고교 등이 들
   어서 있는 이 일대가 조선조 당시까지만 해도 구릉지대로서 거창의 주산 이었음을
   알 수 있고, 「취옹정기」의 '계산' 역시 이곳을 말하는 것이다.
6) 현재 거창읍을 가로지르는 냇물 이름으로 현지에서는 영천(瀯川)이라 한다. 북상
   의 월성 계곡에서 동쪽으로 흐르는 성천(星川)과 소정 계곡에서 남으로 흐르는 갈
   천(葛川)이 합하여 위천(渭川)이 되고, 이것이 거창에 와서는 영천이라 불리고 있
   다. 또, 고제의 개명천(開明川)과 고제천(高梯川)이 합하여 주상천(主尙川) 또는 완
   계(浣溪)가 되고 여기에 웅양천(熊陽川) 또는 미수(渼水)가 합해져 아월천(阿月川)
   이 되고, 이 아월천이 영천에 합류되어 황강(黃江)을 이룬다. 〈『居昌郡史』, 1997, 46
   쪽 참조)
7) 이 문장은 『고문진보 후집』에 나온 범희문(范希文)의 「엄선생사당기(嚴先生祠堂
   記)」("雲山蒼蒼 江水泱泱 先生之風 山高水長")에서 취해온 내용이다.

6. 「四哭序」의 원문과 역주

如此一境 皆爲塗炭 萬民欲死之際 當本官遞歸之日 猶有戀戀不忘之意者四人 爲之涕泣送別 一則龍山村人也 二則大楚洞人也 三則矢中村人也 四則花洞村人 也 此四人者 乃一鄕之長老 今爲泣別 出於万不意 而今作四哭序 不忍直書鄕老之 名 故 以其所居村名 因作四哭序 表而揚之

若夫風雨霜雪以成四時 人有喜怒哀樂 是爲四情 當風而霜者 是災也 宜雨而雪 者亦變也 當喜而喜 眞情之喜 不哭而哭 欺心之哭 喜有所由 哭有妙理 今觀居昌 之哭 自多別哭 龍山九日 憶弟之哭耶 大楚兵散 爲項之哭耶 矢中其項 戰亡之哭 耶 花洞夜燭 失侶之哭耶 思家步月 懷鄕之哭耶 万里征夫之哭耶 千里長沙 遷客 之哭耶 易水寒風 壯士之哭耶 趙襄市上 朋友之哭耶 未知由腸之哭耶 抑亦塗脣之 哭耶 生者哭 死者哭 刑者哭 配者哭 班亦哭 常亦哭 眞哭 假哭 是何之哭 獨多於居 昌耶

(已上狀抄 多有訛漏處 後之覽者 休咎壓看如何 又有居昌別曲 而筆禿紙乏 不 能盡書)[1]

역주 「사곡서」

이처럼 1경이 모두 도탄에 빠지고 만민이 죽고자 할 즈음에 본관이 바뀌어가는 날을 당하여 오히려 연연하여 잊지 못하는 자 4인이 있으니 이를 위해 눈물 흘려 송별을 하는구나. 하나는 용산촌[2] 사람이오, 둘은

- - - - - - - - - - - - - - - - - -

1) 「취옹정기」와 「사곡서」는 내용이나 필체로 보아 「거창부폐장 초」에 딸린 부분들 이다. 따라서 ( )부분은 전2자를 포함한 「거창부폐장 초」 전체를 포괄적으로 마무 리하는 말이다.
2) 현재 거창군(居昌郡) 가북면(加北面) 용산리(龍山里)를 말한다. 가북면은 거창군의 북동쪽 끝자리에서 가소현의 북쪽에 해당하므로 가북이라 했다. 서쪽은 수도산에서 흰데미산(白石山), 보해산·금귀산으로 달리는 산줄기에 의해 웅양면·주상면과 나 뉘어진다. 용산리는 용산과 율리 두 마을로 이루어져 있다.(『거창군사』, 335쪽.)

대초동[3] 사람이오, 셋은 시중촌[4] 사람이오, 넷은 화동촌[5] 사람이다. 이네 사람은 한 마을의 장로長老로서 이제 눈물로 이별하기 위해 아주 뜻하지 않게 나오므로, 이제 사곡서四哭序를 짓되 차마 향로鄕老의 이름을 곧바로 쓸 수 없는 까닭에 그 사는 마을의 이름으로 사곡서를 짓고 드러내어 선양하노라.[6]

대저 풍우상설로써 사시를 이루고 사람에게 희로애락이 있으니 이것이 사정四情이다.

바람 불어야 하는데 서리치는 것은 바로 재앙이오, 비가 와야 하는데

- - - - - - - - - - - - - -

3) 현 가조면(加祚面) 대초리(大楚里)를 말한다. 대초리는 조선조 말까지 하가남면(下加南面)에 속해 있었다. 가조면은 가북면과 더불어 거창군의 동부에 속하며 합천군의 서북부와 맞닿아 있고, 높은 산줄기에 둘러싸인 분지다. 대초리는 대추나무가 호수처럼 울창하였으므로 조호(棗湖) 또는 '대추마'라 하다가 대초리라 했다. 전씨가 처음으로 마을을 열었고 뒤에 현씨가 들어와 살았는데, 무오사화 때 선산 김씨가 이주해 와 지금은 선산 김씨의 집성촌이 되었다 한다.〈『거창군사』, 321쪽.〉

4) 현재 거창군 남하면(南下面)에 속하는 지역으로 시항(矢項) 혹은 살목이 이곳이다. 조선시대까지는 북부에 고모현면(古毛峴面)을 두었고, 시항리·아주리·둔마리 등이 여기에 속해 있었다. '시항(矢項)'은 '살목'을 한자로 표기한 말이다. 이 마을에는 황강으로 흘러드는 큰 내가 있고, 옛날에 이곳에 고기 잡이 어살을 매는 목이 있었다 한다.〈『거창군사』, 276 쪽 참조.〉 또한 거창군 가조면에는 고려가 망한 뒤 실의에 빠진 유 장군이 자신의 말을 죽이고 자신도 화살로 목을 찔러 자결했다는 내용의 「살목(矢項)과 유형귀(劉亨貴) 장군의 전설」이 남아 있는데, 거기서 '시항(矢項)'이란 명칭이 나왔다는 설도 있다.〈『거창군사』, 1112~1113쪽 참조.〉

5) 현재 거창군 웅양면(熊陽面) 노현리(老玄里)의 원촌(院村)에 딸린 작은 마을로 화촌재(和村齋)가 있어 화촌 또는 화동골이라 했다.〈『거창군사』, 167쪽〉

6) 김현구본의 말미에 「거창가 서(居昌歌 序)」와 「사곡(四哭)」이 붙어 있다. 그 가운데 「거창가 서」는 「취옹정기(取翁政記)」 중의 한 부분과 일치하며, 「사곡(四哭)」은 조규익본에 붙어 있는 「사곡서(四哭序)」와 같으나 앞부분에 다음과 같은 내용이 더 들어있다.
"如此一境 嗟怨本官遞歸之日 涕泣而送別 則何等少人奸腸耶 一則龍山村鄭華彦也 一則大楚洞金淸之也 一則花洞村姜烈之也 一則矢項村朴肅虎也 四人皆鄕老珮望 故不以姓名直書 只以所居四村名 因四哭序 表以揚之" 참조.

눈 오는 것 또한 변고다.

즐거워 해야 하는데 즐거운 것은 진정眞情의 즐거움이요, 울지 말아야 하는데 우는 것은 마음을 속이는 울음이다.

기쁨에는 까닭이 있고 울음에는 묘리妙理가 있는 법, 이제 거창의 울음을 보건대 스스로 특별한 울음이 많다.

용산龍山 9일7)에 아우를 그리워하는 울음이냐?8) 대초병산大楚兵散에 항우를 위한 울음이냐?9)

화살이 목을 맞추어 전사戰死한 울음이냐?10) 화동야촉花洞夜燭에 짝을 잃은 울음이냐?11)

집을 생각하며 걷는 달밤에 고향 그리는 울음이냐?12) 만리정부萬里征夫의 울음이냐?

천리장사千里長沙에 귀양가는 사람의 울음이냐?13) 역수한풍易水寒風에

●●●●●●●●●●●

7) 거창의 용산촌을 빗대어 끌어온 말. 원래 '용산(龍山)'은 환온(桓溫)이 중양절(重陽節)에 용산에서 잔치를 베풀었던 때 이 자리에 참석했던 참군(參軍) 맹가(孟嘉)가 낙모(落帽)한 고사로부터 나온 말이고, '9일'은 이 고사를 시로 읊은 두보(杜甫)의 〈9일남전최씨장(九日藍田崔氏莊)〉(『杜律虞註』, 120~121쪽)과 왕유(王維)의 〈구월구일회산동형제(九月九日懷山東兄弟)〉(『漢詩大系 10: 왕유(王維)』, 집영사, 1983, 27~28쪽)에서 따온 것이다. *현재 용산촌에도 낙모대(落冒臺)가 있고, 동계(桐溪) 정온(鄭蘊) 선생과 '군(郡) 18선(仙)의 회동(會同) 고사'가 남아 있다.

8) 왕유(王維)의 시 〈9월9일회산동형제(九月九日懷山東兄弟)〉(獨在異鄕爲異客/每逢佳節倍思親/遙知兄弟登高處/遍揷茱萸少一人) 참조.

9) '대초(大楚)'는 거창의 대초동을 빗대어 끌어온 말로서 초나라 항우가 유방에게 대패한 고사(古事)를 끌어왔다.

10) 이 부분은 거창의 시항촌(矢項村)을 표현한 어희(語戲)다. '살목'은 원래 고기를 잡던 어살을 설치했던 곳인데, 이것이 한자로 바뀌면서 '시항(矢項)'이 되었고, 「사곡서」에서는 그 한자의 의미를 새롭게 이용한 것이다.

11) 거창의 화동촌을 빗대어 표현한 말.

12) 두보의 〈恨別〉(『杜律虞註』, 15쪽)("洛城一別四千里/胡騎長驅五六年/草木變衰行劍外/兵戈阻絶老江邊/思家步月淸宵立/憶弟看雲白日眠/聞道河陽近乘勝/司徒急爲破幽燕")참조.

장사의 울음이냐?14) 조양趙襄이 저잣거리에서 벗을 위해 울던 울음이냐?15) 알 수 없도다, 마음에서 우러나오는 울음이냐? 문득 또한 입술에 바른 울음이냐?

산 자도 울고 죽은 자도 울고 형 받은 자도 울고 유배된 자도 울고 양반도 울고 상민도 울고 진짜 울음, 거짓 울음, 이 어떤 울음인데 거창에만 많은가?

이상 장초는 굴루처詘漏處가 많으니 뒤에 보는 자는 허물 말고 눌러 보는 것이 어떠할지? 또한 거창별곡이 있으나 붓이 모지라지고 종이가 떨어져 다 쓸 수 없다.16)

· · · · · · · · · ·

13) 장사(長沙)는 호남성(湖南省)의 장사현(長沙縣)으로 상강(湘江) 하류, 동정호(洞庭湖)의 남쪽에 있음. 가의(賈誼)가 문제(文帝)의 신임을 받아 태중대부(太中大夫)가 되어 개혁정치를 주장하다가 권신 주발(周勃)의 미움을 사 장사왕(長沙王)의 태부(太傅)로 밀려났는데, 이 구절은 장사로 좌천되는 가의의 슬픔을 말한 내용이다.

14) 형가(荊軻)가 진왕(秦王)을 죽이기 위해 길을 떠날 즈음 역수(易水)에서 친구들과 헤어지면서 부른 노래가 〈역수가(易水歌)〉인데, 현재 악부(樂府) 금곡가사(琴曲歌辭) 중의 하나다. 『사기(史記) 형가전(荊軻傳)』(燕太子丹 使荊軻刺秦王 太子及賓客 知其事者 皆白衣冠以送之 至易水之上 旣祖取道 高漸離擊筑 荊軻和而歌 爲變徵之 聲 士皆垂淚涕泣 又前而歌曰 風蕭蕭兮易水寒 壯士一去兮不復還 復爲羽聲忼慨 士 皆瞋目 髮盡上指冠 於是荊軻就車而去) 참조.

15) 조규익본의 「사곡서」에는 '조곤(趙衮)'으로 되어 있으나, 김현구본의 그것에는 '조양(趙襄)'으로 필사되어 있다. 전고를 살펴볼 때 명나라 조양이 맞는 것으로 판단된다. 『상우록(尙友錄) 十六』 참조.

16) 이 부분의 바로 다음에 나오는 구절 "如此風波不可渡/古木于手鹿角膠"는 무슨 의도로 이곳에 삽입되었는지 분명히 알 수는 없으나, 거창 사람들이 당하고 있는 고통을 상징적으로 드러내는 표현이 아닌가 한다. 그리고 그 뒷부분에 "거창부사 이재가가 재읍 4년에 일경이 도탄에 빠진 고로 그곳에 사는 사람이 이 거창별곡(居昌別曲)을 지었다. 그 끝은 글장 아래에 있다."는 마무리 설명도 나온다.

제3부

〈거창가〉 조규익본 영인본

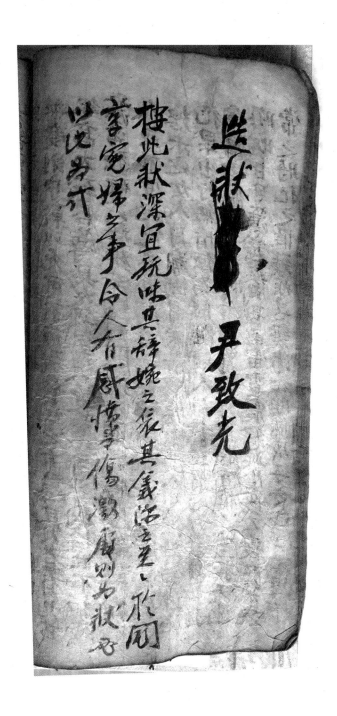

送獄　尹致光

捄此獄深宜玩味其䛃婉之意其儀洽至矣水圓
言案燁之事令人有感慨事傷激廬州如為獄㕠
此况為寸

大人

巡相閤下伏以凶荒不孚則嗚...之雖死聽之者不哀

則豈嗚也虐也眈年本邑吏逋二万六千石以四千米分

給全米一石式徵民是白遣又至今年所謂放債錢二千四

百兩卽吏逋也而報告以民瘼謂之草唤债之佶役使民

督徵則大王税何必所重云塵之吏逋濫徵於國結岩

此乃民人之不忍也敢涛之石敢也前年亦以倍之太

高至于會哭之爲弓見欺於從民頼叟佶忿之今美至

曉结末寅臣弊云㐫等古桔西鄉負中四鴛刑配二寫收贖好

至萬産之身之境星利名徵民之逋吏石受一枚庫𥪡之

痛者三世爲寬者之地爲寬者之地其所飮言兵一也兹敢

惟別于左伏惟遠~親覽敎是帲帳的詐民一上使于遠

下速惟嚴査戟有一毫誣訴則函正~訴上逐罪治民冤恨

杜則革玆殿戟摠侵幊密之民修見天日之也諸弊俱祀

以陳

一則還弊此天遷上去陛正之嚴也君民所不食也遷使之

替徵則堂可謂推正也名武班年史通一万六千石以四多

式令舍全来一石式徵民則所以助推正之穀則其應圖

之道期以克庫方主則其犯通之更自五百石以上依速正刑

星日還五百石以下枯配津夕蕩滌其戟正刑次徵民則

一 上使于磨下以为罷廉也 由事

相國陶不大士夫有爭臣則不失其家父有爭子則身不

備扵不義官有爭民則政不至扵虐其義一世前呈乙

承題對之嚴題呈于孫前呈只以還樂放償二仟兩乙呈

弄考令則許為聲慶一王玫弘為寿方夏伏以多以煩潰如

嫁古笛神探仙者夫天孝多事親之道小秋圍没逃大秋則避

之本邑民情不可以大赦此也詀蔦今之相罵也都二十以上

啓親覽爲誠惟扵晨旺怕民如去莘之民成被具謫状也

今闌之樸郵嶺外所武侯之相爲也鎮民之柳視閒下

亦為民之岂武侯也令生忿假石呈以偹今敏堂破

誣上古自隨扵乱民之科哉本邑民事爲幣乎六地爲

病者三世爲寬之世爲疼左一也其不敢言左一也然敝

條列于左伏性遠〻親覧教是如此由诉民一〻上使于廷

下逐條嚴查罪有一毫誣訴則繼正誅〻王罪如傑澄

相開草誅般弊瘼使塡壑之民復見天日之地殘舜日祝

以陳

一則還寧此夫還上乎佳正之嚴也一若民所不食之還使之

替徵則堂可謂糶正之名武朕年更達一万天千石以何而多

式令合合全来一石式徵民則阿以跳雁正之箅也其匡廣國

之道期以克庫爲主則其犯逋之速有五百石以上依海江刑

星白速五百石以永勅配律〻蕩滌其應定〻汝徵民則

可見鰥民情 可以鑑矣習是弊本也則此侶五百石雖
二千石題更良置不受一役劫家不盡徵倩他員取良立
侵民替徵則其餘石通法吏輩目請言可畢紀若此吾乃恨
不過五百石生恨思目徵送道石如本信於己徵也
十年又不如者石石徵民是亦則到此民情情如伊歟且
去年十二月于此夜有盜犯庫是竹本城主所莜夜述余聞虛
摘奸則有临大新藏毫又有店石篁策今石而物是亦
拿入倉远具柳四囚盖虬徃後俚一次因所莜匱夫譽曰
朝故石知其意芑邪層此更之高姙還也為歟過於比
邑則此是則颾也
一則佳還越本世圖去年三嘉陜川四北安義新渌種內至午年

俵臣之時接境四邑則每俵十二三兩爲捧本邑則九山十五

六西加徵夫三安如陝皆木他之戸患乙所他乢本邑亦木他

乙六惠兩司之所他則木乙異他稅金異所以一王之士民共一

余其故之安立其利之俉敂乃又有呈寃吉沙榜之斂稅他

大抵俵俉有斂有呈庶�

甦有十牧結庭賦闊於乢一把乗免頉之巷令也夫偌役

太高莫嶋於乢邑則此具二顆地

一則軍政之弊頉夫軍伍乗八則侍衛出則宗室有國之不

可不爲乢之不可懲乙三四年乗乗生一佈編侵一鄉之賤民

乙大逆則巛一三百金乢免爲小三夕則乃至七八十兩頉爲以乢

一布吊納第八箇月當星其其修水軍地陸軍地人吏
倅令申保許多難布不一其詩兩唐人云國橫以金為金性鄉
力催之獒幻尋奉疤有大岳吳以官兵之名光自僧居之
帰民浴友澤主流也兩枚甚物民姓界了以物自星以奉遯城
徭寒也俗不許民禄德以姓宇之圖呼父於楚逃而富之
人取方於貴賤裁墅之書本既遠昭程伍論星枚私
賤子參兩班之俗兄倂軍伍矜稱生意也獅裂鼻迷錦
情止軍班名人倫也歐德名分之衆乱岳以遐路名這石螯
則祭金倫伍之軍野僉伯得之民平養乃名家征德名
已一恩典子以其八寸私勤布星禁清地為金休之取考報
籍以其八寸名則俗然今嚴考渾也於軍任則然遠江

維是實爲殘民散役之□□□□如□□居其□□□□市心□□□
今□□□今春習操行間後稍此單□元代自甲乙年後分
死市民□匹歛□夫身□於二十年來徵布於二十年
後身□乃□人□不死□此□□一不解□月間參□□
暫□五年天陰雨□□泥混相連別□□□吏奉水但□於
□世□出至抑於信於泉下一枝□大便政□□□
於此邑心□其三□□□

一則放債之弊迪夫放債之錢本以民庫上下取殖更無
大小俱從兵討爲舊凡隨慮用□耑生□業場□每難撐基
以報當□民□學體□華費付之陸沒□立替歛咁□物
響□名曰儂費太一□當□同□二斗四百□□□例於□明

八路亦有〜聲此震次幸若〜程毅充使方〜吏帝〜徵驅罵空
如民憲兔倒郡火於是自星〜里有童謠曰聽今我〜料吏名
吏不重任官闕此運憶此可知其以民情勇是慶任任豪
五聲誓起

一則遞目〜聲起民夫大小賓行次哇哥行帳帳鋪陳而具
自有是用為藏之于軍兜與工庫私為郡行為三四千金
凶處使遺到〜府〜日女奴民同進日〜洞務收贖二兩武
星考公者竜三百三千催同叹田三十洞則收他遞日三百
徵同叹贖錢徵出叹今叹叹云百四哇豪亦洗逸任時哥
九叹叹一尊日那分作新罷憲叹叹任名是此揀比方束
觀勸紷難華川聲夫阿〜處徵費叹處日叹此豪兄太鄙叹迟

一則淫佚樂之痛哭哀矜毋乃有司之刑罰也抑亦刑罰之所多乎幸人

抑罪利人之行刑全恤於詔勑一不滿又五生順於處原

不究只恤或推搉此受罪之心幸年秋風一杖肆毒之時

鞋報一毒者邑宰有院邨野兆兄全大夫一而滂泣念府帳殺

其俸愛杖一月死一令日死兩百五六人如此夫程之恤也伏乎

抄重必誰當下殺人亦坐若不服則初檢覆檢呈有查乎

尋程一參考蓋屬民一隱侍有名是一丁字呈亦邑救給一

不幸有名川芽廬山危月可惜幸命一視自惕吉命岌

滂啼血一兒只見死亦祁一檻擇後擇一後擇

勤孝思謁其所亡辛卯己已可呈其先世一此且幸子一要剃不君

可見偉項炭死吃似有愛死光史一痛也

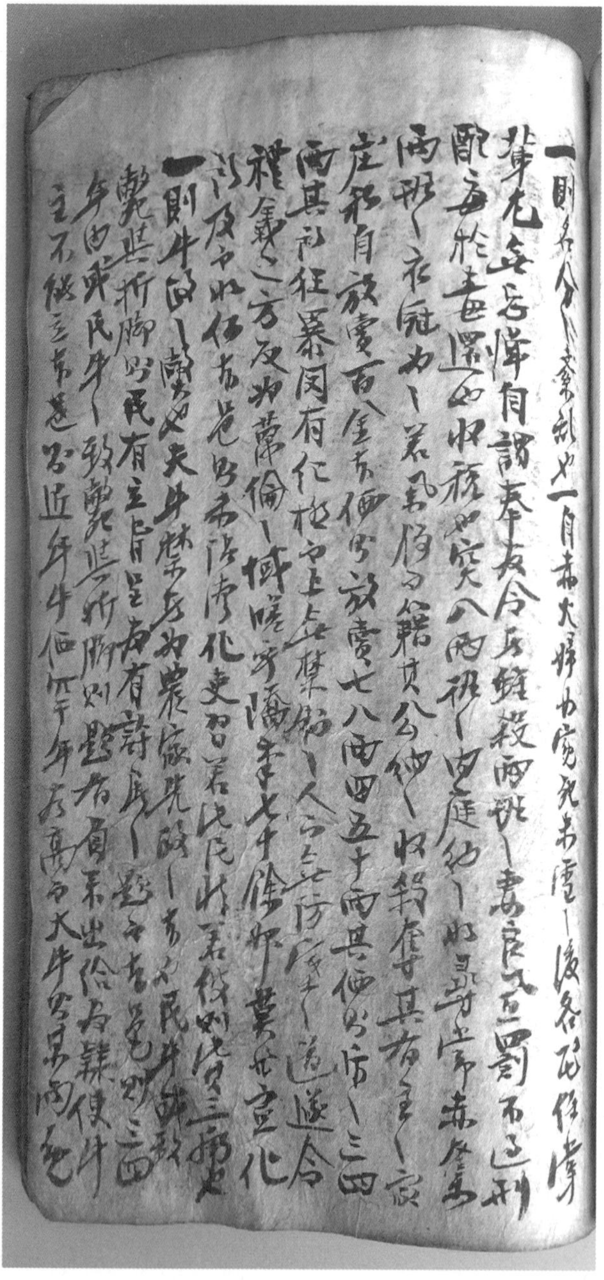

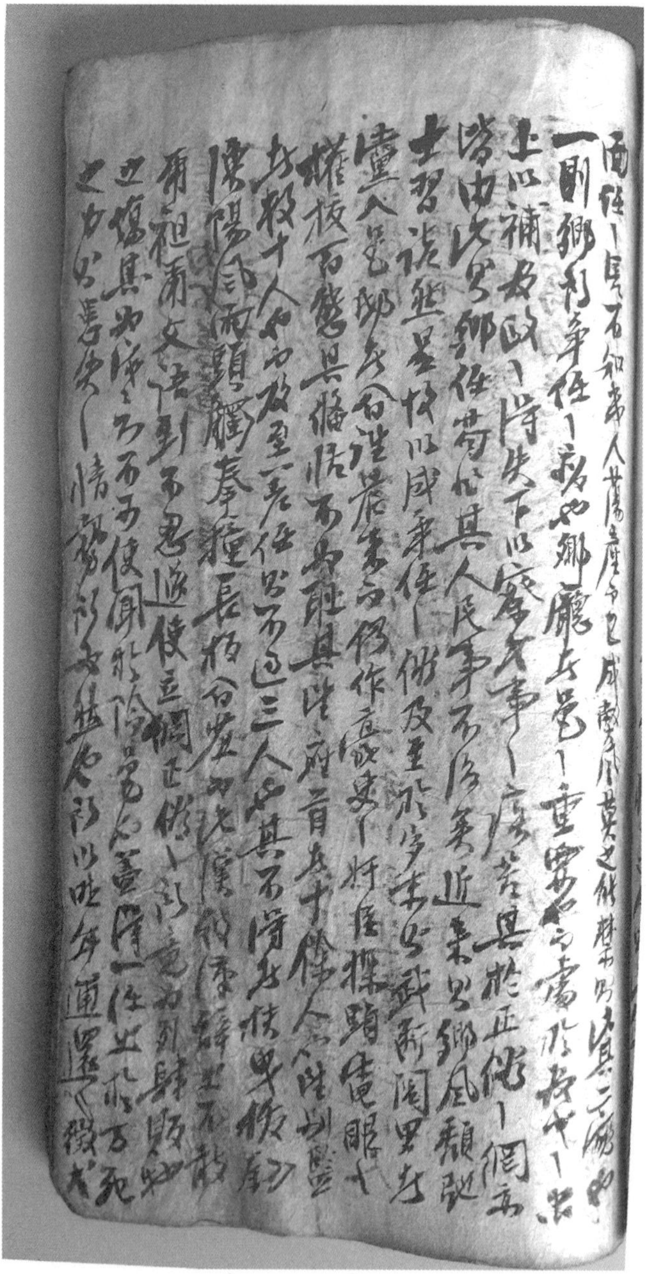

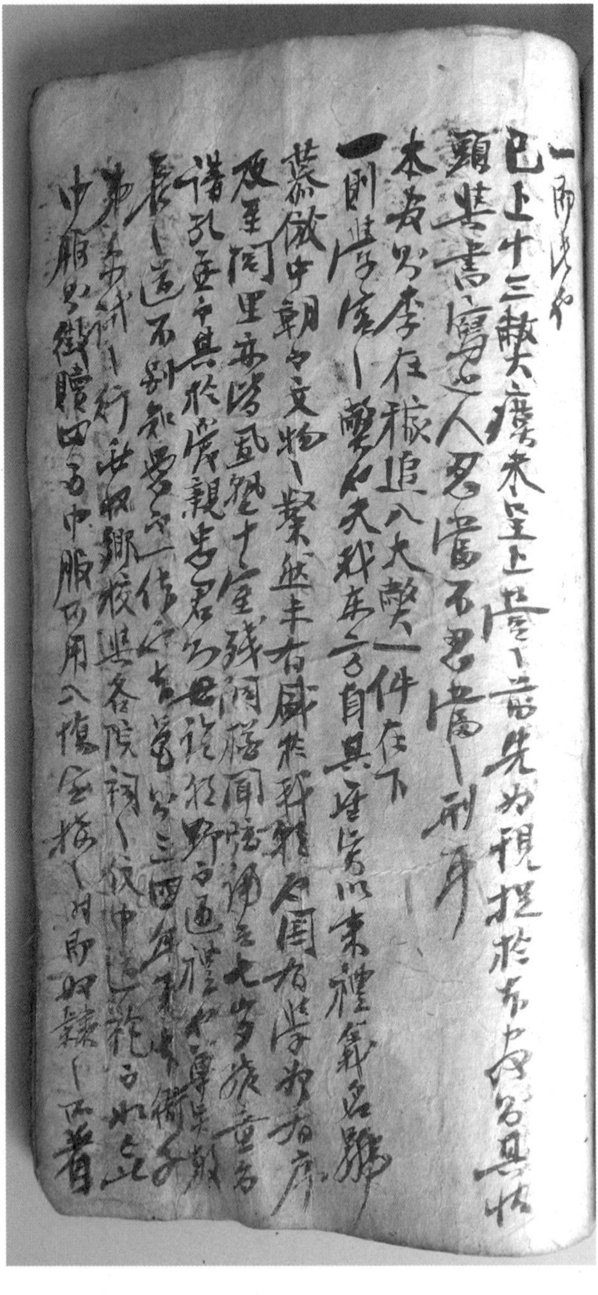

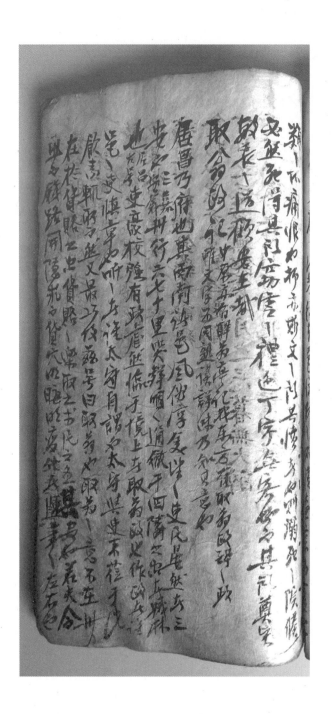

吏奴逋ㅎ 徵民族債ㅎ야 徵族徵一布於万民 侵泉下ㅣ 白骨
贖民喪之瘧ㅎ 日夜 集民牛之折脚殺食ㅎ 宰之民 草班望事
ㅣ分義ㅎ 鄕中八之痛害 年進令年 ㅎ 八之痛 不同 無聲
無慾ㅎ 至於貪ㅎ며 于陰 奸ㅎ 聲乎 樹苗ㅎ 時收ㅎ 社
老幼提携ㅎ 素ㅎ 不絶ㅎ 人人ㅎ [illegible] 居呂人 除界漫界覓
石負肥醸錢ㅎ 主錢 [illegible] 主多山棧蹄騰 [illegible] 之奔遷ㅎ
太守政以ㅎ 破非非 [illegible] 死ㅎ 宗刑ㅎ 配暴虐ㅎ
民起坐ㅎ 諠譁ㅎ 衆吏 [illegible] 小顔 [illegible] ㅎ
守醉ㅎ 田野荒 [illegible] 人心散亂 太守 [illegible] 使校 [illegible] 林
門 [illegible] 唱辭上下 [illegible] 民 [illegible] 之食 [illegible]
土 [illegible] 不知人 [illegible] 太守 [illegible]

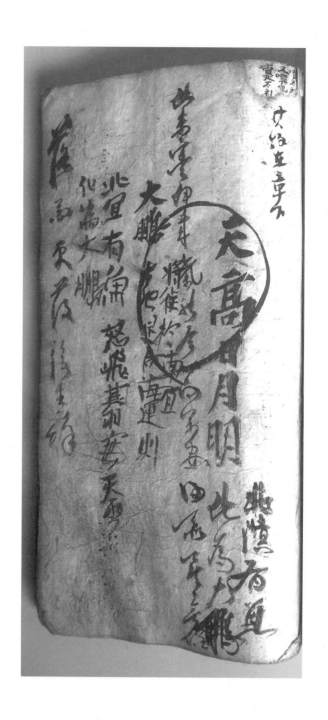

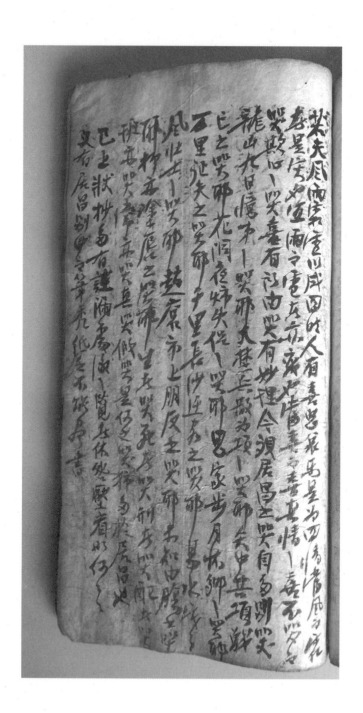

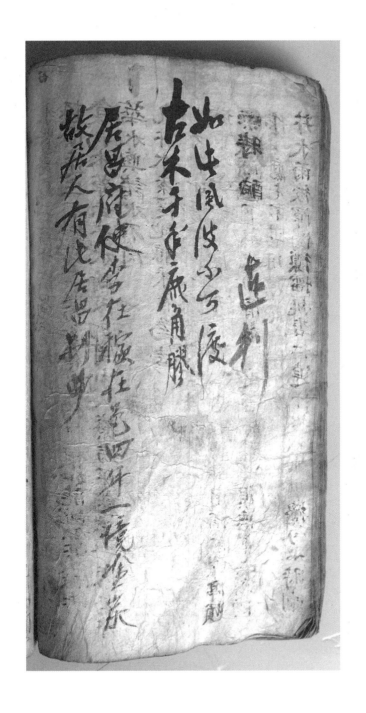

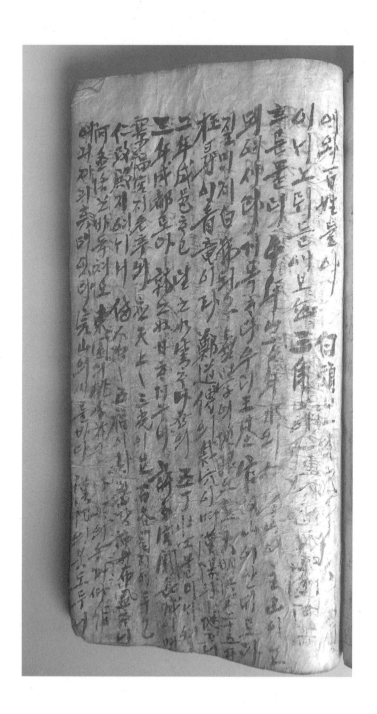

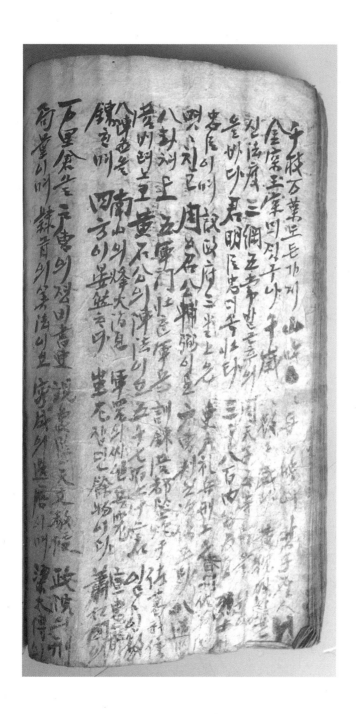

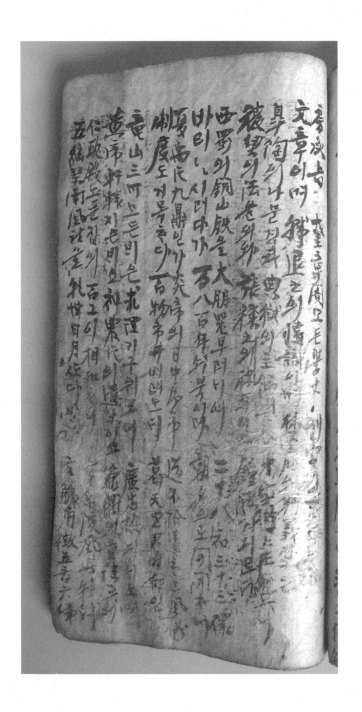

漢江水 집둔둔의

龍馬河로나 단말가 /風凰 이 논에

咸陽 誠此호집마 우리太子 논에

明倫堂 以此호이 頹東男女 配室호고

珠東字法太質토 장호 및 가무 山中草奔호다

次俗모陸庭호리 우희 朝延冠史修 이제와

太祖大王座博으로 日出作日入息은 男始女嫁

四百餘年 나四오며 舍哺鼓腹을 쓰던시졀 太平烟月 이나살가

장혼다鷄鳴狗吠 室屋連 이四子慣 軒蘇氏 葛天도되

四方이 훌둥 호도다 中死히기 친 호심 堯舜와 乱을 보리되 8

그나는 鼠窃狗偸 兄傷이라 초린月이 春斷 나라

에짓다 기록 호다 王聲과 共가시거셰

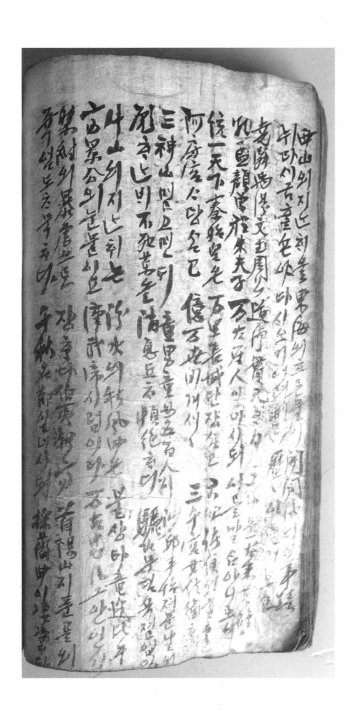

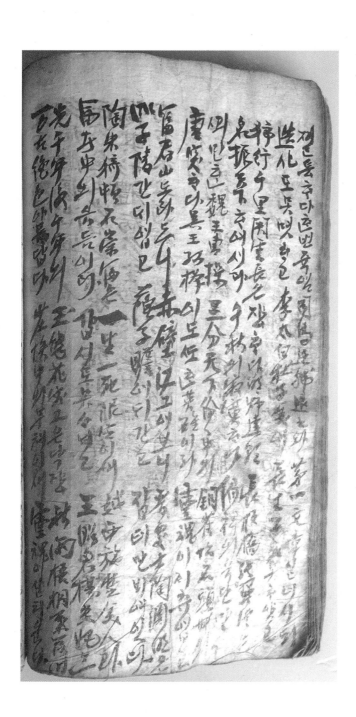

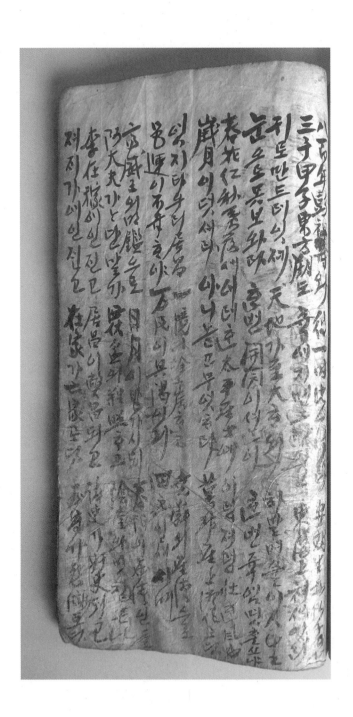

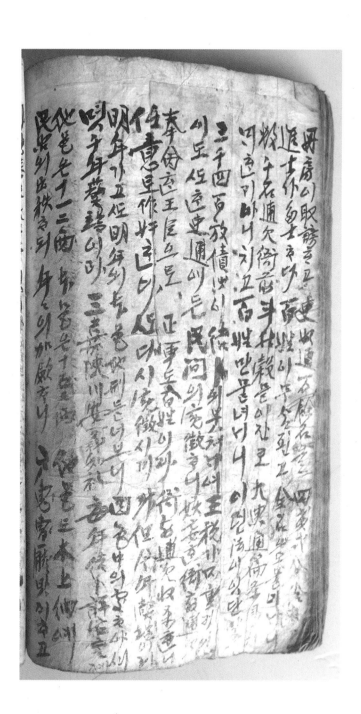

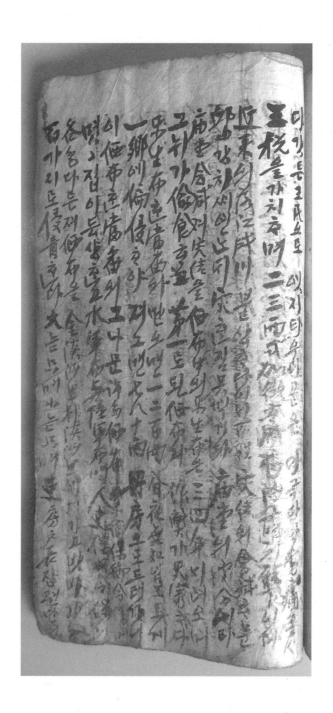

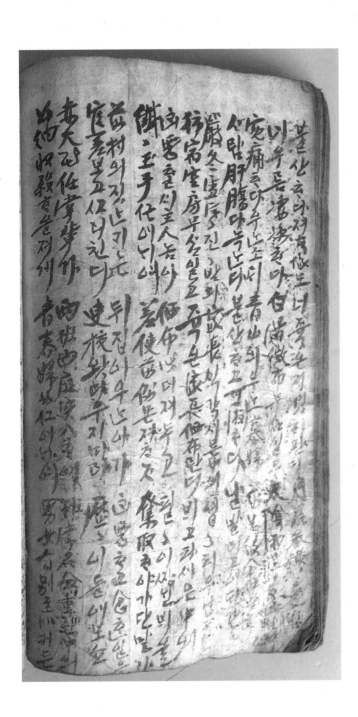

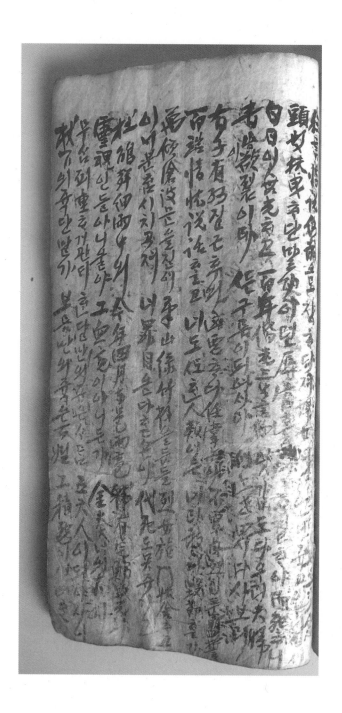

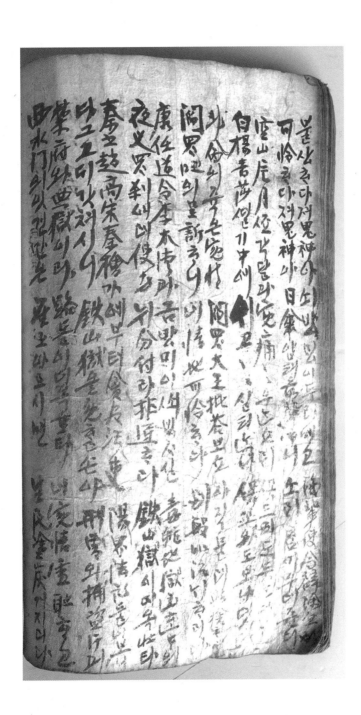

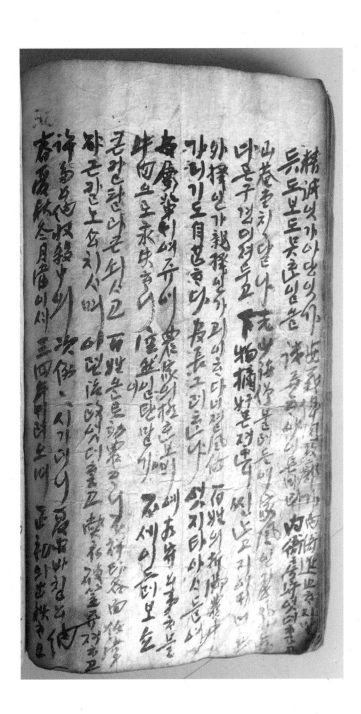

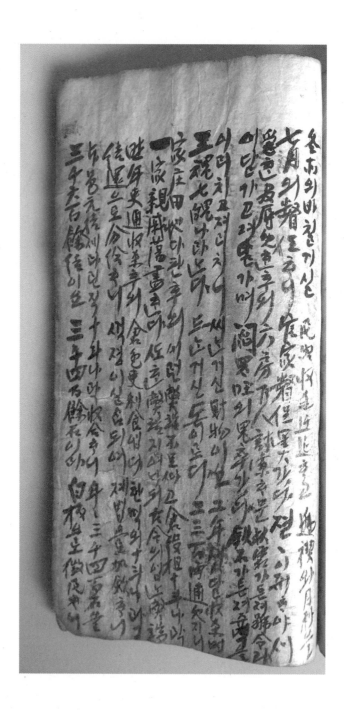

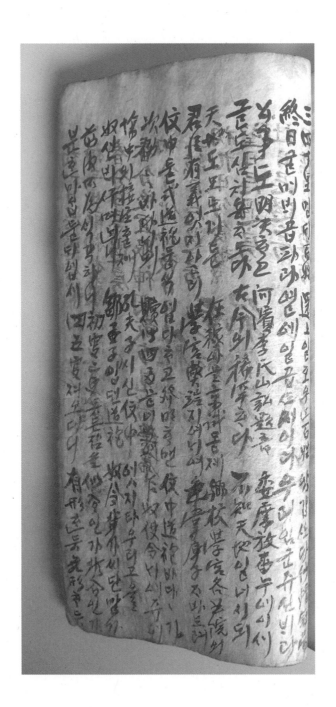

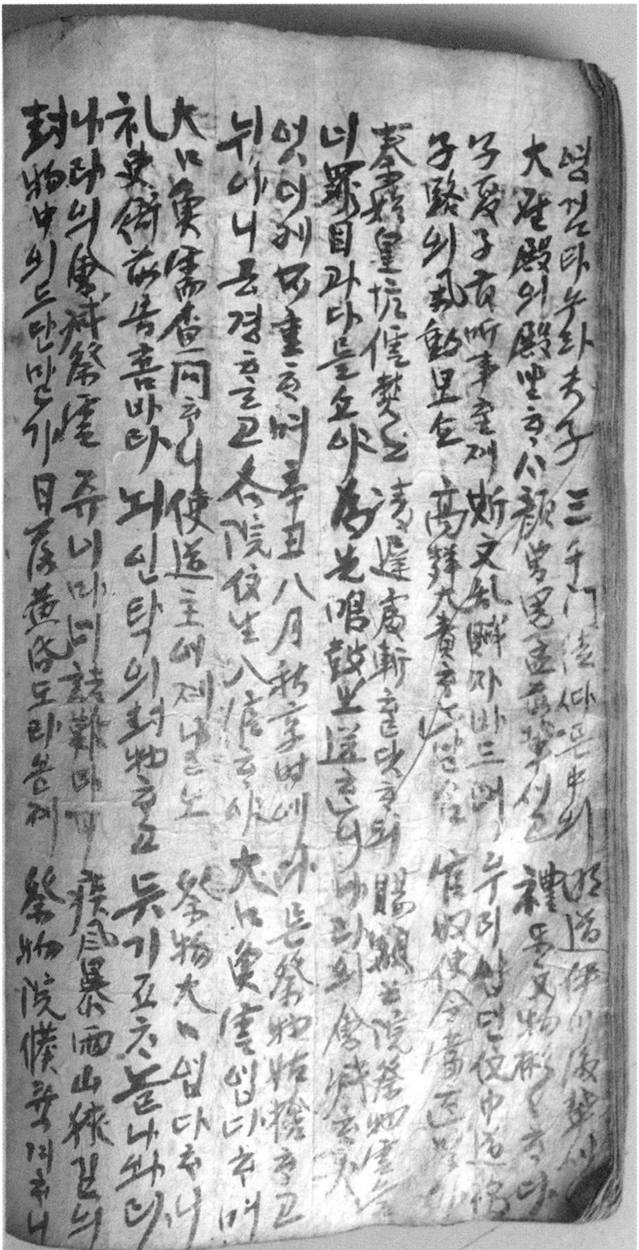

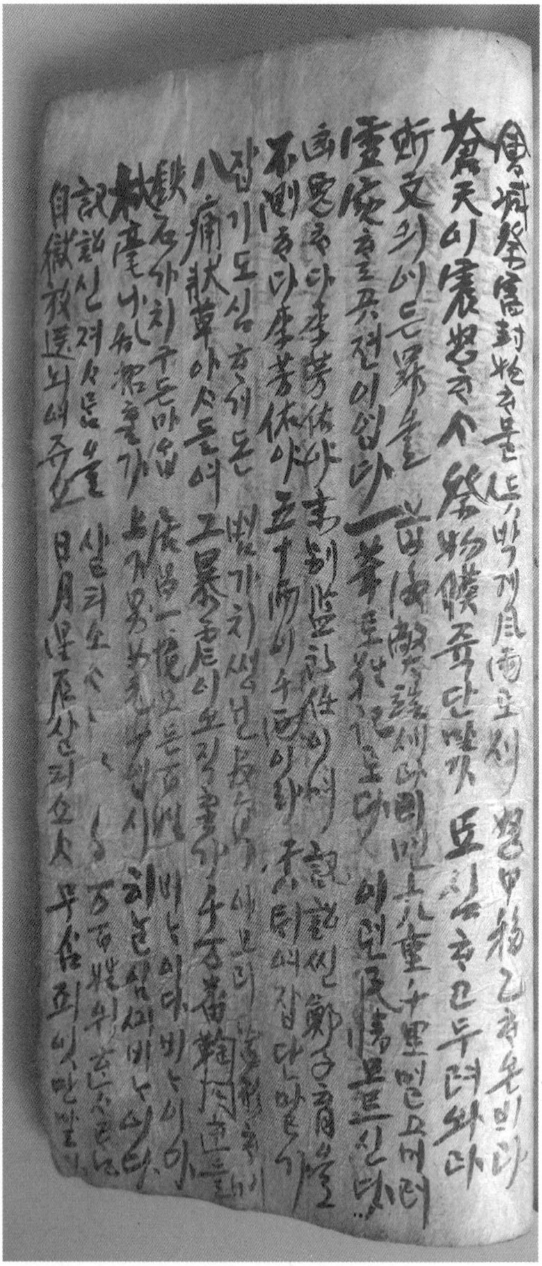

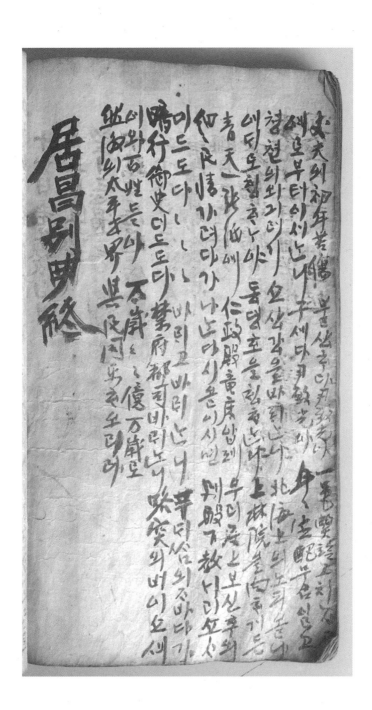

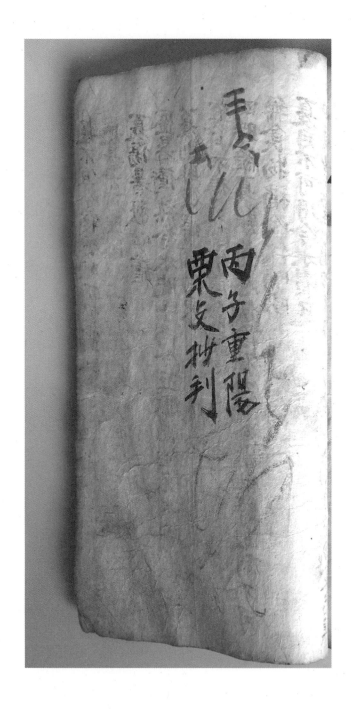

■ Summary

Overusing power by corrupt officials and accusation by underdogs
Geochangga: A Clear and Precise Understanding

Part 3 Photographic edition of 〈Geochangga〉(Cho, Kyu-Ick's edition)

〈Geochangga〉, the narrative accusatory literature by underdogs who prepared the future

It is this book that analyzed the contents of the 〈Geochangga〉 by covering text and on-site, covering the text and the scene. The realistic contents of the 〈Geochangga〉, which had been figured out vaguely in the academic world, have been revealed in detail through the opportunity to find the "Geochangbupyejangcho" abbreviated as "Pejang". This has been repeatedly mentioned by previous studies of author. It is the 〈Geochangga〉 that paraphrased the contents of "Pyejang" into more understandable and aggressive texts, and satirical writing, 「Chwiongjeonggi」 · 「Sagokseo」are the works in which 〈Geochangga〉 was supplemented in the aspect of the reality.

The core contents of "Pyejang" are the 14 irrationalities which include 6 kinds of evils六弊/3 kinds of pains三痛/2 kinds of resentments二冤/a kind of mishap一變/one thing that they can't say一不敢言/one evil added一追入大弊.

The subject of the evils is the governor and petty officials of Geochang, officials of local province and the elderly appeared as supplementary roles.

It is needless to say that the subject of the evils is the governor and petty officials of Geochang, and the victims are the peasants the people. In popular language, the former is a topdog and the latter is a underdog. As always, topdogs take interest through tyranny on underdog while underdogs always suffer the exploitation.

Putting the 'elimination of deep-rooted evils' at the top of the administrative goal every time the new government is introduced in recent years means that the deep-rooted evils caused from the relationship between topdog-underdog have not ever been eliminated even a single from the time of problem posing until now.

As mentioned earlier, the author has defined ⟨Geochangga⟩ as a resisting reality criticism literature that accused the evils of petty officials and head of Geochang Lee, Jae-Ga李在稼 in the middle of 19th century in 『Korean National Culture Encyclopedia』. Resistance is rebellion by underdog against topdog, and reality criticism is an accusation against deep rooted evils. In the pre-modern medieval dynasty, officials reign over people not the public servants who served them for the people. The clue that the ruling system of the medieval dynasty, which is firmly structured, has begun to show signs of collapse, can also be found in the 'repulsion by underdog against topdog'. The fact that underdogs resist against topdog means that the tyranny of the topdog has reached the limit that underdog can tolerate no more.

Threatening life or forcing to give up humanity is a critical situation that can not be tolerated in any age or society. The virtues represented by the Samgangohryun were practical principles of medieval ideals that could not resist. The fact that the lower class respect and serve the upper class should be preconditioned by that the upper class protect and respect the lower class, too. That is, the governors should solve the problem of eating and living of the people, keeping human morality, and protecting them from external aggression. If these are not satisfied, they can't be respected as rulers. But needless to say, when they abuse the authority of the ruler and take personal advantage, or overuse their power during this process, it will definitely cause the rebellion of the people. 〈Geochangga〉 contains such contents, the accusations on deep rooted evils and the demand for reform. Because the rulers had neglected such a demand of underdogs, Joseon had no choice but to collapse inevitably.

However, underdogs also had inevitable limitations at that time. 'They were just OK if they kick out mosquitoes that had sucked their blood.' They could not even think of destroying the source by removing the habitat of the mosquitoes. They were just satisfied by punishing a handful corrupt officials. It was only their best effort within their capability to depend on 'king', who is the main instigator of corrupt bureaucracy, in order to claim the punishment of corrupt officials. They couldn't even think of 'corrupted medieval feudal system' in which corrupt officials were born constantly like removing dirty pond where mosquitoes live. That's because there were no 'modern citizen class' who will reform and achieve historical events, 'civil revolution.'

If we could have connected the energy of people's riot which had been frequent at that time to the revolution, now we would have lived completely different history. So there exist 2 kinds of our point of view on 〈Geochangga〉. First, 〈Geochangga〉 is the past text that accurately recorded the political and social irrationality that triggered the collapse of the Joseon Dynasty. However, if we realize that the basics of political science is embedded that the ability to properly collect the anger of people determines the failure or success of the development of history, it can be the texts with the infinite power for the present and the future.

That's why 〈Geochangga〉 can't be regarded trivial thing.

Like this, if the 〈Geochangga〉 is one text, Geochang county is another level of text in which historical facts and literary truths are permeated. So the author tried to find out the facts mentioned in 〈Geochangga〉. Through on-site trips, I finally found that the things recorded in the book penetrate into the site of life as well as in the history throughly. If the shout of the underdogs, who had barely survived in Geochang, is 〈Geochangga〉, it is certainly a text entangled with history and literature. It is evident that Geochang is the text as a site in which the root of contents is projected. Even if the modern style houses instead of the mud-walled hut were crowded, but the reality and spirit in the 〈Geochangga〉 are vivid somewhere beneath the ground. There scattered everywhere the pavilions where the governor and petty officials had parties and conspire in order to harass people.

Sand beach beneath the ground remembers the moment of their maladministration about farmland burying by yearly deluge. In every rainy season, the rice paddies were often buried in the sand, and there was a policy to reduce taxes to compensate on the amount of the damage. But the governor and petty officials who thought it is needless to keep such a policy deep in the heart of the mountains. The governor and petty officials mixed the sand to the grains, were very skilled in evading the difference of tax.

The author can find out that it has not been less than 60 years since the white sand beach has turned into a residential area. Until the 1960s, it is said that the white sand beach that had been built since ancient times was widely spread out from Arim bridge to Hapsu bridge. However, because the sand beach has disappeared, but the history recorded on the earth can not be lost.

Other than such a fact, it is a common that the cow's leg breaks when farming. If a broken cow can't move, it is up to the disposal of the owner, whether they eat the cow or not, the petty officials took away the cow regardless of merits. It is needless to say that the disposal of cow is up to owner's decision, It was said that the slaughterhouse, which was mainly used for farmers 'Jeolgaknongwoo (cow with broken leg), was located across Hapsu bridge since ancient times.

Hyanggyo which had enshrined the tablets of Confucian sages, produced talented persons, also couldn't get out of the hands of the governor and petty officials. The proud name of the country of courteous people in the East has fallen on the ground, so it would not be an exaggeration to say that the honor of Geochang, which has produced many great men since ancient times, has fallen by them. The Hyanggyo also stood on the old position, showing a dignified look. Above all, the most impressive thing was Inminsa (shrine for the benevolent people) that enshrined Songjae, Lee Seung Mo, the leader of Geochang people uprising in 1862. It was surprising that the common people were enshrined, but even more surprising that the subject who made the shrine was also the people of the Geochang. The Inminsa remains to bring glory to Geochang.

〈Geochangga〉 is not a record of Geochang alone. Geochang uprising was just an example of the nation-wide uprisings that took place at the time. It was Imsulminran壬戌民亂 that happened because all the peasants of the country suffered from the overuse of power by the governor and petty officials. Nevertheless, unlike other regions, the Geochang people left the ⟨Geochangga⟩ to sing together, and wrote 「Geochangbupyejangcho」 to protest against the government, wrote 「Chwiongjeonggi」 and 「Sagokseo」 to accuse the evils of corrupt officials. While walking with the imagination of white sands which would have been stacked even in 1960s from Arim bridge, Chimryujeong and Hapsu bridge, you would listen to their painful groans buried in the earth and discovering more materials will reveal the 'history of absurdity and evils' that may still be underway, and a better future will follow after such a history is reformed. That's why it is judged that the study of ⟨Geochangga⟩ is at the starting line.

■ 찾아보기

▶ 저자소개

홈페이지 http://kicho.pe.kr(백규서옥)
블로그 http://kicho.tistory.com
이메일 kicho@ssu.ac.kr

조규익

해군사관학교와 경남대학교 교수를 거쳐 숭실대학교에 부임, 숭실에서만 올해로 30년째 재직 중이다. 국어국문학과 교수로서 인문대학장을 역임했고, 한국문학과예술연구소 소장을 겸하고 있으며, '아너 펠로우 교수(Honor SFP)'의 가볍지 않은 명예도 갖고 있다. 한국시조학술상, 도남국문학상, 성산학술상, 숭실학술상 등을 수상했고, LG 연암재단 지원으로 미국 UCLA에서 1년, 풀브라이트(Fulbright) 재단의 지원으로 오클라호마 주립대학에서 6개월간 체류하며 색다른 연구 분위기를 호흡했다. 해외 체험들 중 약 6개월 간 자동차로 유럽의 여러 나라들을 누비며 문화와 역사의 자취를 찾아다닌 일은 무엇보다 값진 추억으로 간직하고 있다. 고전문학을 연구하던 중 우연히 중국 조선족 문학, 재미 한인 문학, 구소련 고려인 문학 등을 만났고, 짬짬이 이 분야를 살펴오고 있다. 지금 '한·중·일 악장의 비교연구'에 현역 막바지의 정열을 불태우는 중이다. 논문과 저서들을 비롯한 그동안의 연구업적들은 홈페이지 '백규서옥'에서 확인할 수 있다.

숭 실 대 학 교
한국문학과예술연구소
학 술 총 서 55

〈거창가〉 제대로 읽기

초판 인쇄　2017년　10월　16일
초판 발행　2017년　10월　23일

지 은 이 ｜ 조 규 익
펴 낸 이 ｜ 하 운 근
표　　지 ｜ 오 동 준
편　　집 ｜ 조 연 순
펴 낸 곳 ｜ 學古房

주　　　소 ｜ 경기도 고양시 덕양구 통일로 140 삼송테크노밸리 A동 B224
전　　　화 ｜ (02)353-9908　편집부(02)356-9903
팩　　　스 ｜ (02)6959-8234
홈페이지 ｜ http://hakgobang.co.kr/
전자우편 ｜ hakgobang@naver.com, hakgobang@chol.com
등록번호 ｜ 제311-1994-000001호

ISBN　　978-89-6071-710-7　94080
　　　　978-89-6071-160-0　(세트)

값 : 23,000원